Eu-E-III-5-13

Couverture : La Ribera Baja du Júcar et Cullera
(photographie aérienne A. Humbert — Casa de Velázquez, décembre 1978).

Maquette réalisée par « *Ateliers Image In* », Paris

CAMPAGNES ET VILLES DANS LES HUERTAS VALENCIENNES

MÉMOIRES ET DOCUMENTS DE GÉOGRAPHIE

COMITÉ DE LECTURE ET D'ÉDITION

Composition

Président :

Paul CLAVAL (Paris IV)

Membres :

Jean CHAUSSADE (Brest), Nicole COMMERÇON (Lyon), Annick DOUGUEDROIT (Aix-en-Provence),
Michel DRAIN (Marseille), Christian GIRAULT (Oxford), René LHENAFF (Lille),
Alain METTON (Paris XII), Roland POURTIER (Paris I), Denise PUMAIN (Paris XIII)

Conseillers auprès du Comité :

Fernand VERGER (ENS)
Gabrielle FERRERI (CNRS)

Secrétaire de rédaction :

Colette FONTANEL (CNRS)

MÉMOIRES ET DOCUMENTS DE GÉOGRAPHIE

CAMPAGNES ET VILLES
DANS LES HUERTAS VALENCIENNES

par

Roland COURTOT

ÉDITIONS DU CENTRE NATIONAL DE LA RECHERCHE SCIENTIFIQUE
15, quai Anatole France — 75700 PARIS
1989

© Centre National de la Recherche Scientifique, Paris, 1989
ISSN 0224-2702 — ISBN 2-222-04241-0

INTRODUCTION

DANS la littérature géographique, la ville de Valencia en Espagne, et la région qui l'entoure, n'ont cessé d'évoquer l'image des « riches » huertas* : canaux d'irrigation courant parmi les vergers d'orangers et les cultures maraîchères, terre fécondée par le travail millénaire des hommes et rendant, sur des micro-exploitations, une production finale de valeur très élevée. En somme une agriculture hyperintensive nourrissant une masse de paysans laborieux et créant un tissu de relations étroites entre les villes et les campagnes, à tel point que cette huerta a été souvent présentée comme une forme achevée de l'organisation régionale de l'espace fondée sur l'agriculture irriguée.

Si on ne considère que l'aspect agricole de l'espace valencien, cette image est encore justifiée par des résultats économiques bien tangibles. En 1985 la province de Valencia est toujours la première d'Espagne pour la valeur de la production agricole : sur 2,5 % de la surface cultivée du pays, elle fournit 5 % de la production finale agricole, dont l'essentiel provient des surfaces irriguées, du « regadío » *, qui représentent un tiers des surfaces cultivées de la province. Les agriculteurs sont toujours présents en grand nombre (près de 100 000 actifs au recensement de 1981) et leur densité, rapportée à la surface cultivée, est parmi les plus fortes de la Péninsule. Là se trouvent, entre Castellón et Jávea, sur près de 200 km du nord au sud, la plus grande région irriguée d'un seul tenant de la Péninsule (plus de 100 000 ha) et le premier verger d'agrumes de la Méditerranée (120 000 ha). On y récolte aussi un quart du riz et des oignons et un dixième des produits maraîchers d'Espagne.

On peut donc voir encore ces beaux paysages, d'autant plus aisément que le cadre montagneux toujours proche surplombe la plaine littorale et offre de magnifiques belvédères : le « Castillo » de Sagunto ou la « Muntanyà » de Cullera sont des étapes obligées du géographe sur le terrain. Mais de là on peut voir, aussi, bien d'autres choses : des agglomérations tentaculaires, des zones industrielles, des réseaux modernes de communications, des « urbanizaciones »* touristiques, même des « marinas ». Bref, une urbanisation et une industrialisation croissantes, qui marquent le paysage des signes du développement économique et de la société de consommation. Les statistiques donnent aussi une autre image de la réalité valencienne : en 1981, à Valencia, la production agricole ne représentait plus que 6 % du produit provincial brut et n'occupait plus que 12 % de la population active (tab. 1). Les secteurs d'activité secondaire et tertiaire se partagent maintenant

Tab. 1 : Emploi et production par secteurs d'activité dans les provinces de Valencia et de Castellón en 1981.

Provinces	Population active			Production provinciale		
	Primaire	Secondaire	Tertiaire	Primaire	Secondaire	Tertiaire
Valencia	12 %	43 %	45 %	6 %	34 %	60 %
Castellón	24	38	38	9	41	50
Espagne	18	37,5	44,5	7	35	58

Production = valeur ajoutée brute.
Source : Banco de Bilbao, 1983.

---

* Les termes espagnols et valenciens suivis d'un * lors de leur première apparition dans le texte sont expliqués dans le glossaire (Annexe 1).

l'essentiel de la production et de l'emploi. L'espace rural recule au bénéfice de l'espace urbain : les trois quarts de la population vivent dans des communes de plus de 10 000 habitants.

Cet espace a été en effet, depuis vingt-cinq ans, le siège d'une forte croissance économique, traduction valencienne de l'évolution générale de l'Espagne : c'est aujourd'hui la troisième province du pays pour le produit régional brut et pour la production industrielle, après Madrid et Barcelone. Elle le doit surtout à la présence d'une agglomération plus que millionnaire : Valencia et sa Huerta regroupent deux tiers de la population et du produit provincial brut. La place de l'agriculture dans les zones irriguées est donc fonction de la plus ou moins grande évolution urbaine et industrielle récente : on se trouve en présence d'un espace dont l'organisation, longtemps fondée sur l'économie agricole irriguée, a subi de profondes mutations qui remettent en cause cette base et provoquent l'émergence de nouvelles formes d'organisation. En même temps, cette agriculture, liée depuis longtemps par ses produits au marché européen, entame un long processus d'intégration dans le Marché Commun susceptible de lui fournir de nouveaux moyens de résistance.

Cet ouvrage se propose donc de mesurer quelle part l'agriculture irriguée conserve dans l'organisation actuelle de l'espace:
— par ses caractères économiques et sociaux et par ses relations avec les autres éléments du système régional;
— par le rôle qu'elle a joué dans l'évolution historique de cet espace et dans la permanence des structures spatiales qui lui sont liées;
— par sa place dans l'évolution économique et sociale actuelle, ses capacités de résistance et ses facultés d'adaptation. Même si elle se touve aujourd'hui en position de recul face aux autres éléments de l'économie dominante, son étude permet un bilan régional et illustre en même temps l'évolution actuelle, fréquente en Méditerranée, des zones d'agriculture intensive et développée, face à la croissance de l'économie industrielle et urbaine. Le comportement des huertas valenciennes a donc valeur d'exemple et peut être comparé à celui des autres espaces irrigués de la Méditerranée nord-occidentale, plus ou moins confrontés, du Vaucluse français à la Campanie italienne, aux mêmes évolutions.

Le problème des limites du terrain d'étude n'est pas simple, car les espaces irrigués n'ont cessé historiquement de s'étendre, et même de déborder hors du cadre strict des plaines littorales des provinces de Valencia et de Castellón. Une limite stricte est celle qui, à l'échelle communale, retient les 142 communes dont le quart au moins de la surface cultivée était irrigué en 1970, et qui recoupe en gros celle des communes où les cultures irriguées représentaient plus de la moitié du revenu cadastral des terres agricoles (fig. 1) : en 1981, 2 131 000 habitants y représentent, sur 3 366 km^2, une densité moyenne de 633 habitants/km^2. Mais nous avons retenu en outre un cadre plus large, susceptible de prendre en compte la dynamique spatiale du *regadío,* à l'échelle des « comarcas »* : Plana de Castellón, Bajo Palancia, Huerta de Valencia, Campo de Liria, Ribera Alta et Baja du Júcar, Costera de Játiva, Safor (Huerta) de Gandía et Bajo Marquesado (ou Marina Alta) (voir Annexe 2). Certaines analyses s'étendent à l'ensemble des provinces de Valencia et de Castellón, chaque fois qu'il est nécessaire de replacer les espaces irrigués dans les cadres régionaux plus vastes qui les contiennent.

> Cet ouvrage reprend, de façon plus concise, l'essentiel du texte d'une thèse d'état en Géographie, soutenue en 1986 devant l'Université de Paris VII, après avoir été préparée sous la direction d'H. Isnard puis d'E. Dalmasso. Ce travail leur doit beaucoup, comme il doit aussi aux collègues de l'Institut de Géographie d'Aix-Marseille et de l'Université de Valencia, ainsi qu'à tous les Valenciens qui m'ont accueilli sur le terrain. Une partie des missions de recherche ont été accomplies avec l'aide du CNRS.

---

* Les travaux cités dans le texte sont classés par ordre alphabétique des auteurs dans les « Références bibliographiques ».
* Les toponymes sont écrits selon la graphie espagnole, pour des raisons de compréhension.
* L'illustration graphique a été réalisée par l'auteur et par P. Pentsch, dessinateur à l'IGAM.

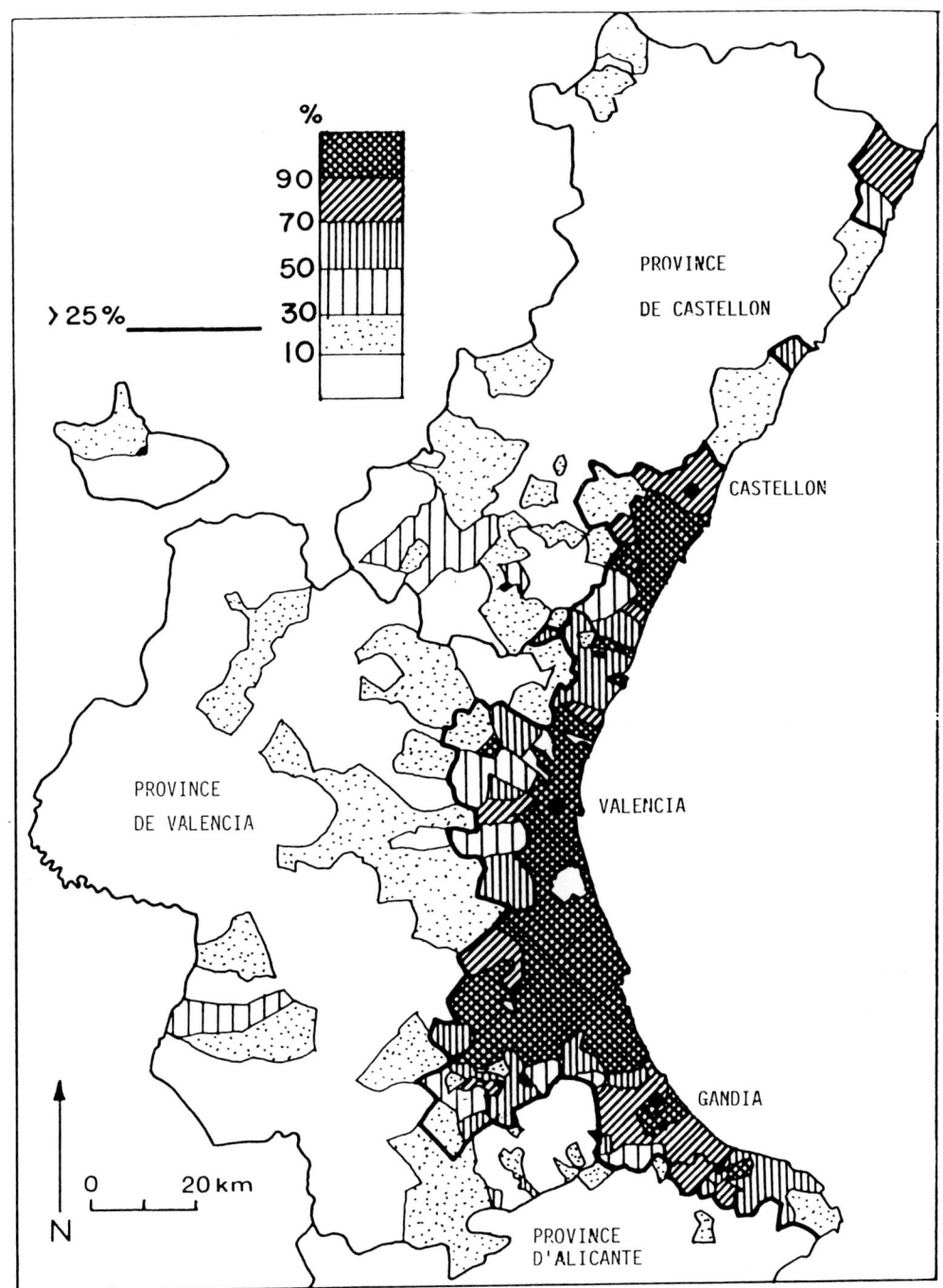

(*source* : COSA Valencia, 1973)

Fig. 1 : Les sufaces irriguées et les limites du terrain d'étude
Part (%) de la surface irriguée dans la surface cultivée des communes en 1970

Première partie
LES ESPACES IRRIGUÉS VALENCIENS

Leur situation sur la façade méditerranéenne les place depuis longtemps dans un espace historique de villes et de relations marchandes maritimes, et dans un espace climatique favorable aux cultures légumières et fruitières destinées à l'alimentation des centres urbains proches ou lointains. Mais leur position particulière, le long de ce littoral, à mi-chemin de la frontière française et du détroit de Gibraltar, leur confère une situation originale dans le champ des conditions naturelles comme dans celui des forces économiques et sociales. Climatiquement, ils sont moins secs que le sud et moins froids que le nord : les contraintes naturelles du froid ou de la sécheresse, dans le cas de cultures intensives délicates, y sont donc moindres. Socialement, les structures foncières de propriété et d'exploitation y sont moins inégalitaires qu'au sud, où les agricultures du Sureste et de l'Andalousie méditerranéenne présentent de forts contrastes sociaux; cependant les bourgeoisies urbaines et rurales y sont plus terriennes qu'au nord, où la bourgeoisie catalane s'est rapidement détournée de la terre pour investir dans le commerce et dans l'industrie. Economiquement, les niveaux moyens de revenu agricole sont plus faibles que ceux de la Catalogne, qui est la plus « européenne » des régions espagnoles, mais plus élevés que ceux de Murcie et de l'Andalousie, qui font partie des « suds » méditerranéens. Cette situation, « moyenne » à bien des égards, éclaire nombre de caractères de l'espace que nous allons analyser : ses produits, ses structures foncières, ses systèmes de production et la géographie de sa population.

Chapitre I

PAYSAGES ET CULTURES

P AR leur opposition tranchée d'avec les paysages de l'agriculture sèche, les paysages de l'agriculture irriguée forment un ensemble assez nettement défini, dont les limites sont souvent brutales, parfois progressives. Cet ensemble ne se présente pas comme un tout monolithique, bien que les vergers d'agrumes en soient la forme dominante. Les types de produits et les formes d'irrigation y introduisent des nuances facilement décelables.

A. Le cadre géographique : un littoral méditerranéen

Le schéma général de notre terrain d'études qui ressort de l'étude des images satellites de télédétection, où les cultures irriguées ont une bonne signature spectrale, est celui de trois grandes bandes qui se disposent du littoral vers l'intérieur : plaine littorale, zone intermédiaire des piémonts et des sierras, zone intérieure des bassins et des massifs montagneux. Cependant ce gradient géographique littoral/ intérieur doit être nuancé par les variations nord-sud dans la distribution de ces trois zones. Nous distinguerons 4 nuances :

— Au nord, de Vinaroz à Benicasim, la plaine littorale est réduite à la portion congrue, sous la forme de quelques enclaves, tandis que la zone intermédiaire, démesurée, est faite de l'alternance, en bandes parallèles à la côte, de horsts calcaires allongés NNE-SSO, et de fossés étroits et cultivés. L'intérieur montagneux se présente comme massif et peu pénétrable : pas de grands organismes fluviaux entre l'Ebre et le Mijares, seulement quelques plaines littorales étroites, celles de Vinaroz-Benicarló et de Torreblanca-Oropesa. C'est le domaine des « ramblas »* et des « ríos secos », qui rappelle le littoral sud de la province voisine de Tarragone.

— De Benicasim à Sagunto, la disposition principale du relief devient perpendiculaire à la côte, et le contact est beaucoup plus brutal entre les massifs montagneux et la plaine littorale plus évasée (Plana de Castellón). Alors que le Mijares débouche d'une vallée étroite et encaissée, le Palancia représente une bande de cultures irriguées et sèches, ainsi qu'un axe de pénétration vers Teruel, entre la Sierra de Espadan au nord et celle de Javalambre au sud.

— Dans la partie centrale, de Sagunto à Tabernes de Valldigna, on retrouve un zonage parallèle au rivage. La plaine s'élargit au centre de la courbe du golfe de Valencia, où le débouché des deux fleuves principaux, Turia et Júcar, a construit une véritable plaine de niveau de base, dont la côte a été régularisée par un cordon littoral enfermant lagunes et marécages. Les piémonts intermédiaires sont très larges (plusieurs dizaines de kilomètres à l'ouest de Valencia), et développent de grandes topographies de glacis peu accidentés. Les sierras intérieures séparent de hauts bassins aux formes relativement planes, qui annoncent la Meseta dans la région de Requena-Utiel. Les cultures sèches dominent partout, mais sont pénétrées par les cultures irriguées le long des fleuves et sur les marges proches de la plaine (Campo de Liria, Canal de Navarrés).

— Au sud du Júcar, cette disposition cesse assez brusquement, et le contact se fait à nouveau de façon brutale entre les sierras et la plaine littorale, qui se réduit et se fragmente en une série de petits fossés (Valldigna, Costera, Safor, Bajo Marquesado). Dans l'intérieur, le cadre montagneux est de plus en plus élevé vers le sud : il sépare, par des alignements SO-NE, des bassins et des couloirs où cultures sèches l'emportent largement (Valle de Montesa, d'Albaida). La terminaison du Système Bétique dresse donc de solides barrières montagneuses au-delà desquelles se fait une transition rapide vers le Sureste : le climat s'assèche et les paysages physiques et humains de la province d'Alicante annoncent déjà ceux de la région de Murcie.

On remarque donc la relative étroitesse de la bande irriguée, et le caractère parfois tranché, parfois diffus de ses marges. Ses limites sont nettes là où le *regadío* a occupé la totalité de la plaine littorale, par exemple dans la Plana de Castellón, la plaine de Valencia et du Júcar, la Huerta de Gandía, ou lorsqu'il s'allonge en rubans qui accompagnent les vallées des fleuves principaux à travers l'arrière-pays sec (Turia, Júcar, Cañoles). Par contre la limite est plus floue, les terres sèches et irriguées s'imbriquent les unes dans les autres, sur les marges nord et sud de l'espace étudié (Torreblanca, Bajo Marquesado) et sur les piémonts et glacis de l'arrière-pays (Campo de Liria, Hoya de Buñol, Costera de Játiva). Les nuances de la composition colorée permettent de distinguer dans cet espace les trois principaux types d'occupation agricole du sol, qui sont à la base des trois paysages différents du *regadío* valencien : les vergers d'agrumes, les zones de cultures maraîchères et légumières, les rizières (photo 1).

B. Les trois paysages irrigués

Les agrumes sont le trait dominant du paysage valencien. La marée toujours verte des orangers et des mandariniers apparaît de loin comme une large bande vert sombre, solide, continue, sans faille, et se divise de près en une multitude de vergers : ce sont les « huertos »*, unités de base de ce paysage. Omniprésents de Benicasim à Denia, ils occupent deux tiers des surfaces irriguées, dans des situations naturelles très diverses. On les rencontre dans la plaine littorale où les vieux périmètres d'irrigation sont desservis par des canaux gravitaires et gérés par des communautés de propriétaires. Ils occupent aussi les sols sablonneux du cordon littoral qui régularise la côte du golfe de Valencia, où l'irrigation se fait par pompage et par récupération des eaux de drainage. Enfin ils s'élèvent en gradins sur les versants des collines sèches et des sierras qui dominent les plaines littorales, et s'avancent vers l'intérieur sur les glacis de piémont. Dans ces deux derniers cas, ils ont été installés grâce à des puits et à des pompages, et parfois à des constructions impressionnantes de terrasses de culture (« bancales »*), qui s'élèvent en escaliers jusqu'aux premiers abrupts calcaires.

Les cultures de huerta sont les cultures annuelles, légumières et maraîchères : elles occupent le sol de façon intensive et sont désignées sous le terme de « huerta », ou « cultivos de huerta », car elles ont occupé l'espace irrigué avant que les agrumes ne l'envahissent depuis la fin du XIXe siècle. Présentes à peu près partout, elles ne forment d'ensembles notables, susceptibles de faire apparaître un paysage agricole spécifique, que dans quelques cas toujours situés dans les vieux périmètres d'irrigation : la Huerta de Valencia (surtout dans sa partie nord) et ses marges internes (Campo de Liria), la Costera de Játiva, et quelques zones basses situées en bordure des rizières (Ribera Baja du Júcar, sud de la Plana de Castellón). C'est le domaine des microparcelles, des planches et billons de culture et d'arrosage, du chevelu des réseaux d'irrigation gravitaire et des rotations continues des cultures.

Photo 1 : La plaine littorale à Almenara (sud de la province de Castellón)

Les formes d'occupation agricole de l'espace irrigué sont disposées en bandes parallèles, des collines vers la mer : — les agrumes à l'ouest, sur les basses pentes (vergers en terrasses irrigués par des puits) et dans la huerta traditionnelle (parcelles en lanières); — les cultures de huerta au centre, qui débordent sur la *marjal*; — la *marjal* à l'est, qui est occupée ici par de petits exploitants (cultures saisonnières) et par le grand domaine de Casa Blanca (vergers, rizières, élevage), propriété d'un exportateur d'agrumes

(cliché AZIMUT n° 668 D17 - Ministerio de Agricultura, février 1978)

Sur les images de satellite, ce n'est pas tant les rizières elles-mêmes qu'on voit apparaître (« arrozal ») que la zone de terres humides et inondables qui les porte, autour ou à la place des anciennes lagunes de la côte régularisée et qui forme le paysage de la « marjal »*. L'énorme bloc de rizières qui entoure l'Albufera de Valencia et la basse vallée du Júcar est bien visible : ses 15 000 hectares forment l'essentiel des surfaces rizicoles, puisque les rizières ont disparu des autres *marjales* dans les vingt dernières années. Leur trace est encore inscrite dans l'humidité et dans les sols. C'est là un paysage d'une grande homogénéité : une monoculture liée à des conditions de sol, d'irrigation et de drainage très contraignantes, et qui a dessiné un paysage original de casiers plus ou moins réguliers, séparés par les diguettes et les canaux, et dont le calendrier de culture va au même pas.

C. La dominante agrumicole

Si on regroupe les produits agricoles en quatre catégories, par ordre d'importance des surfaces cultivées (agrumes, cultures de huerta, riz, fruits d'été), l'analyse statistique des dominantes par commune confirme l'approche globale des images de satellite. Sur les 142 communes étudiées, les agrumes dépassent le seuil de 50 % de la surface irriguée dans 96 communes, les cultures de huerta dans 29, le riz dans 3 et les fruits dans une seule. La carte n° 2 montre la place essentielle des agrumes : ils couvrent plus de 3/4 du *regadío* dans 44 % des communes, et plus de 90 % dans 1/4 d'entre elles. Cette quasi-monoculture est à son maximum dans ses foyers traditionnels : elle occupe la majeure partie de l'espace, à l'exception des *marjales,* dans la Plana de Castellón, le Bajo Palancia et la Huerta de Gandía. Elle forme un ruban continu, de Cotes à Poliñá, dans la Ribera Alta du Júcar, et dans la périphérie intérieure de la Huerta de Valencia, de Rafelbuñol au nord à Picasent au sud.

Cette dominante est moins marquée dans la Huerta de Valencia et dans la Costera, où les agrumes se combinent avec les cultures annuelles, et dans la Ribera Baja du Júcar, par suite de la présence des rizières. Les cultures maraîchères forment en effet une couronne à peu près continue autour de Valencia, de Puig au nord à Beniparrell au sud, et la dominante rizicole apparaît dans les sept communes qui entourent l'Albufera, d'Alfafar au nord à Cullera au sud.

Actuellement cette agriculture irriguée présente donc, au plan des types de productions et des paysages, deux éléments secondaires, les cultures de huerta et les rizières, et un élément principal, le verger d'agrumes, qui est une monoculture dans une bonne partie de l'espace étudié. Ces trois produits représentent plus des 4/5 de la valeur de la production agricole finale dans les deux provinces; mais les agrumes constituent le système économique principal puisqu'ils représentent plus de la moitié de cette production, et confèrent ainsi aux huertas valenciennes leur première originalité.

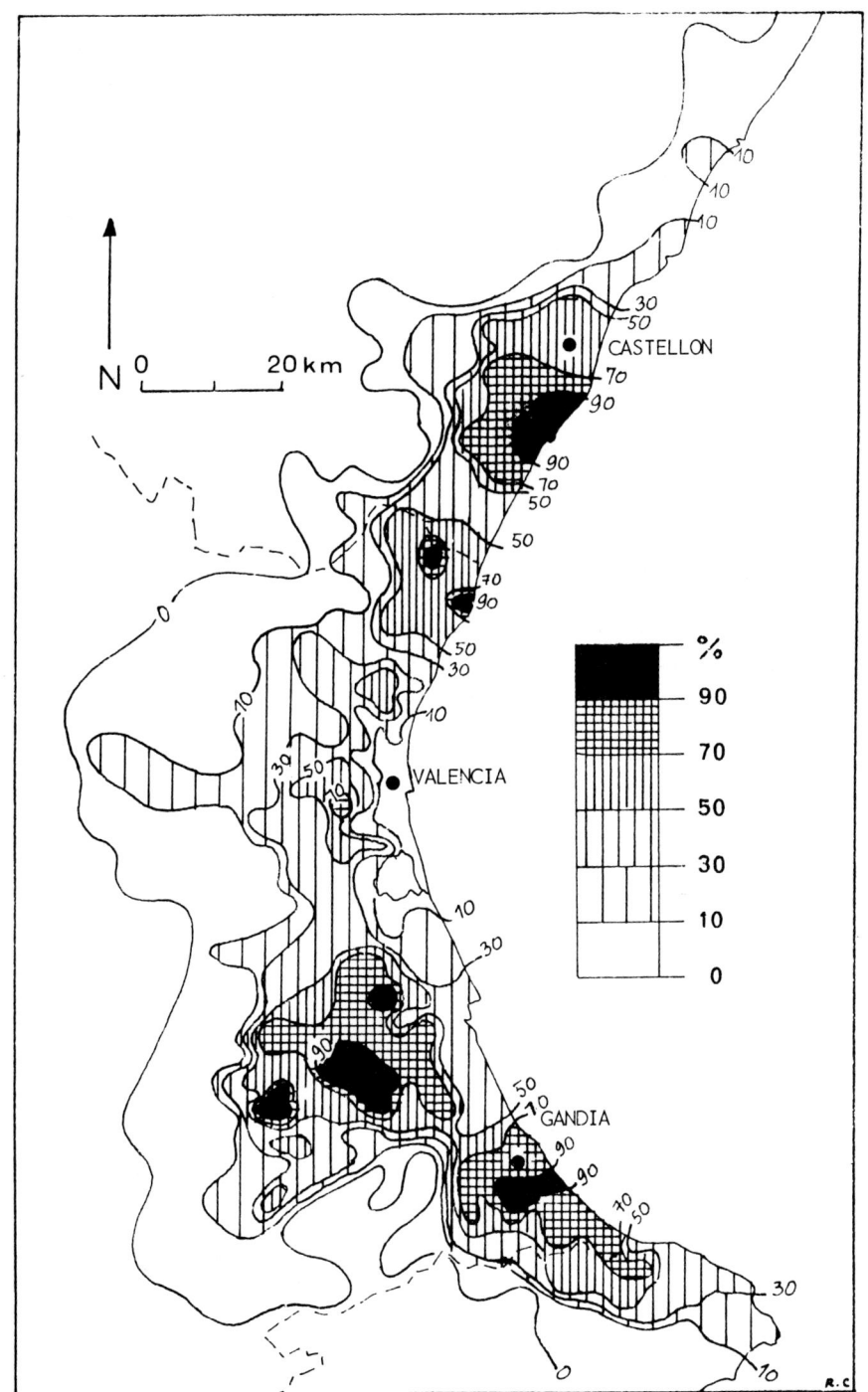

(*source* : COSA Valencia et Alicante, I.N.E. Castellón)

Fig. 2 : Les agrumes dans les surfaces cultivées (1970)
Carte en isolignes des valeurs communales (en %)

Chapitre II

LES STRUCTURES FONCIÈRES DU REGADÍO

C'EST dans les structures de la propriété agricole que le domaine irrigué valencien trouve sa seconde originalité. Elle n'est pas tant dans la répartition des propriétés selon la taille, qui privilégie le microfundium et qu'on retrouve dans d'autres espaces irrigués méditerranéens. Elle est surtout dans la présence d'une appropriation foncière citadine considérable dans toutes les catégories de propriétés, et qui pèse lourdement sur les systèmes agricoles des huertas. Petits paysans propriétaires et domaines citadins apparaissent comme les constantes principales de cette structure.

A. Propriétés et exploitations

1. *Un microfundium nuancé*

On pourrait reprendre, à propos du *regadío* valencien, les expressions rapportées par R. Herin pour les campagnes du Segura (« la terre est très partagée », 1975, p. 321) ou par Ch. Mignon pour l'Andalousie méditerranéenne (« ici tout le monde est propriétaire », 1981, p. 118), mais, comme eux, il faudrait nuancer cette vision schématique de la réalité. Si on considère les 24 communes irriguées pour lesquelles J. Romero Gonzàlez a relevé en détail la structure de la propriété foncière en nombre et en surface possédée (1983, pp. 358-359), le microfundium est une évidence puisque les propriétés de moins d'un demi-hectare représentent plus de 60 % du nombre total et celles de plus de 10 ha moins de 1 %. De sorte que les valeurs moyennes et médianes sont très faibles (1 et 0,4 ha) et que 79 % des propriétés ont une surface inférieure à la moyenne statistique. Mais la surface occupée par ces catégories est faible : 14 % pour les premières, 23 % pour les secondes. Près de 2/3 des surfaces sont donc entre les mains de propriétaires qu'on peut considérer comme petits (de 0,5 à 2 ha) et comme moyens (de 2 à 10 ha), qui représentent respectivement 23 % et 8 % des cotes foncières (tab. 2). Les propriétés, dans les communes irriguées, sont donc relativement concentrées dans les valeurs faibles en nombre et dans les valeurs moyennes en surface.

Ce sont des valeurs semblables qu'on retrouve dans les registres des communautés d'irrigation (voir tab. 3). Sur un échantillon de 5 communautés regroupant près de 18 000 irrigants sur 19 500 ha (Tormos-Valencia, Burriana, Sagunto, Cárcer et Sellent, Sueca), la moyenne générale s'établissait en 1972 à 1,1 ha par irrigant : 3/4 des irrigants avaient moins de 1 ha chacun et occupaient un peu plus du 1/4 des surfaces.

Tab. 2 : La propriété foncière dans les communes irriguées

Surface	24 communes		Huerta Valencia		Ribera du Júcar			
					Alta		Baja	
	Nombre	Surface	Nombre	Surface	Nombre	Surface	Nombre	Surface
0,5 ha ————	59,3 %	14,2 %	66 %	26,3 %	53,8 %	12,2 %	47 %	7,8 %
1 ————	20,3	14,4	21	25	22	13,6	22,2	10,6
2 ————	11,7	16,8	9	20,7	14	17,6	14,7	14,5
5 ————	6,4	20,1	3,3	16,1	8	24,6	10,8	23
10 ————	1,5	10,7	0,5	5	1,6	9,7	3,8	18,6
30 ————	0,6	9,4	0,2	5,7	0,5	7,8	1,2	14,3
50 ————	—	2,4	—	1,2	—	1,5	0,2	4,3
	—	12	—	—	0,1	13	0,1	6,9
Total	42 324	40 944	12 421	7 262	14 970	16 297	6 445	9 264
Moyenne I.C. I.D.	1 ha 1-2 ha 91		0,6 ha 0,5-1 ha 79		1,1 ha 1-2 ha 101		1,4 ha 2-5 ha 97	

Source : Cadastre 1978, J. Romero González (1983)
I.C. : Indice de Concentration = valeurs limites de la catégorie à partir de laquelle la fréquence en surface occupée devient supérieure à la fréquence en nombre.
I.D. : Indice de Dispersion = somme des écarts, pour une répartition en classes, entre les fréquences en nombre et les fréquences en surface occupée (Brunet-Le Rouzic, 1979 : « L'analyse comparative des structures d'exploitation » TRAVAUX DE L'INSTITUT DE GÉOGRAPHIE DE REIMS, n° 37, pp. 45-60).
Huerta de Valencia (10 communes) : Alboraya, Albuixech, Aldaya, Almácera, Beniparrell, Bonrepós, Burjasot, Masamagrell, Puzol, Valencia.
Ribera Alta du Júcar (7 communes) : Alcira, Antella, Benimuslem, Carlet, Villanueva de Castellón, Gabarda, Enova.
Ribera Baja du Júcar (3 communes) : Albalat de la Ribera, Fortaleny, Sueca.
Total 24 communes : les 3 groupes précédents + Benifairó et Tabernes de Valldigna, Potries et Villalonga.

Tab. 3 : La propriété dans les communautés d'irrigation : répartition des propriétés en nombre selon leur taille.

Communauté	Surface	Irrigants	moyenne	1 ha	2,5	5	10	20	50 ha
Tormos (Valencia)	945 ha	1 504	0,6 ha	89,2 %	9,1 %	1,1 %	0,4 %	—	—
Burriana............	3 652	5 854	0,6	85,2	10,4	3	0,9	0,4	—
Sagunto.............	4 728	4 217	1,1	76,3	16,5	4,5	1,6	0,7	0,3
Cárcer y Sellent	2 021	1 629	1,2	74	17	5,3	2,3	0,7	0,1
Sueca...............	8 268	4 769	1,7	64	21	8,5	4,5	1,3	0,6	0,1
Total échantillon....	19 518	17 973	1,1	77	15	5	2	0,7	0,3	—
Fréquence selon la surface occupée				28,3	22,3	15,6	13,5	9	7,4	3,8

Source : Catalogue des Communautés d'irrigation, 1972. (Les surfaces occupées par chaque catégorie ont été estimées à partir de sa valeur centrale).

En tenant compte d'une richesse cadastrale imposable moyenne de 10 000 pesetas* (= 800 F) par hectare de *regadío,* les seuils de surface définis plus haut, 0,5, 2 et 10 ha, deviennent, en revenu cadastral, 5 000 (400 F), 20 000 (1 600 F) et 100 000 pts (8 000 F). Les propriétés additionnées de trois zones-témoins (Huerta nord de Valencia, Ribera Alta et Baja du Júcar) se répartissent alors de la façon suivante en 1978 : 55 % des propriétaires ont moins de 5 000 pts de richesse imposable et représentent 12 % de celle-ci; 1,5 % d'entre eux ont plus de 100 000 pts et en représentent 15 %. Entre ces deux extrêmes, 44 % des cotes totalisent 3/4 de la richesse imposable.

Les systèmes de culture introduisent des nuances dans les structures foncières, en surface comme en richesse imposable. Le revenu moyen par hectare des différents types de cultures élève ou abaisse le seuil de rentabilité des exploitations, donc le revenu des propriétaires : la taille moyenne des propriétés augmente des cultures de huerta, les plus intensives, aux rizières, les moins intensives, en passant par les agrumes en position intermédiaire : c'est la progression qu'illustrent, dans le tableau 2, la Huerta de Valencia, la Ribera Alta et Baja du Júcar. Les types d'irrigation interviennent aussi, dans la mesure où, on l'a vu, les périmètres gravitaires anciens ont des structures beaucoup plus morcelées que les périmètres récents ou les irrigations par pompage, individuelles ou collectives. Enfin la proximité des agglomérations urbaines joue par l'intensité de la pression économique qu'elles engendrent sur la terre. Ces trois facteurs vont souvent de pair : c'est dans les vieilles communautés d'irrigation périurbaines que se sont maintenues le mieux les cultures de huerta, par suite de la faible taille des exploitations et de la proximité du marché urbain, tandis que les rizières se sont développées plus tardivement dans les *marjales* peu peuplées, et que le tandem agrumes/puits se développait d'abord au détriment du *secano*. Ainsi, dans le tableau 3, la taille moyenne des propriétés est très faible dans les vieilles communautés de Tormos à Valencia ou de Burriana dans la Plana de Castellón. Elle s'élève dans celle de Sagunto ou dans les huertas plus tardives de la Ribera du Júcar, en particulier dans celle de Sueca, constituée en grand partie de rizières. Dans celle du Valle de Cárcer y Sellent (Ribera Alta du Júcar) on peut même distinguer entre les vieilles terres irriguées, où la taille moyenne de la propriété se situe à 0,9 ha, et les terres hautes plus récemment conquises sur les versants (« tierras altas ») où elle s'élève à 1,5 ha et où les propriétés citadines d'agrumes ne sont pas rares.

2. *Un faire-valoir direct dominant*

Au Recensement agraire de 1982, il représentait 91 % des surfaces exploitées dans la province de Valencia et dans celle de Castellón. Dans les *comarcas* irriguées, cette valeur n'est jamais inférieure à 91 % (Costera de Játiva) et atteint 99 % dans la Plana de Castellón ou la Huerta de Gandía. Le faire-valoir indirect y est donc peu représenté, et presque exclusivement sous la forme du fermage. Le métayage, plus fréquent que le fermage dans les zones de *secano*, et pour des propriétés moyennes et grandes (de 50 à 200 ha), est à peu près inconnu dans le *regadío*. Ce fermage concerne rarement des exploitations entières et se rencontre dans toutes les catégories de taille, plus souvent toutefois dans les petites, en dessous de 2 ha. Il s'agit en effet soit de petits propriétaires qui étendent leur exploitation, soit de journaliers qui s'assurent un revenu complémentaire plus stable que leur salaire saisonnier, en louant une ou plusieurs parcelles. Les contrats sont saisonniers ou annuels et la plupart du temps verbaux. Ils ne concernent pratiquement jamais les vergers d'agrumes, mais les cultures de huerta et les rizières. C'est pourquoi le fermage trouve ses valeurs les plus fortes dans la Ribera du Júcar (8 % des superficies en 1982) et dans la Huerta de Valencia (6 %), alors qu'il est à peu près inexistant dans les zones de monoculture des agrumes.

Dans les périmètres irrigués par les « acequias »* de la Huerta de Valencia, la place du fermage est renforcée par la persistance de contrats anciens, connus sous le nom d'« arrendamientos historicos » (fermages historiques) par lesquels des familles de « colonos »* se sont maintenues sur la même propriété depuis des générations, en versant des fermages de plus en plus dévalués. C'était une forme de faire-valoir très répandue dans les terres de polyculture des huertas périurbaines, lorsqu'elles appartenaient à des propriétaires citadins, membres de la noblesse, du clergé ou de la bourgeoisie. Ces formes de fermage « relique », heureusement peu nombreuses, posent par ailleurs aujourd'hui de sérieux problèmes juridiques lorsque le propriétaire citadin veut reprendre sa terre.

A l'opposé, on peut rencontrer de nouvelles formes de fermage : des firmes commerciales d'expédition des produits agricoles louent des terres pour s'assurer les produits que réclament leur industrie ou leur clientèle. Par un processus d'intégration remontante, et sans immobiliser de capital foncier, elles pratiquent une agriculture moderne, dont les surfaces varient en fonction des prévisions de vente, c'est-à-dire de la demande du marché. Ce phénomène est cependant peu répandu, et ne concerne que des firmes exportatrices ou des industries de la conserverie, dont les moyens financiers, les relations commerciales et le personnel technique déjà en place assurent une productivité et une rentabilité quasi certaines. Il est cependant symptomatique d'un renversement des rapports entre la propriété et l'exploitation. Ce n'est plus le fermier traditionnel (colon), qui se trouvait sous la tutelle du propriétaire et cherchait à s'en libérer en devenant à son tour propriétaire lui-même, mais le fermage de l'entrepreneur, qui utilise son capital circulant pour louer la terre au gré de ses besoins, formule d'ailleurs plus souple dans une région où le prix du sol est très élevé et les structures foncières rendues rigides par une longue évolution historique.

3. *Des exploitations calquées sur les propriétés*

En fonction des sources dont on dispose, la structure foncière des exploitations est donc à la limite, par suite de la prédominance du faire-valoir direct, plus représentative des structures de la propriété que les

Tab. 4 : Les exploitations dans les communes irriguées de la province de Valencia : répartition selon leur taille, en nombre et en surface, des mêmes communes que le tableau 2

Surface	24 communes		Huerta Valencia		Ribera du Júcar			
					Alta		Baja	
	Nombre	Surface	Nombre	Surface	Nombre	Surface	Nombre	Surface
— 0,5 ha	40 %	6 %	44,7 %	9,3 %	37 %	5 %	30 %	4 %
0,5 — 1	26	11,5	26,5	16,5	27	11	22	7,5
1 — 2	18	16	17,8	23	18	3,5	21	14
2 — 5	12	24,5	9	26,5	13	24	16,5	24,5
5 — 10	3,4	15,5	2,2	13,7	3,5	14	7,7	21,5
10 — 30	1,2	11	0,5	6,2	1,1	7,5	3,2	21
30 — 50	0,1	3,5	—	2,3	0,2	4	0,2	3,5
— 50	0,1	12	—	2,5	0,2	20	0,1	4
Total	28 290	47 781	10 360	10 606	9 335	17 775	4 409	9 817
Moyenne I.C. I.D.	1,7 ha 2-5 ha 101		1 ha 1-2 ha 88		1,9 ha 2-5 ha 103		2,2 ha 2-5 ha 96	

Source : Recensement agraire 1972.

données du cadastre, où les chevauchements communaux des propriétés gonflent artificiellement le nombre des petites et réduisent celui des moyennes et des grandes. La répartition des exploitations selon la taille dans les 24 communes étudiées, d'après le Recensement agraire de 1972, présente donc un décalage général vers les tailles plus grandes (tab. 4) : les valeurs moyennes et médianes de la répartition augmentent, et si le seuil de concentration s'élève (2-5 ha), l'indice de dispersion fait de même (99 contre 90,6). Mais le schéma général demeure : on est dans le domaine des micro-exploitations par le nombre, car 4/5 d'entre elles ont moins de 2 ha, et dans celui des petites et moyennes par la surface occupée, car 2/5 de celle-ci appartient à des exploitations de 0,5 à 10 ha. La place des grandes exploitations (plus de 10 ha), qui occupent dans le tableau 26 % des surfaces totales, est un peu faussée par la présence de quelques très grandes exploitations de cultures sèches, ou même de surfaces incultes; elle tomberait à des valeurs plus faibles, si on pouvait ne considérer que les surfaces irriguées (fig. 3).

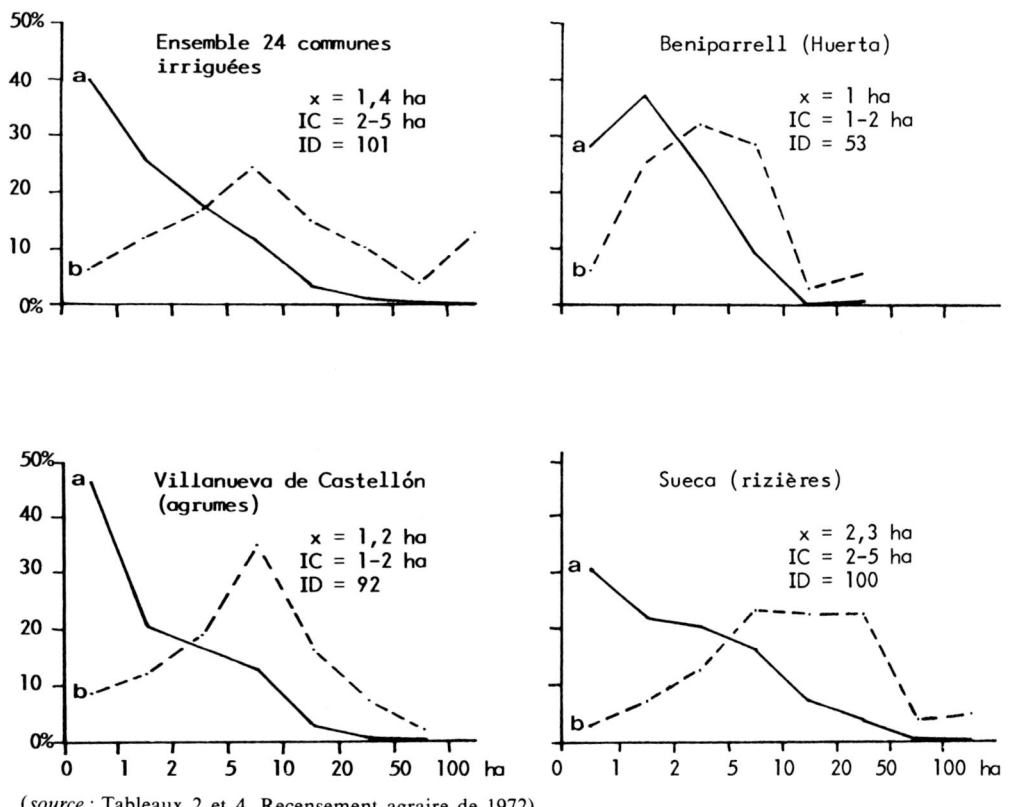

(*source* : Tableaux 2 et 4, Recensement agraire de 1972)

Fig. 3 : Les exploitations agricoles dans 24 communes irriguées (ensemble) et dans 3 communes témoins
Selon le nombre (a) et selon la surface occupée (b) par catégories de taille. x = surface moyenne des exploitations, IC = indice de concentration, ID = indice de dispersion

4. *Un parcellaire pulvérisé*

Même si le parcellaire d'exploitation est parfois différent de celui de propriété, il l'est rarement dans le sens d'un regroupement : les huertas de Valencia et de Castellón n'échappent pas à l'image méditerranéenne de l'enchevêtrement des microparcelles irriguées. Au Recensement agraire de 1972, les parcelles de moins de 0,5 ha représentaient plus des 3/4 du total recensé dans les *comarcas* irriguées de la province de Valencia, et la taille moyenne était inférieure à 0,7 ha. On retrouve les mêmes nuances, calquées sur la structure foncière : le morcellement parcellaire est à son maximum dans les zones de cultures de huerta, en particulier dans les périmètres des plus anciennes *acequias* ou dans les *marjales*. A Albuixech, aux portes nord de Valencia, les exploitations de moins de 1 ha représentent deux tiers du total et 93 % des parcelles ont moins de 0,5 ha. A Masalfasar, ces valeurs s'élèvent respectivement à 85 % et à 96 %. Dans les deux cas, les cultures de huerta occupent plus de 70 % de la surface cultivée. En outre les parcelles sont souvent subdivisées à leur tour en planches qui portent des cultures différentes selon les saisons et les rotations du système cultural adopté. Dans les communes agrumicoles, la taille des parcelles est en général plus élevée, en particulier dans les vergers créés aux dépens des cultures sèches, sur les piémonts et les collines. Mais la topographie a parfois obligé à les partager en banquettes plus ou moins larges, dont certaines ne portent que quelques rangées d'arbres. Enfin, dans les rizières, la taille des parcelles s'élève encore : à Sueca, près de la moitié des parcelles ont plus de 0,5 ha. Mais elle varie avec l'ancienneté de la conquête sur le marais et la structure des propriétés. Les minuscules rizières des petits propriétaires de la banlieue sud de Valencia s'opposent aux grands domaines des rizières proches de l'Albufera et de la mer à Sueca. Là encore la structure sociale des propriétaires est un élément déterminant : dans les rizières comme dans les agrumes, elle est souvent influencée par la présence de l'appropriation foncière des citadins.

B. Une appropriation foncière citadine omniprésente

1. *Une estimation malaisée*

Cette appropriation foncière est difficile à cerner exactement, non seulement par suite de l'imperfection ou de l'absence des sources de documentation, mais aussi par suite de la difficulté de définir le propriétaire « citadin », dans une région où les villes moyennes et petites, fortement intégrées dans l'espace agricole irrigué, abritent encore de nombreux agriculteurs. La seule résidence n'est donc pas un critère suffisant, et le problème est encore compliqué par le fait que nombre d'agriculteurs exercent aujourd'hui une activité secondaire ou même principale hors du secteur primaire : le Recensement agraire de 1972 avait relevé que 67 % des chefs d'exploitation agricole dans la province de Valencia, et 61 % dans celle de Castellón, consacraient plus de la moitié de leur temps de travail à une activité extérieure à l'exploitation.

On se trouve donc en présence de plusieurs catégories de propriétaires fonciers « citadins », sans pouvoir les départager clairement :
— les agriculteurs purs, qui sont aujourd'hui une minorité,
— les agriculteurs à temps partiel,
— les participants de l'exode rural qui, devenus citadins, ont conservé une propriété agricole qu'ils continuent d'exploiter ou afferment,
— les citadins proprement dits, qui ont investi dans la terre ou conservé des biens de famille : ils peuvent vivre principalement de leurs revenus agricoles, autrefois par la rente foncière, aujourd'hui par l'exploitation directe, et on rencontre parmi eux des représentants à la fois d'une aristocratie ancienne et d'une bourgeoisie foncière plus récente.

Les propriétaires résidant dans des communes de plus de 10 000 habitants en 1960 (non comprises celles qui forment partie de l'agglomération de Valencia) ont donc été retenus comme citadins, avec toutes les réserves que cette limite statistique comporte, et plusieurs sources de date et d'extension spatiale différentes ont été utilisées :

— Les valeurs moyennes calculées d'après le Cadastre de 1964 sur 89 communes de la province de Valencia et 22 de celle de Castellón ont montré qu'au dessus de 1 000 pts de richesse imposable en 1964 un propriétaire sur huit était citadin et plus d'une peseta de revenu sur cinq lui appartenait.

— En 1970, les habitants de Valencia possédaient 18 % des terres irriguées par l'Acequia Real del Júcar, principale communauté d'irrigation de toute la Région et une des plus importantes d'Espagne ; ils possédaient en outre plus du quart, en moyenne, de celles des communautés de Cárcer y Sellent, Corbera de Alcira, Sagunto, Sueca et Villanueva de Castellón[1].

— En 1971, d'après une enquête de la Chambre d'Agriculture de Valencia, ils possédaient environ 17 % de la surface agricole utile de la province, 14 % des cultures irriguées et 19 % des cultures sèches.

— Enfin, d'après le Cadastre de 1972, tant dans la province de Valencia que dans celle de Castellón, 9 propriétés sur 10 de plus de 100 000 pts de revenu imposable appartiennent à des citadins.

2. *Un poids économique renforcé*

a. *Des propriétés plus vastes*

Les propriétés citadines n'échappent pas au modèle général défini au chapitre précédent, mais elles présentent toujours des surfaces moyennes et médianes supérieures à celles des propriétaires ruraux. La part relative des citadins dans le revenu foncier imposable s'élève avec l'importance de ce dernier : d'un dixième environ pour la tranche 1 000-2 000 pts à la moitié au dessus de 40 000, et à la quasi-totalité au-dessus de 100 000 (si on ne tient pas compte des biens communaux, parfois importants dans l'intérieur montagneux de la province de Valencia).

La même opposition se retrouve entre propriétaires urbains et ruraux sur les registres des communautés d'irrigation : dans l'appropriation foncière, la place des premiers est d'autant plus importante qu'on s'élève dans les catégories de tailles des propriétés. Dans le périmètre de l'Acequia Real del Júcar, les courbes de fréquence selon la taille des propriétés des habitants de Valencia sont nettement décalées vers les tailles supérieures par rapport à l'appropriation rurale. A Villanueva de Castellón, dans la Ribera Alta du Júcar, sur les 1 531 ha irrigués par la Real Acequia de Escalona, un dixième des irrigants sont des citadins, qui possèdent un cinquième des surfaces : si la propriété moyenne par irrigant local est de 0,9 ha, elle s'élève à 2,3 pour les résidents des communes urbaines, et à 2,8 pour les habitants de Valencia. Leur part est d'autant plus importante que la taille des propriétés est plus grande : un quart des propriétés de plus de 5 ha leur appartiennent. Ces valeurs sont encore plus fortes dans la communauté voisine du Valle de Cárcer y Sellent, dont le périmètre est pour plus du tiers aux mains des citadins, qui ne sont que 4 % des irrigants : leur propriété moyenne s'élève à plus de 3 ha, contre 0,9 aux propriétaires locaux.

b. *Des cultures plus spécialisées*

Si on ne tient pas compte du *secano* non cultivé, en particulier des bois et forêts, qui tiennent une place importante (comme domaines de loisir, de chasse) dans les surfaces des propriétés de plus de 100 000 pts de revenu imposable, on voit s'y dessiner une nette orientation des propriétaires citadins vers les cultures permanentes qui, seules, favorisent l'absentéisme (tab. 5). Il s'agit essentiellement de cultures arbustives : la vigne dans le *secano* et principalement les agrumes dans le *regadío*. Même un fruit comme l'amande, qui a trouvé, grâce aux conditions nouvelles du marché, un regain de faveur parmi les agriculteurs du *secano*,

---

[1] Courtot R. (1972) : « La propriété foncière et son évolution dans quelques communautés d'irrigation de la Province de Valence en Espagne », Actes du Colloque de Géographie Agraire, 1971, C.E.G.E.R.M., Institut de Géographie d'Aix-en-Provence, pp. 13-21.

Tab. 5 : Les grandes propriétés dans la province de Valencia, selon les cultures et le domicile des propriétaires

Cultures	Lieu de résidence des propriétaires						total Fichier		total Province	
	Valencia		c. urbaines		autres					
Agrumes	5 547 ha	17 %	9 375 ha	18 %	1 336 ha	10 %	10 711 ha	17 %	51 000 ha	5 %
Autre fruits	273	1	402	1	96	1	498	1	5 500	1
Cult. huerta	575	2	938	2	212	2	1 150	2	65 500	6
Riz	1 547	5	2 023	3	115	1	2 138	3	27 500	3
Cult. irriguées	7 922	25	12 738	25	1 758	14	14 497	23	149 500	15
Céréales	1 892	6	3 347	7	671	5	4 018	6	126 000	13
Vignes	1 918	6	2 557	5	259	2	2 816	4	78 471	8
Caroubiers	690	2	1 423	3	181	1	1 604	2	73 000	7
Oliviers	502	1,5	693	1	218	1,5	911	1	44 500	5
Cult. sèches	5 092	15	8 210	16	1 370	10	9 580	15	332 509	33
Forêts	9 496	29	16 602	33	3 217	24	19 819	31	165 000	16
Paturages	6 876	21	8 545	17	3 272	25	11 817	18	191 000	19
Friches	2 684	8	3 585	7	3 521	27	7 105	11	157 752	16
Non cultivé	19 748	60	30 021	59	10 018	76	40 039	62	515 554	52
Total	32 766 ha	100	50 970 ha	100	13 146 ha	100	64 116 ha	100	997 563 ha	100

Source : Fichier des propriétés de plus 100 000 pts de revenu cadastral, Valencia, 1972.

intéresse aussi les propriétaires citadins qui cherchent à profiter, grâce à leurs moyens d'investissement, d'une spéculation nouvelle. Le riz y figure aussi : dans ce cas la permanence n'est pas celle de la plante, mais celle des rizières. Dans les zones anciennement marécageuses de la Ribera Baja du Júcar, celles-ci ne sont pas susceptibles d'accueillir d'autres cultures sans d'importantes transformations. Il s'agit en outre de cultures susceptibles de fournir, selon les marchés, des revenus élevés par unité de surface (agrumes, vignes, rizières), d'autant que la prédominance du faire-valoir direct en réserve les bénéfices au propriétaire.

c. *Des exploitants directs*

Comme dans l'ensemble de l'agriculture valencienne, le faire-valoir direct l'emporte nettement dans la propriété citadine. Les propriétés de plus de 100 000 pts de revenu imposable sont pratiquement toutes gérées par le propriétaire ou par l'intermédiaire d'un administrateur (conseil ou cabinet de gestion) lorsqu'il habite hors de la province. Sur place, l'exploitation est surveillée par un contremaître (« capataz ») ou par un régisseur (« encargado ») habitant sur la propriété ou au village. Il faut l'éloignement du propriétaire, le faible intérêt économique des cultures, ou la dissémination de nombreuses parcelles pour que le faire-valoir indirect apparaisse; encore ne concerne-t-il pas forcément toute la propriété et sa part varie-t-elle en fonction des cultures. Il est quasi absent pour les agrumes, dont le calendrier agricole simple et les possibilités de revenus intéressants n'incitent pas à abandonner l'exploitation à un tiers. Il augmente dans les cultures de huerta, dont le caractère intensif, annuel et délicat ne permet pas l'absentéisme. Il atteint la moitié des surfaces dans les rizières des citadins, alors que le riz est une culture qui permet l'absentéisme. Cela tient à plusieurs raisons :

— à un moindre intérêt pour une culture dont les revenus ont nettement diminué depuis une quinzaine d'années, alors que la pression agricole forte dans les zones rizicoles pouvait faire monter le loyer de la terre;

— au fait que le fermage touche surtout les petites propriétés, beaucoup moins rentables, dans les conditions actuelles, que les grandes, qui restent pour la plupart en faire-valoir direct. A Sollana (Ribera Baja du Júcar) 9 grands propriétaires valenciens exploitent directement 494 ha de rizières, alors que les quelque deux cents autres propriétaires valenciens, qui se partagent 506 ha, les laissent souvent en fermage.

3. *Propriétés et exploitations citadines*

La propriété citadine existe donc à tous les échelons de taille dans le *regadío*, mais son poids dans les structures foncières et économiques de l'agriculture irriguée est d'autant plus grand qu'on s'élève dans les catégories de propriétés.

a. *La petite propriété*

Les petites propriétés citadines sont nombreuses et tissent des liens entre la ville et la campagne, mais comptent peu au plan économique. Elles ont souvent une origine rurale, soit par exode vers les villes, soit par changement de statut de l'agriculteur sur place, dans le cas des communes périurbaines qui s'intègrent dans le bassin d'emploi d'un centre urbain. A Sueca, dans les rizières entre le Júcar et l'Albufera, la structure des propriétés foraines varie considérablement selon qu'il s'agit d'habitants de la ville de Valencia ou des faubourgs et hameaux de sa Huerta sud (Fuente San Luis, Castellar, Oliveral, Palmar etc.,) : les petits cultivateurs de la Huerta passent progressivement de l'activité agricole aux emplois secondaires ou tertiaires que leur offre, en nombre croissant, l'agglomération. La condition de paysan-ouvrier ou de paysan-employé, qui soigne ses arbres ou moissonne son riz le dimanche ou pendant ses congés, n'y est pas rare. Ce phénomène, remarquable dans la Huerta de Valencia, se retrouve à une moindre échelle dans les autre villes de l'espace irrigué, qui ont toujours abrité de nombreux agriculteurs ; dans ce cas, ce sont les périodes de crise des cultures principales (agrumes, riz) qui renforcent la combinaison de l'activité agricole avec d'autres emplois.

La petite propriété d'origine purement citadine est plus faible. L'engouement pour certaines cultures a conduit les classes moyennes, fonctionnaires, commerçants, employés même, à investir parfois leur épargne dans l'achat de quelques « hanegadas »* d'orangers, d'arbres fruitiers ou de vigne. Il n'est pas rare de rencontrer dans les administrations, en particulier celles qui sont liées à l'agriculture, des petits propriétaires terriens de fraîche date, pour qui cet investissement est un signe d'identification sociale. Plus prosaïque, ce charcutier d'un faubourg de Valencia, rencontré dans un petit verger de l'arrière-pays, plantait des orangers pour sa consommation personnelle et pour venir passer le dimanche à la campagne.

b. *La moyenne et la grande propriété*

Le seul outil d'analyse efficace a été ici le fichier cadastral des propriétés de plus de 100 000 pts (8 000 F) de richesse imposable, dont plus du tiers ont en fait moins de 10 ha et peuvent être considérées comme « moyennes » par la taille, si elles sont « grandes » par le revenu[2]. En effet, le poids des cultures irriguées en général, et des agrumes en particulier, fait que la moitié de ces exploitations ont entre 8 et 30 ha, et que l'essentiel des cotes se situe dans les tranches de 100 000 à 400 000 pts (tab. 6). Valencia et Castellón se distinguent nettement des provinces latifondiaires (Séville, Cordoue par exemple) : même à ce niveau, elles se comportent comme des provinces de « petite propriété ».

• *Le huerto*

C'est le verger d'agrumes, la forme la plus répandue de cette appropriation citadine. On le rencontre en général à l'écart des villages et des zones d'irrigation traditionnelle, car il est lié à l'irrigation par puits qui lui a donné naissance. Il forme la moitié des biens de plus de 100 000 pts de richesse imposable et se trouve

---

(2) Gozálvez Pérez V. (1981) : « Las grandes explotaciones agrarias actuales en el País Valenciano », pp. 213-232 in « La propiedad de la tierra en España », Depto de Geografía, Fac. de Filosofía y Letras, Universidad de Alicante.

Tab. 6 : Les grandes propriétés foncières des provinces de Valencia et de Castellón :
comparaison avec deux provinces andalouses et l'Espagne

		0,1	0,2	0,4	1 million de pts	Total
Castellón	NB	315	77	18	2	412
	RC	42	20	10	3	75
Valencia	NB	992	348	103	10	1 453
	RC	134	93	59	19	305
Cordoue	NB	1 017	496	233	63	1 809
	RC	140	136	134	100	511
Séville	NB	1 153	639	356	76	2 224
	RC	160	179	213	146	698
Espagne	NB	14 311	5 675	2 344	567	22 897
	RC	1 975	1 588	1 365	1 283	6 211

NB = nombre de propriétés, RC = revenu cadastral (en millions de pesetas)
Source : Cadastre 1972.

sur les glacis et les pentes faibles qui dominent la plaine littorale, là où la mise à l'irrigation des terres sèches a été la plus intense. La figure 4 en montre les points forts :

— une demi-couronne autour de la capitale, de Bétera au nord à Picasent au sud,

— deux zones de forte appropriation citadine : la basse vallée du Palancia et la Ribera Alta du Júcar, de Sumacárcel à Algemesí,

— deux zones où les propriétés paysannes et celles des habitants des petites villes sont plus nombreuses : la Plana de Castellón et la Huerta de Gandía.

Les plus anciens de ces *huertos* se trouvent sur les bords de la plaine littorale, quelquefois au milieu des irrigations traditionnelles. Au centre s'élève parfois une « maison de maître » (« casa de campo ») (photo 2). Une rangée de palmiers qui dominent le moutonnement vert sombre des orangers y conduit depuis l'entrée sur la route, flanquée d'un portail monumental marqué du nom du fondateur. La présence d'une clôture distingue souvent le *huerto* du citadin, affirmation d'un droit de propriété que l'agriculteur n'éprouve pas le besoin de matérialiser. Une construction plus modeste abrite le régisseur, ainsi que les instruments de travail de l'exploitation ; à proximité le puits et sa pompe sont signalés par une construction (« casa de motor ») d'où pointe encore parfois l'ancienne cheminée de la machine à vapeur, ancêtre des actuels moteurs électriques ou diesels.

Les nouveaux vergers aménagés sur les glacis et les pentes sèches ont nécessité la construction de banquettes de pierres ou de ciment, et de coûteux travaux d'aplanissement au bulldozer ou même à l'explosif : ils tranchent nettement dans le paysage par leurs terrasses, réseaux d'arrosage cimentés, puits et pompe au centre du dispositif. Le *huerto* remplit souvent une fonction de loisirs (présence d'un « frontón » pour le jeu de la « pelota ») en tant que résidence de fin de semaine ou d'été ; elle n'est pas sans rappeler celle des « cortijos » et « haciendas » de l'aristocratie sévillane, et a conduit à des constructions parfois prétentieuses, parfois réussies, dont l'architecture « moderniste » est le pendant rural des constructions bourgeoises de l'« ensanche »* de la ville de Valencia (Simo, 1973).

Si on retient comme *huertos* toutes les propriétés uniquement agrumicoles du fichier, on aboutit, dans le cas des propriétaires résidant à Valencia, à des exploitations étalées de 3 à 59 ha : mais leur distribution est bien centrée autour de la moyenne (14,5 ha), et mieux encore autour de la médiane (10 ha). La valeur économique réelle de ces vergers est très variable, selon leur taille et selon les soins qu'y apporte le propriétaire, en particulier dans la lutte contre les maladies et dans le renouvellement des variétés, dont l'évolution des cotations sur le marché international est un élément essentiel du revenu de l'exploitation.

(cliché de l'auteur, 1975)

Photo 2 : Un *huerto* d'agrumes traditionnel dans la plaine littorale au nord de Valencia (commune de Puzol)

(cliché de l'auteur, 1975)

Photo 3 : Un paysage historique : la Huerta de Valencia
Irrigation gravitaire, cultures maraîchères, habitat dispersé (*alquería*)

● *Le mas de secano transformé*

Plusieurs termes le désignent et permettent de le repérer sur les cartes au 1/50 000e : « Alquería »*, « Masia »*. Ces unités d'exploitation sont la plupart du temps d'un seul tenant, autour de la ferme au centre du domaine. Mais elles ne sont pas la règle de l'appropriation citadine dans le *secano*, au même titre que le « mas » viticole dans le Bas-Languedoc.

On le rencontre dans les régions intérieures de la province, où il est lié le plus souvent à la vigne, accessoirement aux cultures céréalières, avec parfois de grandes surfaces de bois et de garrigues. Dans les zones intermédiaires, proches de la plaine irriguée, et là où les nappes phréatiques et les sols l'ont permis, il a été souvent transformé en vergers irrigués d'orangers ou d'arbres fruitiers tempérés. Le Llano de Cuart, vaste glacis à l'ouest de Valencia, a ainsi connu une transformation complète de *secano* en *regadío*, sous l'impulsion des grands propriétaires valenciens suivis par les agriculteurs des bourgs de la Huerta (Burriel, 1971a). La comparaison des cartes de l'Instituto Geográfico y Catastral de Valencia (No 722, 1944) et Cheste (No 721, 1947) avec les photographies aériennes récentes montre que le processus, déjà bien enclenché à la date des cartes, s'est poursuivi activement jusqu'à nos jours : il aboutit à une transformation quasi totale du paysage et à une véritable monoculture des agrumes.

● *Le grand domaine rizicole*

Il est, lui aussi, l'héritier d'une appropriation passée, et en aucune manière le fruit d'investissements récents ou actuels. L'énorme pression démographique sur la terre des rizières a rogné progressivement des domaines issus de l'appropriation aristocratique et bourgeoise du siècle dernier, dont les revenus ont été surtout intéressants pendant les périodes de conflit ou d'économie autarcique.

Ici, pas de mas comme en Camargue : nous sommes dans une région d'anciens marécages conquis par une lente progression des rizières au détriment des marais et de la lagune de l'Albufera. L'investissement en travail humain a été énorme et ces grands domaines ont été souvent constitués par le labeur de nombreux petits colons qui les ont cultivés pendant longtemps en fermage. Aujourd'hui l'exploitation directe y domine, que seule la mécanisation peut rentabiliser. Or, parmi les grandes propriétés, 23 % seulement de celles où le riz est cultivé atteignent ou dépassent 30 ha, surface considérée comme un seuil de rentabilité pour les machines, et c'est pourquoi les plus petites continuent à affermer annuellement leurs rizières. Quelques grandes unités subsistent, qui se distinguent dans le paysage agraire par un parcellaire plus régulier et plus vaste, souvent situé dans les zones les plus proches des lagunes, parce que conquises et aménagées plus tardivement.

● *Les grandes exploitations de type capitaliste*

La forme extrême des investissements dans l'agriculture irriguée est représentée par des sociétés anonymes, liées ou non à l'agriculture, et qui ont aménagé de grandes exploitations modernes sur les marges des périmètres traditionnellement irrigués : les *marjales* non aménagées, mais surtout les piémonts secs de la plaine littorale. Le prix du sol y était plus faible, et la main-d'œuvre plus abondante par suite de la crise de l'agriculture traditionnelle de *secano*; mais les investissements restaient considérables, surtout en ce qui concerne l'irrigation par puits et pompage dans les nappes phréatiques.

— *Les capitaux liés à l'agriculture*

Dès avant 1936, la firme « Riegos y Energía de Valencia » (REVA), fondée par des capitaux étrangers pour la transformation de terres sèches à l'irrigation, et qui a participé activement à la conquête du Llano de Cuart, a conservé plusieurs exploitations à Ribarroja del Turia (Masia del Oliveral). Avec 451 ha d'agrumes et 21 d'autres fruitiers, c'est le premier propriétaire de terres irriguées et le premier contribuable foncier de la province de Valencia. Cette appropriation a d'ailleurs été le point de départ des activités exportatrices de la société.

La plupart des grands exportateurs de produits agricoles sont en même temps propriétaires de vergers : « Pascual Hermanos » à Pego-Oliva, « Bordils S.A. » dans la *marjal* d'Almenara (vergers de poiriers et élevage bovin), « Exportaciones Alavesas » à Puebla Larga; mais leur production ne représente en général qu'une faible part de leur activité commerciale.

— *Les capitaux extérieurs à l'agriculture*

La forte rentabilité des cultures d'exportation dans la période 1950-1970 et la faible imposition des bénéfices agricoles ont attiré vers l'agriculture des capitaux d'origine industrielle ou commerciale. Le premier cas notoire a été celui de la « Compañía Valenciana de Cementos Portland » (2e producteur espagnol de ciment) qui a acheté en 1960 280 ha de *secano* au NO de Liria, et qui l'a transformé, avec l'irrigation par puits, en une exploitation moderne de 150 ha. La finca * « Edeta » (nom romain de la ville de Liria) comporte des serres florales et des vergers dont les produits sont commercialisés par l'exploitation elle-même. Celle-ci n'est qu'une filiale (« Pocopan ») de la société-mère, et apparaît dans son bilan avec des bénéfices intéressants [3].

Dans la même commune et dans la même zone (touchée aujourd'hui par l'irrigation du Canal de Benagéber), le *huerto* « Santa Isabel » a été créé de 1966 à 1971 par un industriel de la conserverie, aidé par les crédits officiels et privés pour les transformations en *regadío* : 70 ha de vergers de fruits à pépins. La production est commercialisée directement sous la marque « HORTIBEL », dont elle ne représente que 50 % du tonnage; l'autre moitié est constituée d'agrumes achetés dans les zones de production régionale. L'élevage est associé au *regadío* par la culture de fourrages et par la récupération de l'engrais animal, et se fait de façon semi-extensive sur 700 ha de *secano* et de « monte »*, sous forme d'association avec les ouvriers permanents de l'exploitation. Un groupe de colonisation a été ainsi créé sur un grand domaine de la commune voisine de Altura (province de Castellón), acheté par le propriétaire du *huerto* Santa Isabel et partagé entre ses 28 salariés permanents, Ceux-ci y créeront de nouveaux vergers de fruits tempérés avec l'irrigation par pompage.

Les « Industrias Carnicas Roig » de Puebla de Farnals (banlieue nord de Valencia), importante firme alimentaire présente dans toute l'Espagne, exploitent en 1981 environ 83 ha d'agrumes dans la province : dans ce cas les agrumes ne sont qu'un investissement très secondaire à côté des fermes d'élevage (Bétera, Moncada, Requena) créées dans une stratégie d'intégration remontante de l'industrie de la viande. A Canals, à l'entrée du couloir de Montesa, les industriels du textile ont aussi investi dans les vergers d'agrumes. Mais ils reconnaissent que les bénéfices agricoles ont parfois aidé au démarrage de l'industrie autochtone, avant que les bénéfices industriels ne se réinvestissent dans l'agriculture.

Si ces firmes ont créé un certain nombre d'emplois permanents et saisonniers dans des zones de *secano* où le sous-emploi était endémique, elles pèsent fortement sur le marché d'exportation des fruits et des légumes par l'importance de leur production et par leur capacité à suivre la demande et à innover techniquement. Remarquons que l'évolution récente de ces investissements est à un déplacement vers le sud, vers les provinces d'Alicante et de Murcie. Les firmes capitalistes n'ont pas attendu l'arrivée de l'eau du transfert Tage-Segura pour y créer de nouvelles exploitations à base d'irrigation et de serres, en bénéficant des économies externes physiques et sociales (climat et niveaux de salaires) : « Pascual Hermanos » à Torre Pacheco ou la « Valenciana de Cementos » à San Pedro del Pinatar, dans son domaine de « Lo Romero » [4].

● *Les propriétaires*

On connaît de façon générale la place des professions libérales et commerçantes dans cette appropriation citadine. Parmi les propriétaires de plus de 500 000 pts (40 000 F) de revenu imposable on a relevé, à côté de ceux qui sont effectivement exploitants agricoles (d'après le recensement de la population de 1975, la

---

(3) Jordan Galduf J.M. (1979) : « Gent de Lliria (economia i societat d'un cap comarcal del Pais Valencià) », Conselleria de Benestar Social, Transports del Pais Valencià, p. 67.
(4) Vera Rebollo J.F. (1984) : « Tradición y cambio en el campo del Bajo Segura », Instituto de Estudios Alicantinos, Serie I, n° 93, Alicante, p. 138-140.

commune de Valencia abritait un dixième des patrons agriculteurs de la province employant des salariés permanents), quelques titres de noblesse qui nous signalent, soit d'authentiques représentants de la noblesse terrienne régionale, qui ont su conserver les biens de famille à travers les vicissitudes de l'histoire récente, soit des nobles de plus fraîche date, des bourgeois anoblis depuis le siècle dernier. D'autres sont liés aux activités commerciales, financières ou politiques de la cité: des conseillers bancaires, des exportateurs de fruits et de légumes, des avocats, des médecins...

Malgré sa faible taille, cet échantillon confirme ce que les géographes valenciens avaient déja signalé : la présence, dans la cité, d'un bon nombre de grands propriétaires, non tant par la surface que par les revenus, groupe social hétérogène, qui fait voisiner l'aristocratie traditionnelle, peu nombreuse, avec la bourgeoisie terrienne, commerçante ou des services, bien représentée dans les classes sociales dirigeantes de l'économie régionale. Son seul ciment est formé de son intérêt pour la terre, dont elle tire une partie de ses revenus. Cette orientation foncière de ses investissements, plus que séculaire, a fini par faire de la terre autre chose qu'une simple source de revenu : la marque de l'appartenance à une certaine catégorie sociale, à une élite valencienne, qui a entraîné à sa suite une bonne partie de la petite et de la moyenne bourgeoisie, avide de considération autant que de rente, selon un processus d'identification à la classe dominante.

4. *Les rayons fonciers et le poids des villes*

La cartographie des grandes propriétés citadines (fig. 4) dessine une répartition assez simple:
— une énorme concentration dans la zone littorale et sublittorale; l'essentiel des grandes propriétés citadines, en nombre comme en revenu cadastral, se trouve dans des communes dont plus de la moitié de la surface cultivée est irriguée;
— quelques avancées vers l'intérieur, en particulier dans le vignoble de Requena-Utiel.

Leur part dans le revenu agricole des communes est en relation à peu près directe avec la densité du verger d'agrumes, et les points forts en sont, du nord au sud : la Plana de Castellón, le Bajo Palancia, l'arrière-pays immédiat de Valencia, la Ribera du Júcar, la Huerta de Gandía. Au contraire, la Huerta plus maraîchère de Valencia et les pourtours rizicoles de l'Albufera apparaissent comme des taches claires sur la carte. Les seules grandes popriétés citadines représentent en moyenne 14 % du revenu foncier imposable de la province de Valencia, mais cette proportion s'élève à plus de 30 % dans les communes périvalenciennes où ont été créés le plus de *huertos* appartenant à des citadins (Bétera : 34 %, Picasent : 39 %, Picaña : 42 %, Manises : 52 %, Ribarroja del Turia : 91 %), et dans toutes les communes urbaines agrumicoles, dont le rayon foncier se superpose à celui de la capitale (Sagunto, Alcira, Carcagente, Játiva, Gandía). Au total, la part de l'ensemble des propriétés citadines n'est pas loin d'atteindre le tiers du revenu agricole provincial, et plus encore dans les seules orangeraies.

Il existe une relation directe entre la taille des villes et le nombre des grands propriétaires qui y résident, mais aussi les propriétaires les plus importants habitent dans les plus grandes villes : les plus grandes exploitations selon le revenu imposable appartiennent à des valenciens ou à des madrilènes. La carte de la fig. 5 résume cette situation et souligne la prépondérance écrasante des propriétaires résidant à Valencia, suivis de très loin par ceux du reste de l'Espagne, où domine Madrid, et par les villes de la région, dont ne se détachent pas les deux autres capitales de province, Alicante et Castellón.

La capitale régionale l'emporte de très loin puisque, en ce qui concerne les grands propriétaires fiscaux de sa province, elle en abrite la moitié et que, dans les deux provinces voisines, elle arrive toujours en seconde position, après Burriana dans celle de Castellón, et après Orihuela dans celle d'Alicante. En Espagne, il n'y a certainement qu'à Madrid et à Séville qu'on puisse trouver une concentration supérieure de grands propriétaires citadins. Ces propriétés concernent 109 communes des 263 que compte la province mais elles sont surtout rassemblées dans la zone irriguée et dans les vergers d'agrumes: ceux-ci représentent 8 à 10 % de l'ensemble du verger provincial, sont présents partout où le verger est le plus dense et le plus récent, lié

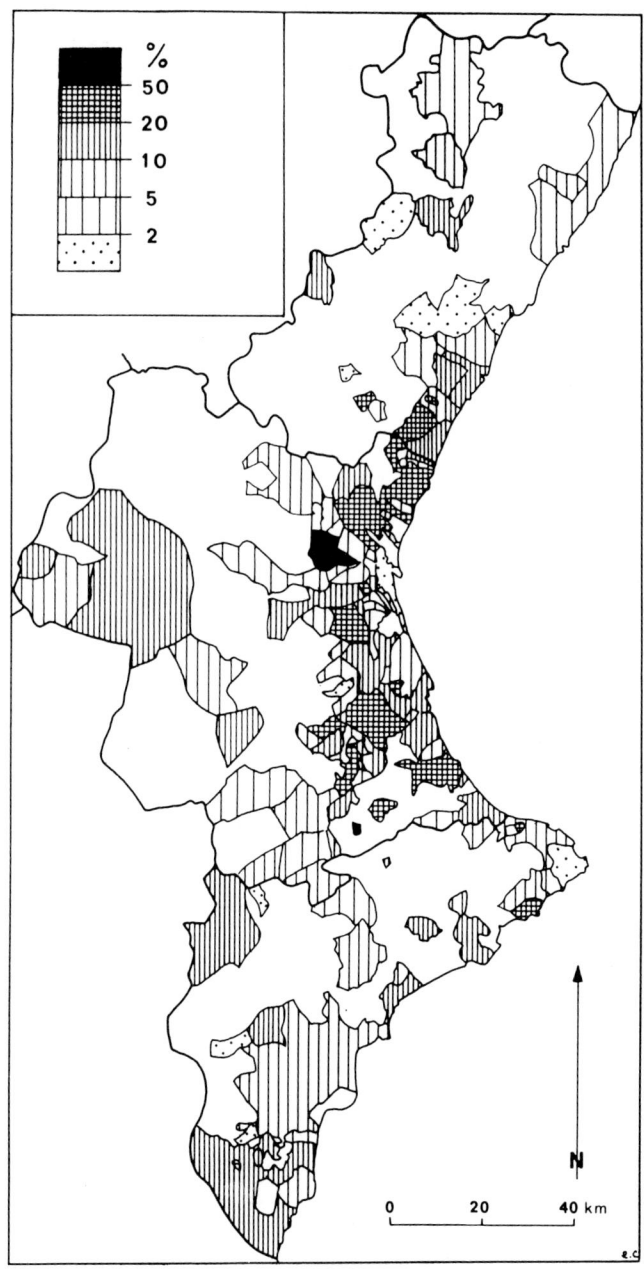

(*source* : Cadastre 1972)

Fig. 4 : Les grandes propriétés des citadins dans la Région Valencienne en 1972
Part des propriétés de plus de 100 000 pts de revenu cadastral, appartenant à des citadins (agglomérations de plus de 10 000 habitants), dans le revenu cadastral des communes

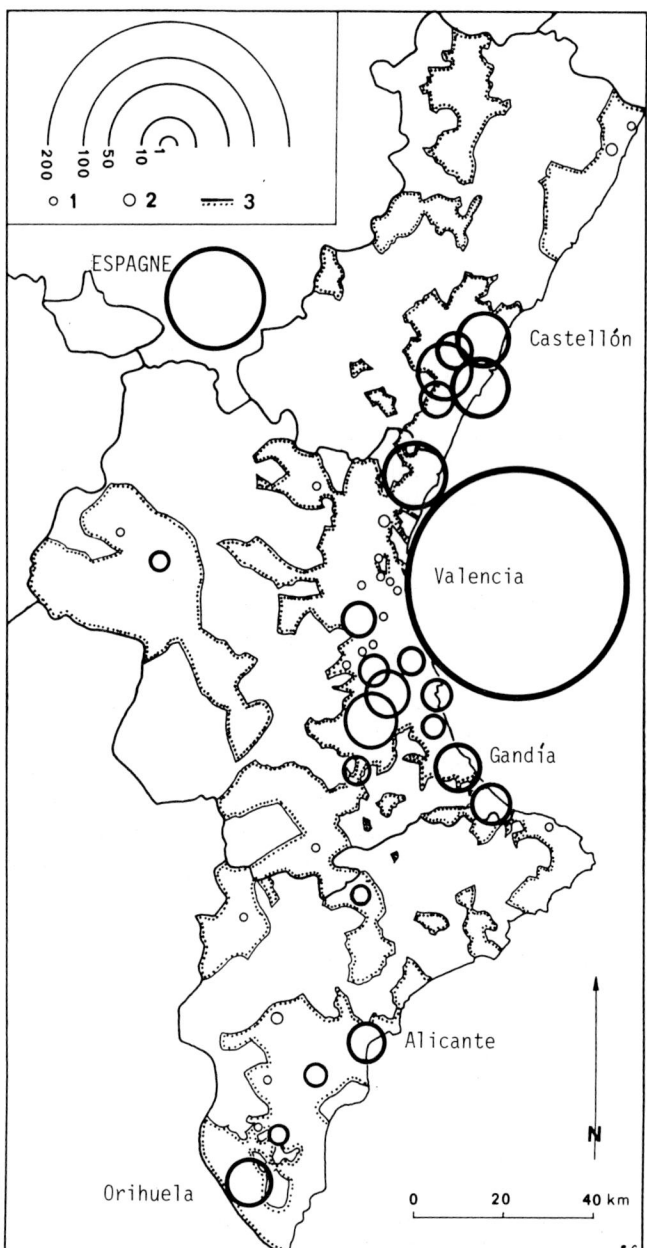

(*source* : Cadastre 1972)

Fig. 5 : Le poids foncier des villes
Somme du revenu cadastral des grandes propriétés (plus de 100 000 pts) des habitants des agglomérations de plus de 100 000 hab. Cercles proportionnels (en million de pts) sauf pour 1 (= 0,1 à 0,5 million) et 2 (= 0,5 à 1). (3 = limite des communes concernées)

aux irrigations par pompage. Nous retrouvons donc les deux alignements bordiers de la plaine littorale, au nord et au sud de Valencia. Leur part diminue au fur et à mesure qu'on s'éloigne de la capitale, surtout aux extrémités de la zone orangère, où de petites villes viennent concurrencer l'emprise valencienne : au sud dans la Huerta de Gandía et le Bajo Marquesado, au nord dans la Plana de Castellón avec Burriana, Villareal et Almazora.

En dehors de Valencia, on tombe immédiatement à des valeurs faibles, en relation avec la taille des villes de résidence des propriétaires : 4 seulement abritent une cinquantaine de grands propriétaires représentant plus de 10 millions de pesetas de revenu imposable. Toutes ont plus de 20 000 habitants et sont parmi les principaux centres de l'agrumiculture : Sagunto, Burriana, Villareal et Alcira.

Au-dessous, jusqu'à la vingtaine de grands propriétaires et 5 millions de revenu imposable, ce sont encore des centres agricoles (Carcagente, Gandía...). Les villes du riz, Cullera et Sueca, viennent ensuite, les villes du *secano* (Requena) en dernier.

Leur rayon foncier est en général réduit, constitué pour la plus grande part de leur propre commune, souvent très vaste. L'appropriation extérieure, même valencienne, y est rarement forte, sauf lorsque la ville est petite : les propriétaires de Burriana sont nombreux à Almenara, ceux d'Alcira à Algemesí. Lorsqu'ils débordent du cadre communal, ils dépassent rarement les communes voisines ou la *comarca*, où peuvent se trouver de gros villages dépendants ou des bourgs concurrents. Cela conduit, dans la Plana de Castellón ou dans la Ribera du Júcar, dont les villes ont des « poids » fonciers voisins, à une juxtaposition de rayons fonciers restreints.

La seule ville moyenne, Castellón, n'a pas, en ce qui concerne les grandes exploitations, un rayon foncier différent de celui des petites villes : il est même plus réduit que celui de ses voisines, Villareal et Burriana, et les habitants de Valencia possèdent plus de grandes propriétés dans la province de Castellón que ceux de Castellón eux-mêmes. Cela tient à ce que l'assise territoriale et agricole de cette ville n'est pas très considérable : elle a été pendant longtemps une ville de même ordre que ses voisines et ne s'en est distinguée que tardivement, lorsqu'elle fut choisie comme capitale de province en 1833. Pour cette ville d'administration, de fonctionnaires et de services publics, les relations directes avec l'économie agricole sont moins importantes que dans les autres villes de la Plana, sur lesquelles elle exerce une centralité surtout administrative. La situation est à peu près identique à Alicante, ville de commerce et d'industrie avant tout, et qui abrite moins de grands propriétaires de sa province qu'un centre agricole comme Orihuela, ou même que Valencia.

Les propriétaires résidant hors des trois provinces de la Région Valencienne sont peu nombreux : parmi les exploitations soumises à l'imposition proportionnelle, la part des résidents extrarégionaux ne représente qu'un dixième du nombre et du revenu cadastral imposable. Elle est essentiellement urbaine et avant tout madrilène, puisque la capitale en abrite les deux tiers à elle seule. On retrouve donc, dans notre région comme ailleurs (Castille, Andalousie), l'omniprésence d'une capitale qui abrite encore l'aristocratie foncière du pays, mais cette présence est ici relativement ténue. Elle ne se distingue pas tellement, ni par ses structures ni par sa localisation, de l'appropriation valencienne, dont elle est en partie issue par émigration vers la capitale nationale des familles aristocratiques ou bourgeoises depuis le siècle dernier. La taille et le revenu des propriétés sont en moyenne plus élevés, mais les cultures sont à peu près les mêmes et l'orientation vers les vergers d'agrumes presque aussi marquée. On notera toutefois une part plus grande des cultures sèches (vigne) ou des espaces de bois et de *monte*, liée à la présence de quelques grands domaines dans la *comarca* de Requena-Utiel. Il s'agit parfois de sociétés d'investissement agricole, mais c'est pour l'essentiel une propriété ancienne qui a des liens familiaux plus ou moins étroits avec celle de Valencia. Beaucoup de propriétaires sont des femmes, par suite des dots, héritages ou « nécessités » fiscales; la signification sociale et la fonction de loisir de ces domaines, comme résidences d'été ou comme terrains de chasse, sont aussi importantes que leur revenu économique, qui n'est pas négligeable, puisque ce sont les propriétés qui présentent le revenu cadastral moyen le plus élevé.

Conclusion

« La tierra esta muy mal repartida y en manos de gente de fuera » (la terre est très mal répartie et aux mains de non résidents) selon le maire d'une commune de la Valldigna : c'est résumer de façon abrupte une situation assez fréquente dans le *regadío* valencien. Il est en effet marqué par la juxtaposition d'une propriété rurale essentiellement petite, plus rarement moyenne, et d'une appropriation citadine qui accapare les domaines les plus importants. Sans que ceux-ci soient « grands », au sens méditerranéen du terme, ils représentent toujours, surtout par leur place dans la principale production, les agrumes, un poids économique considérable et une source de rente importante pour la ville. L'image traditionnelle d'une démocratie paysanne, d'un monde de petits propriétaires relativement égaux, a été effacée par toutes les études récentes sur les structures foncières de cette région.

Cependant, si on compare ces structures à celles des huertas plus méridionales d'Alicante ou de Murcie d'une part, et à celles des nouveaux périmètres irrigués de l'Andalousie ou du Bassin de l'Ebre d'autre part, on note que le domaine valencien présente une situation intermédiaire. Le déséquilibre entre la masse des petits propriétaires et les grands propriétaires citadins y est moins marqué que dans les huertas de Murcie, la catégorie moyenne étant plus étoffée. On est loin toutefois des structures plus vastes et mieux réparties des nouvelles zones irriguées de la Péninsule, aussi bien en Andalousie (où la grande propriété l'emporte) qu'à Badajoz ou dans le Bassin de l'Ebre, où la surface moyenne des propriétés irriguées est plus élevée et leur répartition moins inégalitaire.

Quant à l'appropriation citadine, elle n'est pas originale dans une péninsule où la propriété non paysanne a toujours été très forte, mais elle est originale par son intensité : en dehors des grands domaines andalous, il est difficile de trouver des valeurs aussi fortes en Espagne. C'est un caractère « méridional » des relations ville-campagne dans une région qui se rattache à l'Espagne septentrionale, industrielle et urbaine. Il rappelle à bien des égards, par son importance et sa diffusion, l'appropriation foncière des citadins décrite par R. Dugrand dans le vignoble bas-languedocien. Elle est cependant moins forte, et plus autochtone : on est au dessous des valeurs languedociennes selon lesquelles 30 % des terres labourables et 35 % du vignoble appartenaient en 1960 à des propriétaires non-résidents, dont plus des 9/10e étaient des citadins (Dugrand, 1963). Et parmi ceux-ci, les citadins extrarégionaux possédaient 50 % des terres et 30 % du vignoble. A Valencia, si une bonne partie de la terre échappe aux paysans, elle reste aux mains des citadins de la région, à commencer par ceux de sa métropole.

Chapitre III

DES SYSTÈMES DE PRODUCTION COMPLEXES

L A province de Valencia présente, depuis longtemps en Espagne, le produit final agricole le plus élevé de la Péninsule, loin devant les provinces de grande culture de l'Andalousie (Séville, Cordoue, Jaen) et les provinces de *regadío* méditerranéen plus méridionales (Almeria, Murcie) : elle le doit à la place qu'occupe l'agriculture irriguée dans cette production agricole. Le produit moyen par hectare cultivé est aussi le premier d'Espagne, mais le produit net par actif ne se distingue pas de celui de provinces aussi diverses que Tolède, Almeria ou Navarre. Ces valeurs sont représentatives de systèmes de production globalement intensifs, mais la prédominance des agrumes, la présence de l'appropriation foncière d'origine citadine, et la faible taille des exploitations confèrent à ces sytèmes des caractères différents de ceux de bien des huertas méditerranéennes.

A. Des systèmes de production intensifs

1. *La « densité » de l'occupation du sol*

Les rendements du *regadío* valencien, après avoir été longtemps les premiers dans l'agriculture espagnole, ne le sont plus forcément aujourd'hui. Ils sont souvent dépassés par les rendements plus importants des régions méridionales du littoral méditerranéen, dont les périmètres irrigués sont plus neufs et les effets conjugués de l'eau et de la chaleur beaucoup plus efficaces. Mais l'expérience accumulée dans les cultures irriguées par la paysannerie valencienne continue à jouer en sa faveur : le littoral valencien reste en tête pour les rendements des agrumes et d'un certain nombre de cultures maraîchères. La productivité des surfaces passe par l'accumulation de travail humain et de capital circulant sur le sol agricole, mais aussi par une densification de son occupation.

La rotation saisonnière des cultures de huerta aboutit, dans les *comarcas* irriguées de la province de Valencia, à la mise en culture d'une surface supérieure de 60 % à la surface réelle. Ce rapport est encore plus élevé dans les zones spécialisées : il atteint deux fois la surface réelle dans la Huerta de Valencia. Dans les vergers d'agrumes, la densité des arbres à l'hectare est parmi les plus élevées qu'on puisse rencontrer. Pour l'ensemble des deux provinces, les plantations ayant une densité supérieure à 800 arbres/ha représentent un tiers du verger, alors que les densités inférieures à 400 arbres/ha n'en représentent que 8 %. Cette densité est encore plus forte dans le cas des mandariniers, plus récents et plus cotés sur le marché : la moitié du verger a plus de 800 arbres/ha. En pleine production, les arbres forment des rangées touffues, entre lesquelles il est difficile de circuler : c'est une gêne pour la mécanisation des travaux, en particulier pour l'emploi de matériel lourd. Mais ces densités élevées sont aussi dues à la pratique des plantations intercalaires, qui consiste à planter des rangées de jeunes arbres entre les rangées d'arbres en production. En 1979, d'après le recensement des agrumes, un quart des surfaces d'agrumes étaient ainsi « doublées » dans les provinces de Valencia et de Castellón, pour deux raisons convergentes :

— le besoin de productivité maximale de la terre conduit à limiter le plus possible la perte momentanée de revenu lors du renouvellement normal d'un verger;

— le développement, dans les années soixante, d'une maladie, la « tristeza »*, qui a obligé les agriculteurs à remplacer rapidement les plantations par des arbres greffés sur des pieds résistants à cette épidémie.

Les pratiques culturales des rizières ont toujours tendu à obtenir les rendements les plus élevés, par une forte consommation d'engrais, par l'emploi des variétés les plus productives (parfois en contradiction avec l'évolution du marché de consommation) et surtout par un énorme investissement en travail humain. Le repiquage du riz, qui était un des travaux les plus pénibles et les mieux payés, s'est maintenu bien plus longtemps que la moisson à la main (à la faucille), car il était générateur de rendements élevés. Il a cependant disparu au bénéfice des semailles directes à la machine, à partir du moment où l'emploi des herbicides a permis de contrôler le développement des plantes parasites.

2. *La recherche des prix intéressants*

Elle est fondée depuis longtemps sur la primauté donnée aux cultures susceptibles d'offrir les revenus les plus élevés par la vente en frais d'une part, et par la vente sur le marché international d'autre part. C'était donc, et c'est encore en grande partie, une agriculture d'exportation. La part de la production agricole exportée à l'étranger s'élève à près de la moitié de sa valeur finale dans la province de Valencia et à près du tiers dans celle de Castellón.

Cette proportion, très variable selon les produits, atteint les valeurs les plus élevées pour ceux du *regadío*. Les fruits et légumes commercialisés représentent chaque année des volumes considérables dans les zones irriguées des deux provinces : les quelque 150 000 ha irrigués de notre zone d'étude fournissent actuellement près de 2,5 millions de tonnes de produits frais, dont plus de la moitié sont des agrumes, le tiers environ des légumes et tubercules, le reste d'autres fruits. Leur transformation industrielle n'intervenant que pour une faible part (10 % environ), l'essentiel de ces produits est expédié frais, à parts à peu près égales sur le marché intérieur et sur le marché international. Mais, sauf les oignons qui alimentent une exportation de plus de 100 000 t par an, presque aussi ancienne que celle des agrumes, les fruits et légumes sont en majeure partie destinés au marché intérieur. Les agrumes sont par contre destinés encore en majorité au marché extérieur, qui en absorbe plus de 60 %, même si le marché national a vu sa place augmenter progressivement.

B. Des coûts de production élevés

1. *Le gonflement des consommations intermédiaires*

L'intensivité de l'agriculture de *regadío* repose en partie sur un emploi abondant d'engrais, et le caractère délicat ou fragile des productions fruitières et légumières requiert de nombreux traitements phytosanitaires de protection. Les vergers d'agrumes recoivent au moins 2 fumures par an, les rizières et les cultures de huerta 3 ou 4. L'emploi des produits de protection ne cesse de se développer, avec le danger sans cesse renouvelé des maladies et des parasites de l'oranger, dont la *tristeza* et la « mouche blanche » sont les plus connues : dans certains cas, des traitements aériens ont été mis en place par les services agricoles pour l'ensemble du verger ou des rizières. Il y a là de quoi faire de l'agriculture valencienne un bon client de l'industrie chimique, et la part des fertilisants et des produits phytosanitaires dans les coûts de production agricoles des deux provinces est nettement supérieure à la moyenne nationale.

a. *Les engrais : un marché ancien*

Les agriculteurs valenciens ont été pionniers dans l'emploi des engrais en Espagne et la province de Valencia en a été, pendant longtemps et de très loin, la première consommatrice de la Péninsule. Dès 1931, la consommation provinciale atteignait 167 000 t et était réservée à près de 80 % aux cultures irriguées, qui en absorbaient en moyenne plus d'une tonne à l'hectare. Les agriculteurs du *regadío* se sont donc livrés à une véritable chasse à l'engrais. La pratique aujourd'hui disparue des « femeters » en fut longtemps une bonne illustration : les horticulteurs de la Huerta de Valencia parcouraient la ville au petit matin pour récolter l'engrais humain (« fem ») nécessaire à leur véritable jardinage. Et l'usine de traitement des ordures ménagères de la capitale produit aujourd'hui un compost qu'elle a commercialisé, en toute logique, sous le nom de « fem d'or ». Au milieu du XIXe siècle, l'introduction du guano comme engrais organique grâce à l'essor des relations maritimes a été un puissant stimulant des rendements dans les rizières et les huertas : par les contacts des commerçants valenciens avec l'Angleterre, cette introduction s'est faite très tôt, et sa diffusion a été aussi rapide que dans les autres agricultures européennes modernes [5]. Les engrais figurent toujours en bonne place, aux entrées, dans le trafic du port de Valencia. Les périodes de pénurie dans l'approvisionnement des engrais (conflits mondiaux, crises économiques, autarcie) ont été durement ressenties par les agriculteurs, et ont vu fleurir un véritable marché noir des engrais, que les agriculteurs étaient prêts à payer à des prix élevés. Aujourd'hui encore, les tensions sur le marché intérieur des engrais sont immédiatement répercutées sur les agriculteurs. Crise pétrolière et inflation interne ont provoqué une forte hausse des prix des produits chimiques en Espagne, en particulier de celui des engrais, car leur marché est relativement protégé, et beaucoup de produits intermédiaires nécessaires à leur fabrication sont encore importés. Devant la hausse croissante des prix, les agriculteurs valenciens ont tendance à réduire leur emploi : globalement, le tonnage d'engrais utilisé dans le *regadío* a cessé d'augmenter et on s'oriente vers des produits plus élaborés. Leur part relative dans les coûts de production diminue donc par rapport aux autres facteurs, à l'inverse de ce qui se passe dans l'agriculture espagnole en général, dont le niveau d'emploi des fertilisants, encore faible, continue à croître.

b. *Les produits phytosanitaires : un emploi récent et massif*

Dans ce registre encore le *regadío* valencien fait figure de pionnier pour l'emploi de produits chimiques destinés à traiter et à protéger les plantes des parasites et des maladies, en particulier le verger d'agrumes.

---

(5) Giralt E. (1971) : « Introducción del guano como fertilizante agrícola en el País Valenciano y en Cataluña », III Congreso Nacional de História de la Medicina, Valencia 1969, vol. II, pp. 441-455.

L'extension rapide de ce dernier entre 1920 et 1936 et la tendance à la monoculture dans un certain nombre de foyers (Ribera Alta du Júcar, Huerta de Gandía, Plana de Castellón) posent rapidement le problème des maladies du verger. On traite alors les arbres par le dégagement de gaz cyanhydrique sous des toiles. Cette méthode, décrite par V. Fontavella (1952) dans la Huerta de Gandía, est encore employée dans les années 1960, mais cède rapidement la place à des produits spécifiques que la chimie agricole, surtout d'origine étrangère, déverse rapidement sur le marché avec l'ouverture de l'économie espagnole. Leur consommation s'accroît rapidement, car c'est avec la troisième grande croissance du verger (1950-70) que se développent deux grands fléaux :

— Un parasite, la mouche blanche (« mosca blanca » = ceratitis capita), attaque le fruit et provoque en 1965 le refoulement d'oranges atteintes à la frontière allemande. Les organismes agricoles mettent alors au point, avec des subventions de l'Etat, des traitements chimiques aériens pour l'ensemble du verger.

— Une maladie virale, la *tristeza,* transmise par des pucerons, attaque l'arbre et le fait rapidement mourir. Elle commence à se développer en 1956, après de fortes gelées, dans le sud de la province de Valencia et gagne lentement vers le nord. L'ampleur du fléau amène les services officiels à intervenir : aides aux agriculteurs pour remplacer le porte-greffe d'orange amère, le plus couramment utilisé mais aussi le plus sensible à la madadie, par des porte-greffes plus résistants, réorganisation de l'activité des pépiniéristes. C'est cette replantation obligée ou préventive qui a développé la pratique des plantations intercalaires dans le verger valencien, signalée plus haut comme une source de densification temporaire des plantations.

Le manque à gagner provoqué par la maladie et les coûts de replantation ont donc représenté pour les agrumiculteurs valenciens des sommes énormes, de l'ordre de plusieurs milliards de pesetas. Et la pathologie du verger, comme celle des cultures maraîchères et des rizières, ne cesse de se développer et de réclamer sans cesse de nouveaux traitements : les agriculteurs sont donc entrés rapidement dans la spirale des achats de produits chimiques, que les industries concernées ne cessent de leur proposer.

Si on ajoute à cela l'abandon d'un certain nombre de façons culturales et l'essor, en remplacement, de la « culture chimique » par emploi massif de désherbants, on comprend que ces produits ont pris une place considérable dans les frais de culture : en l'espace d'une dizaine d'années, ils ont presque rattrapé les engrais dans les coûts directs d'exploitation. La province de Valencia, qui est aujourd'hui la 5e d'Espagne pour la consommation totale d'engrais, vient au premier rang, et de très loin, pour celle des produits phytosanitaires.

2. *Une mécanisation tardive et nuancée*

« Le spectacle qui nous a le plus frappé, en traversant la huerta de Valence, fut celui d'une dizaine d'hommes (maigres) défonçant la terre, en deux fers de pioche, d'action superposée, à 45 cm de profondeur; tandis qu'à côté d'eux, un cheval (gras) faisait un peu d'exercice physique, se promenant en tirant une toute petite herse, pour ameublir le piochage. Comme en Extrême-Orient et en Afrique, l'homme demeure ici la principale bête de somme », (Dumont, 1951, p. 598)[6].

R. Dumont soulignait ainsi, il y a 35 ans, la part encore prépondérante de l'énergie humaine dans le travail agricole des huertas valenciennes. Si cette agriculture a toujours été consommatrice de produits industriels, la situation est différente en ce qui concerne les moyens mécaniques destinés à remplacer cette énergie. Alors que les engrais et les produits phytosanitaires ont été très tôt employés en grandes quantités, la mécanisation a été beaucoup plus tardive. Dans ce cas, la substitution du capital au travail s'est faite récemment et de façon bien particulière.

---

[6] Dumont R. (1951) : « Les excédents démographiques de l'agriculture méditerranéenne. Italie et Espagne », POPULATION, 6, n° 4, pp. 587-600.

a. Une mécanisation tardive

Jusqu'en 1960, les machines étaient peu nombreuses dans le *regadío* valencien. L'énergie de traction était essentiellement représentée par les chevaux dans les rizières et par les mules dans les huertas et les vergers. Cette nombreuse cavalerie était le complément de la petite et moyenne exploitation, et la maison rurale traditionnelle, même dans les bourgs et les villes, lui faisait place dans son plan. Elle nécessitait le maintien de plantes fourragères dans les rotations des terres irriguées (la luzerne en particulier) et a consommé pendant longtemps les gousses des caroubiers qui tapissaient les pentes des collines sèches dominant la plaine littorale. Cet arbre a formé jusqu'à une époque récente une part non négligeable de l'économie agricole des communes de *secano,* en particulier autour de la Plana de Castellón. La disparition des besoins du bétail de trait a entraîné la réduction des cultures fourragères et le quasi-abandon des caroubiers, dont la production ne survit que par la demande, à bas prix, des industries agro-alimentaires. Leurs parcelles ont été en outre souvent transformées en vergers d'agrumes.

La réduction du nombre des chevaux et des mules a été rapide à partir de 1950, et va de pair avec la croissance du parc des machines, qui s'accélère dans les années soixante et soixante-dix : ce sont d'abord les tracteurs, puis les motoculteurs et les pulvérisateurs, enfin les moissonneuses dans les rizières. Cette mécanisation touche toute l'agriculture valencienne, mais elle prend dans le *regadío* des formes particulières, puisque la petite mécanisation y domine largement.

b. Petite mécanisation et travaux à façon

Au Recensement agraire de 1982, et pour l'ensemble des *comarcas* irriguées de la province de Valencia, on ne trouvait que 9600 tracteurs, soit un pour 12 exploitations. Les motoculteurs par contre étaient beaucoup plus nombreux, 16 600 environ, ce qui représentait un motoculteur pour 7 exploitations. Mais ce sous-équipement apparent ne résiste pas si on rapporte ces chiffres à la surface cultivée, car les densités moyennes sont alors plus raisonnables : 16 ha cultivés par tracteur et 10 par motoculteur. En outre, et sauf dans le cas des rizières qui nécessitent des machines puissantes, la petite mécanisation est bien adaptée aux structures d'exploitation et aux microparcellaires qui dominent dans les huertas et dans le verger d'agrumes. Ensuite, si une grande partie des exploitants ne possèdent pas de machines agricoles, c'est tout simplement parce qu'ils utilisent des machines de location, ou font faire le travail à façon par d'autres agriculteurs ou par des entreprises de travaux agricoles. Au Recensement agraire de 1972 dans la province de Valencia, 5 exploitants sur 6 utilisaient un motoculteur de location, 7 sur 8 un tracteur de location et 11 sur 12 une moissonneuse de location. En 1982, 2 tracteurs sur 3 se trouvaient dans des exploitations de moins de 5 ha.

Cela signifie que les exploitants utilisent une part importante de travail à façon pour les cultures et les traitements, même dans les exploitations de taille moyenne, et qu'une partie de ce travail est réalisée par des petits exploitants ou même des journaliers bien équipés; ils trouvent dans la location de leur matériel et dans l'exécution de ces travaux les revenus complémentaires de leur exploitation trop petite ou de leurs salaires agricoles insuffisants à faire vivre une famille. Les propriétaires citadins absentéistes, en étant demandeurs de ce genre de travaux, ont certainement favorisé la diffusion de cette activité : en contrepartie, la possibilité de faire réaliser l'essentiel des travaux agricoles à façon, sans immobiliser de capital dans le train de culture, a favorisé l'investissement citadin dans les plantations d'agrumes.

Cette pratique a, d'une certaine façon, soulagé de nombreux exploitants du problème financier des biens d'équipement et de leur amortissement, en même temps que le piège du suréquipement et du sous-emploi des machines dans une agriculture de petites et moyennes exploitations était contourné. Le problème des seuils de rentabilité ne se pose plus : la rentabilité des machines est assurée en grande partie en dehors de l'exploitation; les coûts des travaux sont pour le demandeur des coûts horaires pratiquement indépendants de la surface de son exploitation : l'accroissement de productivité des machines avec la taille des exploitations ne se vérifie donc plus.

c. *Un impact différent selon les types de cultures*

C'est dans les cultures arbustives et de huerta que la mini-mécanisation a été la plus profitable : mieux adaptée à la dimension spatiale et économique des exploitations, elle a permis de surmonter l'obstacle des structures agraires, taille des parcelles et densité de l'occupation du sol par les plantations.

Cette mécanisation a entraîné une réduction considérable des frais de main-d'œuvre : dès 1963, on estimait que le labour mécanique avait un coût inférieur de moitié à celui du labour traditionnel et qu'il réduisait de 15 à 20 % les frais directs de culture dans les vergers d'orangers. Cette mécanisation a aussi affecté progressivement les autres façons culturales : l'épandage des engrais et les traitements phytosanitaires. Cela a même permis, dans une étape postérieure, de diminuer progressivement dans certains vergers les façons culturales concernant la terre : à partir de 1975, certains exploitants, pour pallier la hausse des salaires agricoles, sont passés au « semi-cultivo » et même au « no-cultivo »[7], en compensant la réduction des façons culturales par l'emploi massif de désherbants.

Dans la riziculture, les transformations liées à la mécanisation ont été rapides et radicales. Les trois façons culturales principales, le repiquage, le désherbage et la moisson, qui représentaient l'essentiel des coûts de production dans le système traditionnel, ont été progressivement remplacées par les procédés mécaniques et chimiques. On peut y distinguer deux étapes. Dans les années 1960-68, la moisson mécanisée s'étend rapidement à l'ensemble des rizières, grâce à l'apparition des moissonneuses-batteuses : comme il faut au moins 40 ha de rizières pour rentabiliser une machine, seules les grandes exploitations en sont dotées. Les autres exploitants louent les machines et les équipes qui les servent aux coopératives ou à des entreprises de moissonnage qui se déplacent avec machines et équipes. Une partie d'entre elles viennent de l'intérieur de la province ou même des provinces céréalières de la Meseta où elles moissonnent le blé auparavant. Cette migration de machines remplace aujourd'hui les migrations des moissonneurs à la faucille qui venaient du *secano* et des provinces pauvres de l'Espagne méridionale.

Dans une seconde étape, c'est le repiquage à la main, travail le plus pénible et le plus coûteux parce qu'il se faisait les pieds dans l'eau et la boue, qui disparaît à partir de 1970 pour être remplacé par les semis mécaniques directs. De la même façon le désherbage à la main est abandonné pour les traitements chimiques, et certains traitements phytosanitaires sont exécutés par avion pour l'ensemble des rizières. La transformation des façons culturales du riz est donc totalement achevée, mais elle ne va pas sans inconvénients. La taille des parcelles réduit la productivité des machines et augmente le coût de la location, la plantation directe suppose des rizières parfaitement planes et une grande maîtrise individuelle de l'irrigation de la parcelle : ces deux conditions sont rarement réalisées autour de l'Albufera, surtout la seconde par suite des contraintes de l'irrigation collective. Enfin les traitements chimiques massifs peuvent être préjudiciables aux cultures voisines, surtout lorsque celles-ci, en extension, s'imbriquent dans les rizières en régression.

Ces deux phénomènes, mécanisation tardive et mini-mécanisation, sont liés aux mêmes facteurs : la faible taille des exploitations, le morcellement des structures parcellaires et le nombre des journaliers sans terre ont retardé l'introduction des machines tant que le faible coût de la main-d'œuvre a permis de maintenir des formes de culture traditionnelles, dont l'intensivité était fondée sur le grand nombre de façons culturales et la débauche de travail humain. Mais lorsque la hausse des salaires agricoles et la stagnation des prix des produits a obligé les exploitants à accroître la productivité du travail, la mécanisation n'a pu se faire que sous des formes adaptées à la structure technique et sociale du *regadío* : la présence d'exploitants « équipés » et la généralisation du travail à façon ont facilité la rentabilisation des machines et favorisé l'exploitation à temps partiel ou même l'absentéisme.

---

(7) Le « no-cultivo » malgré son nom ne supprime pas toutes les façons culturales, mais réduit de moitié le temps de travail nécessaire par hectare.

3. *Les nuances des trois systèmes de production*

Par suite des conditions particulières de la production dans la majeure partie des exploitations, la mesure de ses coûts est malaisée et peu affectée par la dimension de l'exploitation, sauf lorsqu'il s'agit d'exploitations importantes ayant leur propre train de culture. Pour la majeure partie des autres, les coûts de production unitaires varient peu : simplement l'exploitant agriculteur réalise lui-même une partie des travaux que l'exploitant non-agriculteur fait réaliser par des salariés. C'est pourquoi les exploitants, comme les services agricoles concernés, s'intéressent essentiellement aux frais directs par hectare, et que les budgets d'exploitation sont encore rares, sauf dans les entreprises modernes. Parmi les charges indirectes, l'impôt foncier et les taxes locales sur la terre sont faibles, mais la rémunération du capital foncier, pourtant énorme, est rarement prise en compte : avec un faire-valoir direct dominant, elle est en fait quasi nulle. En outre, l'exploitant rémunère rarement son travail au taux des salaires agricoles actuels.

Les coûts de production directs par ordre d'importance	Huerta	Agrumes	Rizière
Main d'œuvre	1^e	2^e	3^e
Consommations intermédiaires	2^e	1^e	2^e
Machines	3^e	3^e	1^e

Les coûts de main-d'œuvre viennent largement en tête, sauf dans le cas de la riziculture, où ils ont été fortement réduits par la mécanisation. Dans le cas des agrumes, leur importance serait encore plus grande si on tenait compte de la récolte, qui est à la charge de l'acheteur et non à celle de l'agriculteur. Ils sont d'autant plus importants que le niveau des salaires agricoles est particulièrement élevé dans le *regadío* valencien : la concurrence des salaires des autres secteurs d'activité, la relative diminution des actifs dans l'agriculture, l'organisation nouvelle et la pugnacité syndicale des salariés font que la moyenne des salaires est nettement supérieure à la moyenne nationale. En 1980, cette différence était de 10 % pour l'ensemble de la province de Valencia, mais dépassait 20 % dans les communes maraîchères.

On comprend l'importance des consommations intermédiaires, où l'irrigation compte peu, surtout lorsqu'il s'agit de l'eau des communautés d'irrigation traditionnelles. Sa part s'élève dans le cas des irrigations par puits individuels ou collectifs, à cause des frais d'amortissement des investissements de perforation et du coût d'extraction de l'eau. Mais ce sont surtout les produits phytosanitaires, et dans une moindre mesure les engrais, qui nécessitent aujourd'hui un important capital circulant. En face le capital fixe, représenté par les machines, compte moins : d'abord parce qu'il s'agit de petites machines, ensuite parce qu'une partie du capital fixe est remplacée par du capital circulant destiné à louer les moyens mécaniques nécessaires.

C. Le travail agricole dans les huertas

1. *Une demande qui reste considérable*

Au Recensement agraire de 1982, on comptait 30 400 unités/travailleur/année (U.T.A.) dans les 113 000 exploitations des six *comarcas* irriguées de la province de Valencia : sur 153 000 ha de Surface Agricole Utilisée (dont 113 000 irrigués) c'est une densité moyenne de 5 ha par U.T.A. (ou de 3,7 ha irrigués), voisine de celle du Comtat vauclusien (4,3 ha de Surface Agricole Utilisée). Mais elle est en fait plus importante à Valencia, où ces données statistiques ne prennent pas en compte de nombreux travaux de récolte (en particulier dans les agrumes), qui sont à la charge du commerce d'expédition (tab. 7). Or le travail de récolte représente, dans les cultures légumières et fruitières, autant sinon plus que tout le reste du cycle de production. Dans la commune de Benifairó de Valldigna, E. Arnalte Alegre relevait en 1977, pour les actifs agricoles masculins, 26 640 « jornales »* de récolte des agrumes, contre 22 165 *jornales* seulement pour les façons culturales du verger (1980, p. 259). Si on admet qu'un hectare d'agrumes nécessite en moyenne 720 heures de travail par an (récolte comprise), cela représente 150 journées (de 5,5 heures en moyenne). Pour une activité à temps complet de 275 journées par an, la densité est de 0,5 unité-travailleur-année par hectare d'agrumes, ou de 2 hectares par U.T.A. C'est, pour des vergers, une densité considérable, puisqu'elle représente la moitié des densités rencontrées dans les zones maraîchères : 1 hectare par U.T.A dans la Huerta de Valencia.

2. *Une demande saisonnière de travail salarié*

La demande de travail agricole est variable selon la durée et selon la spécificité des tâches à accomplir. Certains travaux, comme la taille des arbres et surtout la récolte des agrumes, s'étalent largement sur plusieurs semaines ou plusieurs mois, en faisant appel à des équipes plus ou moins nombreuses. D'autres, comme la récolte des oignons ou des produits maraîchers, présentent des pointes de travail considérables, qui s'accumulent sur de courtes périodes séparées par de longues périodes de faible activité. Ces derniers travaux nécessitent en général une main-d'œuvre abondante et peu qualifiée; d'autres, la taille, le greffage, les traitements phytosanitaires, nécessitent des équipes moins nombreuses mais plus qualifiées.

A l'instar des travaux mécaniques, cette demande ne peut être satisfaite que par le travail salarié d'actifs extérieurs à l'exploitation; lorsqu'il s'agit d'exploitants citadins absentéistes, c'est l'ensemble du travail qui doit être réalisé de cette façon. Autrefois fourni par un prolétariat nombreux de journaliers agricoles sans terre, il l'est de plus en plus par des journaliers qui ont acquis des terres, par des petits exploitants ou par des fils d'exploitants attendant d'hériter de tout ou partie de l'exploitation familiale. Le salariat représente près de la moitié du travail sur l'exploitation, plus que le chef d'exploitation lui-même, lors que les aides familiaux comptent relativement peu (tab. 7) : il s'agit essentiellement de salariés temporaires (« eventuales ») mais qui sont présents en permanence pour assurer ces tâches (à la différence du Comtat français où les salariés permanents sont plus importants et où les autres sont des « saisonniers » souvent immigrés).

Tab. 7 : L'emploi dans les exploitations du regadío de la province de Valencia

Comarca	Exploitations	UTA	Chef d'exploit.	Aides familiaux	Salariés	Salariés permanents	ha de SAU par UTA
Campo de Liria	12 594	3 752	57 %	16 %	27 %	(8 %)	8
Sagunto	12 633	3 624	35	15	50	(10)	5
Huerta de Valencia	21 879	6 848	47	21	31	(15)	3,6
Ribera du Júcar	35 606	9 965	41	12	46	(4)	4,7
Gandía	19 750	4 187	30	7	63	(6)	3,9
Costera de Játiva	10 685	2 063	38	12	50	(10)	9
Regadío	113 147	30 438	42	14	44	(8)	5
Province	153 659	44 082	47	15	38	(8)	7,5
Comtat Vaucluse	5 806	11 419	38	23	39	(19)	4,5

Source : Censo Agrario 1982 et RGA France 1980.
UTA : Unité/Travailleur/Année.

Le travail est donc, dans l'orangeraie, de moins en moins une affaire d'agriculteurs propriétaires, travaillant leur fonds à temps complet, mais plutôt de salariés travaillant à façon indifféremment les vergers de tous les propriétaires. Qu'une partie de ces salariés soient en fait eux-mêmes des propriétaires petits et moyens n'a rien pour étonner. On a décrit le plus souvent, en Méditerranée, une relation de travail entre les grands propriétaires et les journaliers comme en Andalousie, ou entre les grands et les petits propriétaires comme à Murcie : ce qui est nouveau ici, c'est qu'à ces deux relations s'ajoute une relation réciproque de journalier à petit propriétaire. La notion d'agriculture à temps partiel doit être dans ce cas précisée, car deux éléments sont à la base de cette combinaison:

— le grand nombre, à tous les niveaux de l'échelle sociale, des exploitants non-agriculteurs qui ont besoin de main-d'œuvre salariée : ce sont des exploitants doubles actifs ou des agriculteurs à temps partiel;

— l'importance des salariés, exploitants ou journaliers, qui peuvent donc être des « exploitants à temps partiel », mais encore des « agriculteurs à temps complet », puisque l'essentiel de leur activité est agricole.

Leur revenu provient de moins en moins de leur terre, de plus en plus du travail sur la terre des autres et des salaires payés hors des exploitations (commerce d'expédition, industrie). A Benifairó de Valldigna, la récolte des agrumes et le travail de conditionnement à l'entrepôt représentent la moitié du temps de travail des actifs agricoles de la commune, alors que le travail agricole proprement dit n'en représente plus qu'un tiers. Si on ajoute les revenus hors agriculture et ceux de l'émigration saisonnière en France, deux tiers du temps de travail sont réalisés en dehors des exploitations agricoles (fig. 6).

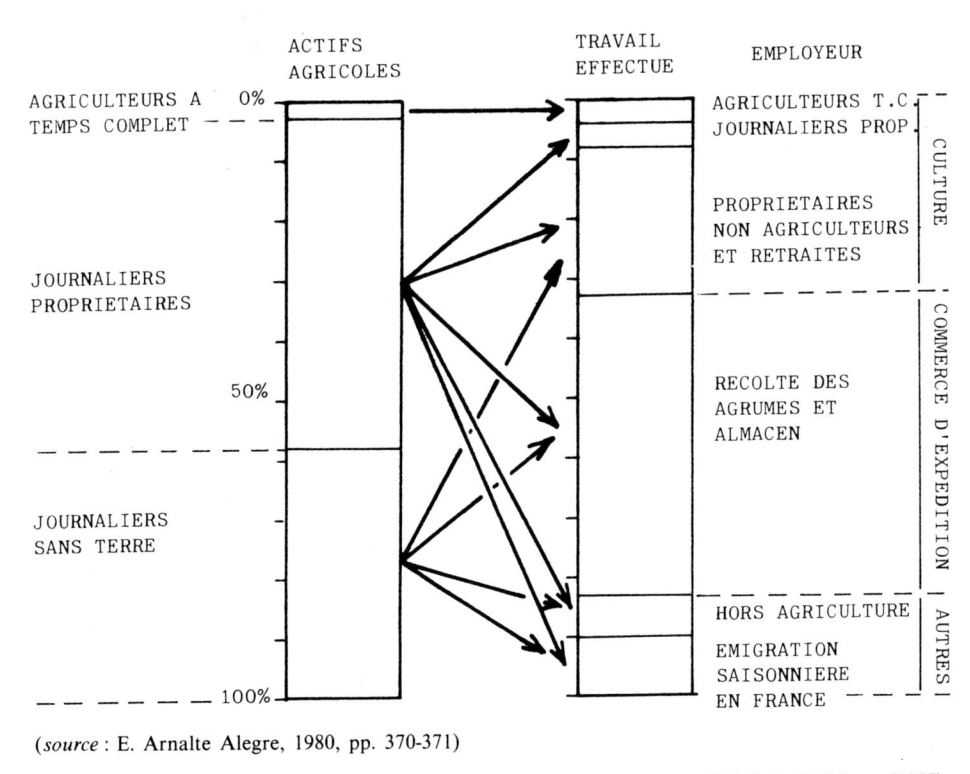

(source : E. Arnalte Alegre, 1980, pp. 370-371)

Fig. 6 : Actifs agricoles et emploi dans une commune agrumicole : Benifairó de Valldigna (1977)

« Aujourd'hui, pour la masse des petits propriétaires des régions orangères, la terre en est venue à remplir, dans une large mesure, la fonction que l'industrie remplit en d'autres endroits : elle procure des revenus sous forme de journées, de salaires et de forfaits. Revenus relativement stables, et très supérieurs à ceux que leur fournit « leur terre » en tant que propriétaires » (Mira, 1978, p. 183).

Dans les huertas maraîchères, le salariat est moins important : les petits propriétaires et les journaliers trouvent la majeure partie de leurs ressources complémentaires ou principales en dehors de l'agriculture. D'abord parce que la structure des exploitations est ici moins inégalitaire que dans le verger d'agrumes, de telle sorte qu'il y a moins de moyennes et grandes exploitations susceptibles de demander du travail salarié.

Ensuite parce qu'elles se situent en général dans les périphéries urbaines, où les emplois alternatifs dans les secteurs secondaire et tertiaire sont les plus nombreux. En contrepartie, la part du chef d'exploitation et des aides familiaux y est plus grande, palliant la hausse des coûts salariaux. Mais là comme dans l'orangeraie les propriétaires non-agriculteurs font exécuter à façon une partie de leurs travaux par les agriculteurs purs, ou extensifient leur système de production, pour ne pas empiéter sur leur emploi non agricole, lorsqu'il leur fournit l'essentiel de leur revenu.

3. *Rythmes d'emploi et chômage partiel*

Le verger d'agrumes se différencie assez nettement des autres types de production en ce qui concerne la structure du travail. La part essentielle en revient à la récolte, qui n'incombe pas à l'exploitant, mais à l'expéditeur, commerçant ou coopérative : celui-ci recrute des équipes de cueilleurs, par l'intermédiaire de chefs d'équipe (« cap de colla »), parmi les actifs des communautés villageoises. En outre, cette récolte s'étale largement : d'abord parce que le fruit peut attendre la vente pendant un certain temps sur l'arbre, ensuite et surtout parce que les variétés du verger ont un éventail de maturité qui va de novembre à juin. En fait, les variétés précoces sont les plus importantes et le travail est maximum de novembre à janvier; il ralentit à partir de février pour s'arrêter en juin. C'est la période de la taille et des greffages, tandis qu'en été il ne reste plus que l'irrigation et les traitements de protection. Il existe donc un très net sous-emploi de juin à novembre dans les zones de monoculture orangère.

Dans les rizières, les temps forts se situent au printemps, pour les semis et les traitements herbicides, et à l'automne (septembre), pour la moisson. L'hiver et le début de l'été sont des périodes de chômage prononcé. Les cultures maraîchères offrent un calendrier d'emploi plus continu, puisque la rotation des cultures laisse peu reposer la terre : les périodes de moindre activité varient selon les combinaisons adoptées par les exploitants. De manière générale, les mois d'hiver, de décembre à février, sont les moins laborieux, ceux du printemps et du début de l'été les plus occupés.

La juxtaposition des trois types de produits dans une même commune, ou leur proximité à l'échelle des petites régions agricoles, atténuent les inconvénients du sous-emploi chronique, en provoquant des migrations journalières de travail agricole à courte distance. Mais elles ne suppriment pas le problème du chômage partiel, qui reste essentiel dans une bonne partie du *regadío* valencien où les U.T.A. sont nombreuses, on l'a vu, mais les actifs présents le sont encore plus. Une étude sur le chômage agricole dans le Pays Valencien, publiée en 1979 par la « Conselleria de Treball », a montré que les « poches » de sous-emploi se situent à la fois dans le *secano* viticole et dans le *regadío* littoral, c'est-à-dire dans les régions où une accumulation ancienne d'actifs agricoles s'est maintenue tardivement alors que la mécanisation commençait à réduire le volume total de l'emploi. De Sagunto à la Ribera du Júcar, le taux de chômage des actifs agricoles était supérieur à 10 % en 1978 et atteignait près de 20 % dans la Ribera Alta.

4. *Les palliatifs*

a. *Agriculture à temps partiel et aides familiaux*

Le Recensement agraire de 1982 montre que, dans le *regadío* valencien, les exploitants à temps complet sont une infime minorité (14 %), alors que les inactifs (surtout retraités) sont nombreux (39 %). Mais pour ce qui est des autres, le travail hors de l'exploitation se fait autant dans l'agriculture qu'hors de l'agriculture : il en est de même pour les aides familiaux, qui travaillent à plus de 60 % hors de l'exploitation, mais pour moitié dans le secteur agricole.

Dans l'économie traditionnelle des petits paysans propriétaires et des journaliers, il y avait peu de place pour le travail féminin, par suite d'un sous-emploi masculin très précoce. Les récoltes des produits maraîchers dans la huerta et les entrepôts de conditionnement des agrumes dans les centres d'expédition fournissaient déjà des emplois surtout féminins, mais dans les rizières la femme était confinée dans les travaux ménagers : « sus labores » (« ses travaux »), selon l'expression toujours employée dans les registres de recensement. Nous sommes là, comme ailleurs en Méditerranée, dans une société paysanne où la place de la femme est au foyer. Mais dans la situation actuelle le travail féminin s'est développé de plusieurs façons. Dans les petites exploitations maraîchères intensives, les aides familiaux (conjoint, enfants) participent aux façons culturales et aux récoltes encore peu mécanisées, pour réduire l'appel à la main-d'œuvre salariée. Dans les zones orangères, les femmes ne travaillent en général pas dans les vergers, mais la multiplication et la diffusion spatiale des entrepôts de conditionnement des fruits leur ont ouvert de nouvelles possibilités d'emploi. Cela ne représente qu'un travail saisonnier, de trois ou quatre mois par an, mais cela touche de nombreuses familles, tant par les conjoints que par les filles avant mariage. Enfin, dans la zone rizicole, il reste le travail à domicile et la participation aux migrations saisonnières vers la France, dont les femmes ont fourni le tiers du contingent.

b. *Les migrations saisonnières*

Si le taux de migration permanente vers l'étranger est, pour le Pays Valencien, inférieur à la moyenne nationale, il n'en est pas de même pour les migrations temporaires, vers la France en particulier. Valencia, Castellón et Alicante font partie du groupe des provinces espagnoles qui envoient encore plus de 2 000 travailleurs saisonniers en France chaque année, et qui se situent exclusivement dans la partie sud et est de la Péninsule : l'Andalousie et le littoral méditerranéen de Cadix à Castellón. Agriculture sèche latifondiaire et système irrigué microfondiaire se rejoignent pour envoyer leurs chômeurs agricoles vers la France, en particulier vers les vignobles méridionaux et les cultures légumières et fruitières du sud-ouest et du sud-est. Valencia est même la seconde province après Grenade pour l'importance du flux migratoire.

5. *Les systèmes agricoles : exploitants et salariés*

La très sérieuse étude d'E. Arnalte Alegre sur l'économie et la structure sociale des exploitations de six communes du *regadío* valencien (1981) débouche sur une nouvelle classification des exploitations irriguées. Dans les communes étudiées, qui sont représentatives des systèmes agricoles de l'agrumiculture pour Benifairó de Valldigna, Almoines (Huerta de Gandía) et Bechí (Plana de Castellón), et des huertas maraîchères pour Masamagrell, Vinalesa et Beniparell (Huerta de Valencia), il a montré que les exploitants à temps complet sont une minorité (tab. 8). Les plus nombreux sont, de loin, les journaliers exploitants (« jornaleros con tierra »), suivis par les retraités et les actifs des autres secteurs d'activité, secondaire et tertiaire. La taille moyenne des exploitations varie fortement avec les catégories sociales, de sorte que certaines d'entre elles pèsent plus fortement dans les surfaces exploitées : c'est le cas des agriculteurs purs, des patrons de l'industrie et du commerce, des cadres. C'est l'inverse pour les journaliers, les ouvriers et les employés. En définitive, au plan de la surface occupée et sans tenir compte des propriétaires forains, qui sont le plus souvent des citadins, il s'établit un certain équilibre, dans la surface occupée, entre les agriculteurs purs, les journaliers et tous les autres exploitants.

Les communes choisies par E. Analte Alegre différencient clairement, dans l'espace irrigué, les systèmes agricoles selon deux nuances principales:

— Selon les productions dominantes : c'est essentiellement une opposition agrumes/cultures maraîchères ou *huerto*/huerta. La riziculture ne donne jamais lieu à un système original, dans la mesure où elle est toujours combinée, à l'échelle communale, avec les cultures maraîchères et les agrumes dans la Ribera Baja du Júcar. Lorsque les agrumes l'emportent, la place des journaliers avec terre et des grands propriétaires non-agriculteurs

Tab. 8 : Les exploitants agricoles résidents selon leur activité principale, dans 6 communes irriguées

		ATC	J	R	O + E	Autres	Total
Communes agrumicoles	Nombre .... Surface exploitée	5,6 % 23	55 % 35	13 % 11	14,6 % 8,7	11,8 % 22,3	849 667 ha
	Moyenne (ha)	3,2	0,5	0,6	0,5	1,5	0,8
Communes de la Huerta	Nombre .... Surface exploitée	12 % 32	35 % 23	14 % 12	22 % 9	17 % 24	506 529 ha
	Moyenne (ha)	2,8	0,7	0,9	0,4	1,5	1

Communes agrumicoles : Benifairó de Valldigna, Almoines, Bechí.
Communes de Huerta : Masalfasar, Vinalesa, Beniparrell.
ATC = agriculteur à temps complet, J = journalier, R = retraité, O = ouvrier, E = employé.
Source : E. Arnalte Alegre, 1980.

(commerçants, professions libérales) augmente fortement, au détriment des agriculteurs à temps complet. Dans la huerta, ces derniers résistent mieux : ils adoptent un système de production plus intensif sur des surfaces plus réduites, et les journaliers agricoles sont moins nombreux par suite des possibilités d'emplois non agricoles dans les périphéries urbaines.

— Selon l'importance des exploitants non-agriculteurs : celle-ci traduit une opposition entre les communes purement rurales et celles où l'influence urbaine se fait sentir.

Le traitement de l'information réunie par E. Arnalte Alegre, selon une matrice ordonnable des catégories socio-professionnelles des exploitants résidents, rassemble ces dernières en deux groupes : d'un côté le rapprochement des exploitants à temps complet, des journaliers et des commerçants expéditeurs désigne des communes dont l'économie essentielle est l'agriculture et les activités qui lui sont liées. De l'autre, la prédominance des actifs des secteurs secondaire et tertiaire parmi les exploitants désigne une économie communale de type « périurbain ». Les réponses des communes sur ces deux groupes de variables différencient nettement trois comportements :

— Un comportement agricole pur, représenté par Benifairó de Valldigna : la monoculture des oranges y est à peu près parfaite.

— Trois communes mixtes, à la fois agricoles et périurbaines : Masalfasar, dans la Huerta nord de Valencia, est une commune maraîchère relativement préservée de la périurbanisation, tandis que sa voisine Vinalesa abrite depuis longtemps des industries. Bechí, dans la zone de monoculture des agrumes de la Plana de Castellón, est le lieu de résidence d'un certain nombre d'ouvriers de l'industrie céramique de Onda.

— Deux communes à dominante industrielle : à Almoines, dans la Huerta de Gandía, une vieille industrie textile a depuis longtemps développé la catégorie des ouvriers-paysans agrumiculteurs. A Beniparrell, dans la Huerta sud de Valencia, l'irruption récente de l'industrie différencie clairement les ouvriers propriétaires qui, faute de temps, extensifient leur exploitation en passant des cultures maraîchères aux agrumes (par exemple), des agriculteurs à temps complet qui conservent des productions intensives.

Conclusion

Les rapports entre la propriété foncière, le travail agricole et les autres activités sont donc au cœur du fonctionnement actuel des systèmes de production de l'agriculture irriguée valencienne. L'agriculteur y est de moins en moins un exploitant au sens traditionnel du terme, et de plus en plus une sorte de salarié propriétaire fortement intégré dans les relations entre l'agriculture et les autres activités, entre son espace villageois et les espaces urbains qui l'entourent.

Chapitre IV

VILLAGES ET VILLES DES HUERTAS

La carte des densités humaines dans les provinces de Valencia et de Castellón fait apparaître une franche opposition entre le littoral et l'intérieur (fig. 7) : les huit *comarcas* irriguées regroupent les 4/5 de la population totale sur 1/5 de la surface. Les densités y dépassent couramment 200 habitants au km², alors qu'elles tombent rapidement au-dessous de 20 dans l'arrière-pays, en particulier dans celui montagneux de Castellón. Trois points forts jalonnent ce littoral, à intervalles réguliers, qui sont trois aires d'accumulation urbaine: celle de Valencia au centre, la plus importante (près de 1,3 million d'habitants), Castellón au nord (216 000 habitants dans les cinq agglomérations du centre de la Plana), Gandía au sud (48 500 habitants dans la commune, près de 100 000 dans la Huerta). Entre ces pôles démographiques, le ruban de fortes densités est continu. Il se prolonge vers le sud jusqu'au cap de la Nao où il se rattache au littoral touristique de la Costa Blanca (province d'Alicante); il se continue vers l'intérieur par la Ribera Alta du Júcar, les comarcas de Játiva et Albaida, où il rejoint les noyaux de peuplement de la montagne alicantine. Partout ailleurs, le gradient des densités démographiques est brutal, seulement atténué au droit des grandes agglomérations et le long des principaux axes de pénétration vers l'intérieur (arrière-pays immédiat de Valencia, vallée du Palancia et couloir de Montesa).

Il y a donc corrélation apparente entre irrigation et densité, mais cette corrélation ne doit pas être acceptée comme un déterminisme. D'une part ces fortes densités, effectivement liées à l'emploi agricole et aux activités induites par l'agriculture, incluent d'importants noyaux urbains, qui ne sont plus que très secondairement liés à celle-ci. D'autre part, dans les *secanos* intérieurs, des densités relativement fortes peuvent s'appuyer sur le développement historique d'une industrie de main-d'œuvre, relancée souvent par la croissance économique des années soixante : textile dans la *comarca* d'Albaida-Onteniente, industrie de la céramique sur les marges de la Plana de Castellón. Dans les *secanos* côtiers encadrant l'espace irrigué, dans le littoral nord de Castellón comme dans la Marina d'Alicante, le développement du tourisme balnéaire a maintenu ou accumulé des densités non négligeables.

L'espace irrigué apparaît cependant comme une zone d'accumulation peu commune de populations urbaines et rurales, et dont on trouve, à cette échelle, peu d'exemples dans les autres régions irriguées de l'Espagne, sinon dans les huertas de Murcie (Herin, 1975).

(source : INE, 1972)

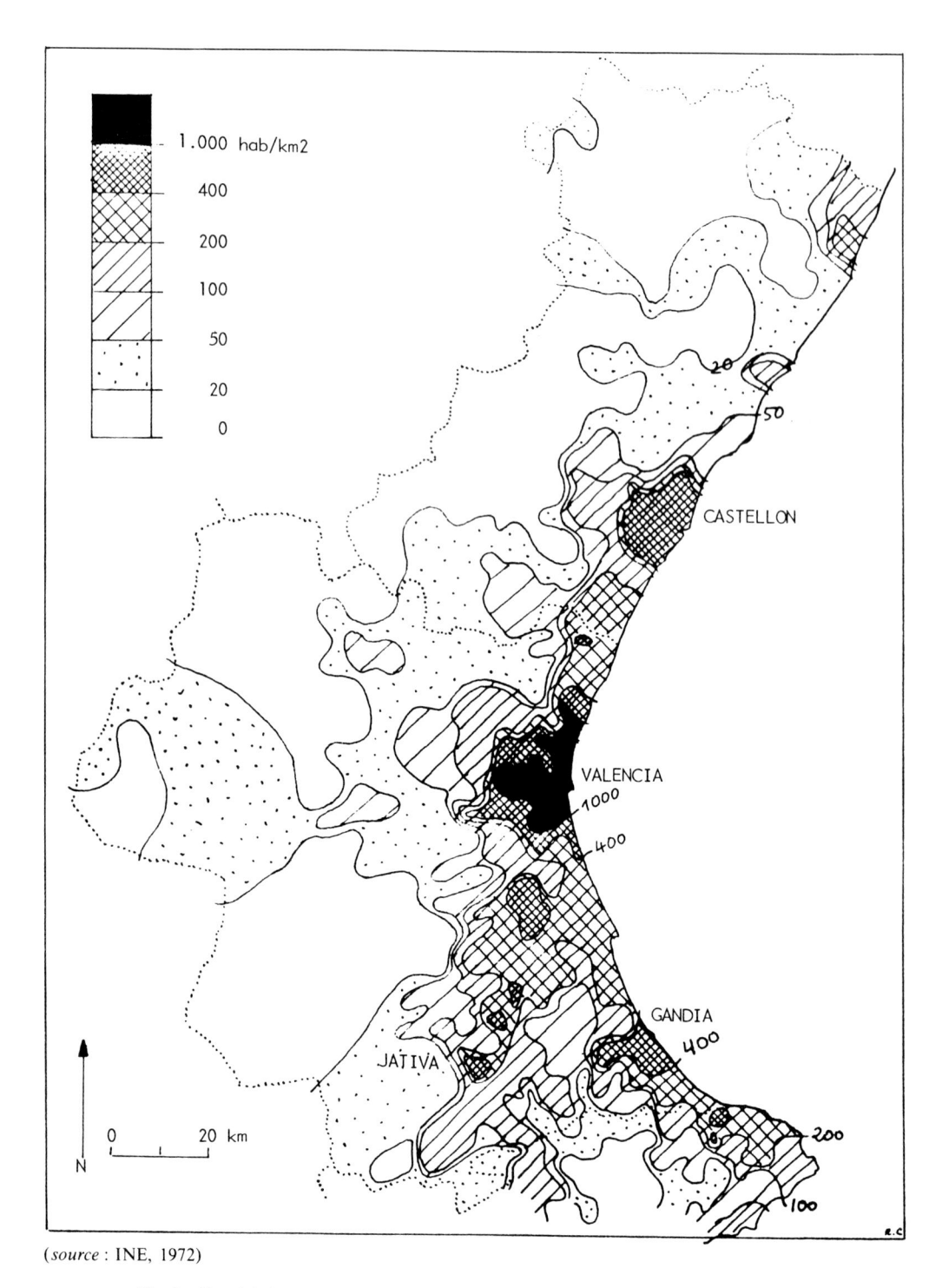

Fig. 7 : Densité de la population dans les provinces de Valencia et Castellón en 1970
Carte en isolignes des valeurs communales

A. Les formes de l'habitat

1. *Une faible dispersion*

L'habitat dispersé, qui avait tant frappé les voyageurs dans la Huerta de Valencia, et popularisé l'image de la « barraca »* au toit de chaume et aux murs de pisé, ne représente en fait qu'une part infime de l'habitat du *regadío* valencien. Jamais plus de 5 % de la population ne s'y abrite, et moins de 3 % dans la commune de Valencia. Il est historiquement lié à certains types d'appropriation et de production agricole :

— La *barraca* : c'est l'habitat traditionnel du *colono* ou « arrendaor »* de la Huerta de Valencia, celui qui cultive la terre des propriétaires citadins selon un contrat de fermage traditionnel. Elle a été immortalisée par un ouvrage du romancier valencien de la fin du XIXe siècle, V. Blasco Ibáñez (« La barraca »), qui décrivait les conditions d'existence de ces *colonos*. Remaniée et transformée, elle abrite encore un certain nombre de petits agriculteurs maraîchers de la périphérie valencienne (photo. 3), mais la croissance urbaine les submerge peu à peu. A l'ancien hameau rizicole du Saler, devenu une banlieue de Valencia, les *barracas* ont cédé la place à des immeubles collectifs et la dernière d'entre elles est pieusement conservée par une vieille paysanne pour le bonheur des touristes.

— L'*alquería* d'origine musulmane, grosse ferme bougeoise qui correspond à peu près à la *masia* du secano.

— La *casa de huerto* : les vergers d'orangers créés par les propriétaires citadins ont été souvent accompagnés de la construction d'une maison de maître (« casa de campo »), résidence des fins de semaine et des étés chauds, dont certaines traduisent encore dans leur architecture les prétentions et les modèles d'identification de leur propriétaire. Elles abritent souvent dans leurs dépendances le ménage de l'« encargado », contremaître chargé de la gestion du verger. Ainsi des pentes de la vallée du Júcar entre Corbera et Alcira, ou à Carcagente, dont la population dispersée s'accroît à la fin du XIXe siècle, à proportion de la création de vergers d'agrumes.

2. *Les agglomérations*

Les hameaux, les communes à agglomérations multiples sont rares : cela concerne surtout des communes urbaines, sous la forme de noyaux agricoles dans leur huerta, de projections portuaires (« grao ») ou touristiques (« playa ») sur le littoral proche. Dans l'espace rural, la règle est que la majeure partie de la population est concentrée au chef-lieu : on peut donc étudier la répartition de la population sur la base communale.

L'étude de la fréquence des communes selon le nombre d'habitants oppose dans la province de Valencia les zones de *regadío* au reste : plus de la moitié des communes (55 %) y ont entre 1 000 et 5 000 habitants, alors que dans le *secano* la moitié ont entre 500 et 2 000. Les communes de 10 000 à 50 000 habitants y sont nettement plus fréquentes (19 % contre 4 %), même si on ne tient pas compte de l'aire métropolitaine de Valencia, où elles sont particulièrement nombreuses. On voit ainsi apparaître les deux types d'agglomérations des zones irriguées, en dehors des aires métropolitaines : de gros villages et de petites villes. Le problème est alors de savoir où se situe la limite entre le rural et l'urbain :

— limite spatiale dans le cas des périphéries des grandes agglomérations, où l'exurbanisation produit des imbrications complexes et intègre progressivement d'anciennes communes rurales ;

— limite statistique du passage des gros bourgs agricoles aux petites villes, dans les *regadíos* où l'économie fortement fondée sur l'agriculture de marché donne des traits urbains aux villages et des traits ruraux aux villes.

La statistique espagnole esquive ce problème en introduisant, entre les communes définies comme rurales (moins de 2 000 habitants agglomérés) et celles considérées comme urbaines (plus de 10 000 habitants), une catégorie « intermédiaire ». Celle-ci est essentiellement localisée dans les zones de *regadío* et la structure socio-professionnelle de l'ensemble de ces communes était en 1970 relativement équilibrée entre les trois secteurs d'activités : 31 % d'actifs agricoles, 41 % d'ouvriers, 27 % d'autres catégories. Ce sont des données qui caractériseraient assez bien une bonne partie des communes rurales du *regadío*. Il est remarquable que, dans la province de Valencia, les actifs agricoles se répartissent en gros par tiers entre les trois catégories de communes : c'est-à-dire que 70 % d'entre eux se trouvent dans des communes de plus de 2 000 habitants. C'est là un trait éminemment méditerranéen : en majorité les agriculteurs ne se trouvent pas dans des communes essentiellement rurales, mais dans des communes à caractère urbain ou semi-urbain. Ils sont, paradoxe apparent, les plus nombreux là où leur part relative dans l'emploi et dans l'économie locale est la moins grande.

B. Les gros villages

1. *Un semis dense*

Le cas le plus fréquent est donc le village de 1 000 à 2 000 habitants. Sa distribution dans l'espace est en rapport avec la surface cultivée, de telle sorte que les plus grandes agglomérations ont de vastes communes, alors que les autres ont des finages plus réduits, et peuvent s'agglutiner en noyaux très proches les uns des autres, jusqu'à former de véritables « conurbations » rurales : c'est le cas des Huertas de Valencia et de Gandía, ou de celle de Los Valles, à quelques kilomètres au nord de Sagunto. Cinq villages, qui regroupent aujourd'hui près de 8 000 habitants se sont développés dans un rayon d'un kilomètre autour d'une énorme source, la « Font de Quart », qui irrigue leur finage (Benavites, Benifairó, Cuart, Cuartell et Faura). La densité des communes rurales peut donc atteindre des valeurs dignes des aires métropolitaines de l'Europe industrielle ou des deltas de l'Asie des Moussons ; les agglomérations se pressent à moins d'un kilomètre les unes des autres et la densité générale dépasse souvent 500 habitants au km^2.

Cela conduit à une juxtaposition de grandes et de petites communes, parfois même de micro-communes : nombreuses sont celles qui ont moins de 500 ha de superficie ou même moins de 200, tandis que Sagunto, Alcira ou Onda en étalent plus de 10 000. Ce fait est caractéristique des *regadíos* méditerranéens : dans la carte des communes espagnoles, ils se distinguent nettement, par cette dualité communale, des petites communes de la moitié nord et des grandes de la moitié sud de la Péninsule.

2. *Des villages peu « campagnards »*

Ce qui frappe, dans le paysage et sur les photographies aériennes, c'est l'aspect très tassé, très dense, de ces agglomérations. Parfois accrochées aux pentes d'une colline escarpée, ou nées d'une butte ou d'une terrasse à peine perceptible dans la plaine alluviale, elles enferment une population nombreuse dans des maisons de faible hauteur. Celles-ci s'alignent, identiques, le long de ruelles au tracé souvent géométrique, signe d'une colonisation tardive, postérieure à la Reconquête. Aspect uniforme des constructions, aspect peu « agricole », peu « paysan », lié à un système de production plus coûteux en travail humain qu'en machines et spécialisé dans des produits frais, immédiatement pris en charge par le négoce ou les coopératives, donc non stockés. La quasi-absence d'élevage vient renforcer l'aspect « urbain » de ces villages, qui rappellent par bien des points ceux du vignoble bas-languedocien.

De la rue, peu de choses sont visibles : seuls le grand porche et les encoches du passage de la charrette dans son seuil trahissent la fonction agricole, présente ou passée. Le faible train de culture n'a jamais obligé à de grandes surfaces abritées : l'agriculteur des huertas est un « labrador », un laboureur, et non un « campesino », un paysan. Le porche du rez-de-chaussée donne directement accès par un large couloir à la cour intérieure où on range facilement les quelques outils et où s'abritait autrefois le mulet, remplacé aujourd'hui par le motoculteur (la « mula mecánica »). Au recensement de 1970, certaines communes des huertas n'avaient pratiquement plus d'édifices communs au logement et à la fonction agricole.

Le rythme de travail de la journée continue, qui laisse l'après-midi libre, favorise la vie sociale et la fréquentation du « casino » ou du « bar » par les hommes : le casino est traditionnellement le lieu de réunion des propriétaires, le bar celui des salariés, des petits exploitants, qui jouent aux cartes ou aux dominos. La vie communautaire est forte autour de ces points de fixation de la communauté agricole : le syndicat agricole (la « hermandad ») et la communauté d'irrigation autrefois, la coopérative et la « caja rural » aujourd'hui, le bar surtout, qui est le centre des discussions et le lieu de recrutement des journaliers pour le lendemain.

3. *Un peuplement et des équipements plus « urbains »*

Aujourd'hui, nombre de ces habitants ne sont plus des agriculteurs, ou du moins plus des agriculteurs purs. La composition socio-professionnelle de ces villages montre que les agriculteurs y représentent rarement plus de la moitié de la population active. La statistique espagnole ne fournit pas de données de population active relatives aux communes de moins de 50 000 habitants, mais les sources administratives, les travaux des géographes valenciens et nos enquêtes personnelles convergent et conduisent à dresser le tableau de villages où les activités non agricoles tendent à l'emporter : il s'agit soit d'activités de services à l'amont ou à l'aval de l'agriculture, soit d'activités industrielles, agro-alimentaires ou non, dans les zones fortement touchées par les transformations économiques récentes, comme la Huerta de Valencia et la Plana de Castellón.

De ce fait les agglomérations ont un aspect de plus en plus urbain : les rues sont bordées de trottoirs, empierrées ou asphaltées, les services urbains sont présents (eau courante, assainissement...), les commerces sont relativement nombreux, groupés autour de la place de la Mairie et de la grande rue (calle « Mayor »). A volume égal de population, les communes du *regadío* bénéficient en général d'équipements tertiaires supérieurs aux communes du *secano* intérieur. En outre, la distance aux services urbains est toujours plus faible, par suite de la présence de nombreuses petites villes centres. En 1973, le secteur tertiaire représentait toujours plus du quart de la population active des petites régions agricoles irriguées, contre moins de 10 % dans celles de l'intérieur montagneux.

Même intégrées dans un genre de vie et de consommation de plus en plus urbain, ces communautés rurales cherchent à conserver leur identité par le maintien d'un certain nombre de manifestations publiques de leur cohésion. La fête du village, qui est celle de son saint patron, est encore l'occasion de nombreuses festivités qui durent une semaine : course de « toros », élection d'une « reine », etc. Cela ramène au village les jeunes installés en ville ou les travailleurs temporairement émigrés à l'étranger.

C. Les villes « agricoles »

C'est une réalité difficile à cerner, non seulement par suite de l'état des statistiques concernant la structure de la population active, mais aussi parce que les profondes mutations récentes de l'économie régionale ont bouleversé la réalité urbaine. En 1960 on pouvait encore reconnaître sans difficulté des « villes agricoles » : agglomérations profondément enracinées dans l'espace rural encadrant, avec une forte part de population active dans l'agriculture, une appropriation foncière citadine non négligeable, et des activités secondaires et tertiaires fortement liées à l'agriculture (industries agro-alimentaires, ateliers de machines agricoles, commerce et transport d'expédition des produits frais). C'est aujourd'hui beaucoup plus difficile dans la mesure où la croissance industrielle et tertiaire (parfois touristique) a changé les fonctions urbaines.

1. *Un maillage urbain très serré*

La distribution des villes selon le rang et la taille est très déséquilibrée par la macrocéphalie d'une énorme métropole régionale, Valencia (738 500 habitants en 1986 pour la commune seule). Celle-ci est suivie de loin par la ville de Castellón (129 800 habitants), elle-même détachée par rapport aux villes de moins de 50 000 habitants. Le second fait marquant est la densité des petites villes, parmi lesquelles on note plusieurs paliers : quelques villes « moyennes » à l'échelle régionale, entre 30 000 et 50 000 habitants, un grand nombre de petites villes entre 15 et 20 000, enfin des bourgs, en dessous de 15 000 habitants, qui passent progressivement aux gros villages, sans qu'il y ait de rupture statistique nette. La densité de ces petites villes est telle qu'elles ont pu se développer à proximité des grandes ou à proximité les unes des autres. Dans la Plana de Castellón, 6 villes accumulent 236 000 habitants dans un triangle de 20 km de côté : Castellón, Almazora, Burriana, Villareal, Nules et Onda. Des doublets ou même des triplets apparaissent dans le cœur des huertas : Sueca-Cullera, Gandía-Oliva, Carcagente-Alcira-Algemesí. Dans les zones irriguées, la distance à la ville est donc faible et n'excède jamais 10 à 15 km.

2. *Les villes et l'agriculture*

Il n'est pas facile de mesurer ce qui peut apparaître aujourd'hui comme antinomique : des villes « agricoles » peuvent-elles encore exister dans les huertas de l'Espagne méditerranéenne ? En fait il faut considérer, dans les fonctions urbaines, donc dans la population active, celles qui sont proprement agricoles d'une part, exercées dans le finage souvent vaste de la commune urbaine, et les emplois liés à la production agricole d'autre part, dans le commerce, les services et l'industrie. Si la première catégorie d'emplois prédomine, on a affaire à un « bourg agricole », dont la proportion d'actifs dans l'agriculture est encore élevée et dont les services sont surtout banaux, destinés à la population résidente. Si c'est la seconde qui l'emporte, c'est un « centre de région agricole », dispensateur de services à une aire plus ou moins vaste, et animé par les fonctions secondaires et tertiaires dépendantes de celle-ci. Le premier cas se rapproche des agglomérations d'agriculteurs telles qu'on les rencontre encore en Andalousie et en Italie du sud; le second peut être comparé aux petites villes-marchés de la plaine comtadine du Vaucluse ou des Bouches-du-Rhône (Cavaillon, Châteaurenard, L'Isle-sur-la-Sorgue).

a. *Les centres régionaux*

Ce groupe comprend à la fois les deux capitales de province, Valencia et Castellón, et les deux centres sous-régionaux les plus importants, Gandía et Alcira. Chacune de ces villes joue un rôle de centre à peu près identique, pour ce qui est des services directs à l'agriculture ou des activités commerciales et industrielles induites. Elles sont toutes quatre « capitales » d'une huerta, d'un des quatre grands périmètres agricoles : la Huerta de Valencia, la Plana de Castellón, la Huerta de Gandía, la Ribera du Júcar. Mais la différence est énorme entre Valencia et les autres. La première assume en effet toutes les fonctions supérieures de l'administration et de la gestion de l'économie régionale : son pouvoir de commandement foncier, financier et politique en fait une des grandes capitales régionales de l'Espagne et le lieu où se nouent la majeure partie des fils économiques de l'agriculture irriguée. Castellón est la petite capitale d'une petite province, au sens démographique et économique, qui n'abrite que 432 000 habitants. Elle vit donc dans l'ombre de Valencia, dont elle n'est séparée que par 60 km d'autoroute. Elle possède les services publics d'une capitale de province, mais l'autonomie régionale a renforcé sa dépendance vis-à-vis de sa grande voisine : le tertiaire supérieur et le quaternaire ont du mal à se dégager de cette tutelle et de cette proximité. La ville de Gandía, plus éloignée de la métropole, a toujours connu un développement plus indépendant, grâce à sa situation excentrée et à son port. Elle a toujours joué un rôle de centre pour la partie sud du littoral valencien, et le niveau de ses services est assez semblable à celui de villes de même taille en Vaucluse, comme Carpentras ou Cavaillon. Alcira, plus proche de Valencia, est dans la Ribera du Júcar en concurrence avec d'autres agglomérations proches, dont le poids démographique et les fonctions ont été longtemps identiques. Valencia projette d'ailleurs son influence sur toute la Ribera du Júcar, et la centralité d'Alcira, fortement concurrencée, s'affirme mal : les journaliers agricoles y restent nombreux et la rapprochent du second groupe d'agglomérations.

b. *Les agglomérations à tendance agricole*

Toutes les nuances sont possibles entre le gros village tel qu'il vient d'être décrit plus haut, le bourg agricole ne rayonnant guère au-delà de son finage, et le centre agricole dont l'influence s'étend plus largement, sans atteindre le niveau des centres régionaux. On peut cependant introduire trois nuances en s'aidant de la part de la population active agricole et de celle des services, dont l'évolution est à peu près inverse :

— Les bourgs agricoles proprement dits : les emplois du tertiaire ne dépassent pas le quart de la population active, et le secteur primaire est toujours supérieur à 20 % (Alginet, Benifayó, Carlet, Sueca, Villanueva de Castellón...).

— Les bourgs agricoles proches des centres régionaux, mais qui conservent des services agricoles considérables : Burriana près de Castellón, Carcagente près d'Alcira, Oliva près de Gandía, Puzol près de Valencia.

— Les anciens bourgs agricoles ayant une orientation industrielle ou touristique, qui gonfle leur secteur secondaire ou tertiaire : Almazora, Algemesí, Villareal, Liria dans le premier cas; Cullera, Benicarló dans le second.

c. *Les villes à dominante industrielle*

Plus de la moitié de leur population active est formée d'ouvriers. Certaines d'entre elles sont des villes industrielles isolées, attachées à une activité spécialisée, parfois à un établissement : Vall d'Uxó et l'industrie de la chaussure, Tabernes de Valldigna et celle du bois et de ses dérivés, Onda et la céramique, Sagunto et la sidérurgie. Des villes industrielles plus diversifiées ont en même temps, du fait de leur situation, des fonctions de centre agricole ou des fonctions touristiques : Játiva dans le premier cas, Denia, Jávea ou Vinaroz dans le second.

La cartographie de cette typologie montre la position souvent marginale, par rapport à l'espace irrigué, des villes à fonction complexe, industrielle et touristique (fig. 21). Les bourgs agricoles sont les plus nombreux au centre des huertas, à proximité des centres régionaux qui leur fournissent les niveaux supérieurs du tertiaire et les cantonnent dans un tertiaire plus banal. La proximité d'un grand centre se traduit par la croissance des emplois non agricoles dans leur population active et des migrations journalières de travail. C'est le cas des bourgs de la couronne externe de l'aire métropolitaine de Valencia ou de la Plana de Castellón. Mais ils peuvent aussi se trouver sur les marges de l'espace irrigué, à l'écart des centres et des axes de communication, comme Carlet ou Villanueva de Castellón.

3. *Un zonage urbain marqué par l'histoire des huertas*

La morphologie urbaine est un excellent réactif de l'histoire sociale et économique des huertas, qu'on peut lire assez aisément dans le cheminement à travers les agglomérations ou dans la pratique des photographies aériennes. Pour ce qui est de la période récente et actuelle, l'espace urbain est fortement marqué par la dualité des fonctions et des groupes sociaux : selon que l'ancienne relation à la terre conserve une grande importance ou que la croissance urbano-industrielle des vingt dernières années l'emporte, l'aspect actuel de la ville en est considérablement changé (fig. 8).

a. *Le centre historique*

C'est le « casco antiguo »* des auteurs espagnols, qui correspond en général à l'extension de la ville jusqu'au milieu du XIXe siècle, c'est-à-dire avant l'évolution économique liée à l'arrivée du chemin de fer et à l'essor de l'agriculture d'exportation. C'est une évolution identique à celle des villes françaises du Vaucluse ou du Roussillon, à cette différence près que les transformations économiques ont été moins fortes, et la croissance postérieure à l'arrivée du chemin de fer, plus modeste.

C'est donc la zone la plus marquée par les formes traditionnelles de la relation ville-huerta : vieux hôtels particuliers des anciennes familles de propriétaires terriens, souvent blasonnés, à portail et balcon, regroupés le long de la grande rue (« calle mayor ») ou de la place (« plaza mayor »), autour de laquelle s'élèvent la cathédrale et la mairie (« ayuntamiento »). C'est le lieu ancien des commerces et des cafés, autour d'une place souvent agrémentée d'une fontaine. Alentour, c'est le dédale des petites rues qui vont vers la campagne, le long desquelles s'alignent des maisons identiques, semblables à celles des villages, dans un cadre à peine plus urbain : c'est l'habitat des petits agriculteurs, des journaliers, des immigrés récents venus de l'Espagne méridionale. Dans les villes au passé historique moins affirmé, la mairie est souvent à la périphérie du quartier ancien, et marque la transition avec les zones de croissance moderne, dans lesquelles on peut distinguer deux étapes.

b. *La périphérie ancienne*

Sous l'effet de l'essor des cultures irriguées et de l'économie agricole d'exportation, les villes des huertas se développent à un rythme lent et plus ou moins régulier, de la seconde moitié du XIXe siècle jusqu'au milieu du XXe. Les activités de commerce et de service liées à l'agriculture forment un nouveau quartier, qui s'installe à la sortie du bourg la mieux située dans le système des relations avec l'extérieur, à proximité immédiate de la gare ou sur le chemin de la gare : il s'agit essentiellement d'entreprises d'expédition des agrumes et d'ateliers de réparation de machines agricoles. En périphérie, de nouveaux quartiers d'agriculteurs et d'ouvriers agricoles apparaissent, mais la croissance spatiale reste faible, par suite du prix très élevé de la terre agricole. Cela conduit déjà à des agglomérations très « tassées », peu aérées, comme Sueca ou Burriana. Lorsque l'agglomération est proche du *secano,* il y a création de quartiers satellites pauvres sur les terres et les pentes sèches, là où le prix du sol n'est pas un obstacle : les « grupos » de Castellón, les « colonias » d'Alcira.

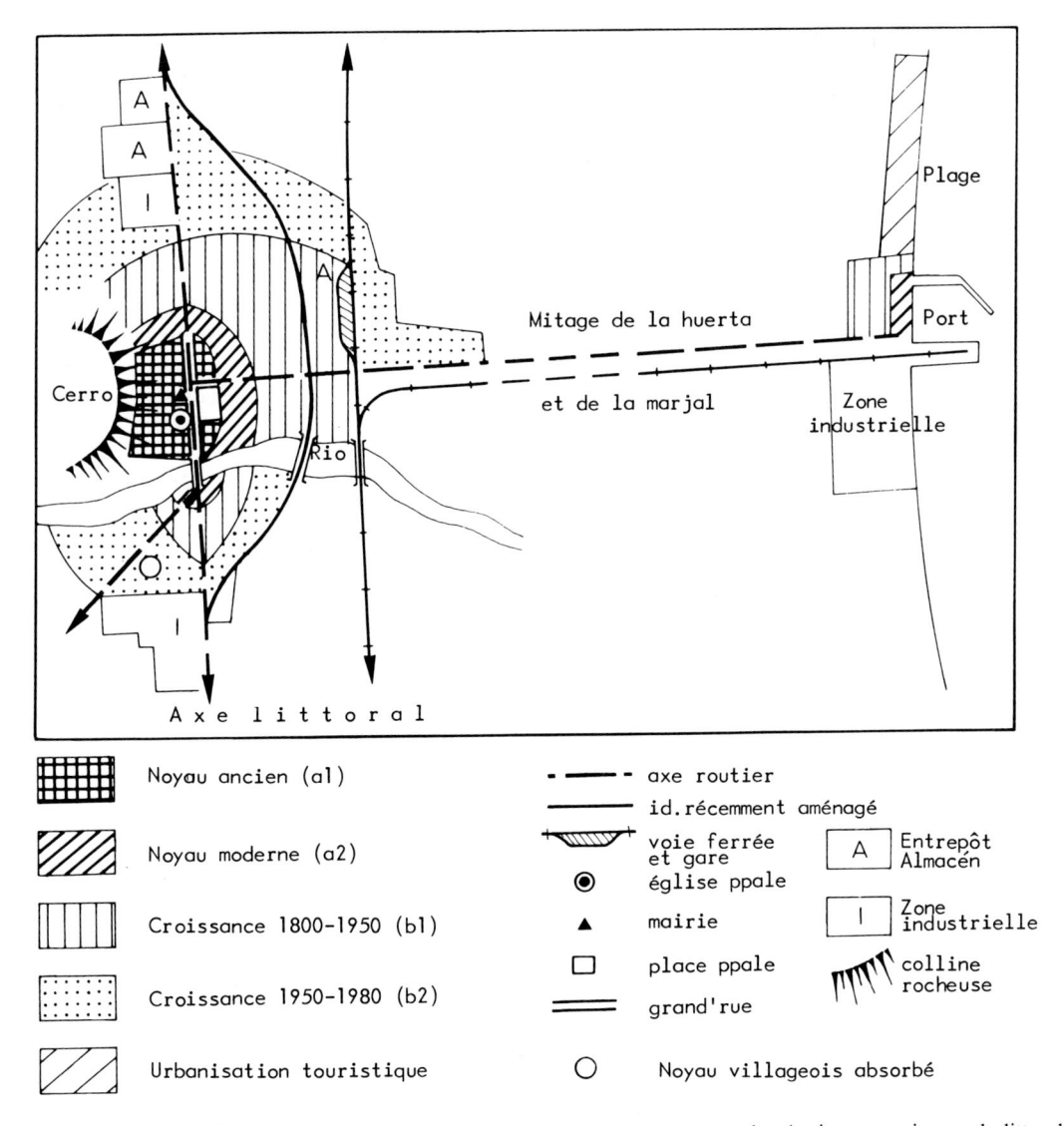

Fig. 8 : Modèle général de la croissance spatiale d'une ville-centre de huerta et de son agglomération portuaire sur le littoral valencien

c. La périphérie récente et actuelle

Avec le développement rapide des fonctions secondaires et tertiaires dans les années 1960 et 1970, de nouveaux quartiers, plus ou moins planifiés, se greffent sur l'agglomération préexistante. Alors que la période d'économie autarcique de 1940 à 1950 avait été marquée par une croissance très faible des villes et même par un renforcement de leur caractère rural et agricole, c'est une véritable explosion démographique qui marque les villes de huerta : on dresse des plans d'urbanisme ambitieux, on ouvre des avenues. Celles-ci attirent les nouveaux services, les nouveaux commerces et les nouveaux riches : cadres, fonctionnaires, professions libérales, industriels et commerçants d'exportation. Mais le sol reste cher, le parcellaire étroit et les nouveaux immeubles collectifs sont souvent élevés et denses. En même temps, les nouvelles catégories sociales d'ouvriers et d'employés sont logées dans des collectifs de type H.L.M., qui fleurissent rapidement au hasard des programmes subventionnés et de la spéculation foncière. Le décor est peu urbanisé et les rues non asphaltées et sans trottoirs se terminent en cul-de-sac sur la huerta omniprésente.

Les zones d'activités se développent en périphérie sous la forme de zones industrielles et commerciales, à proximité des principaux accès de l'agglomération. Si la ville possède un port, le quartier portuaire se développe et l'axe qui le relie à la ville tend à s'urbaniser de façon continue.

Conclusion

Les huertas valenciennes présentent des agglomérations rurales encore fortement agricoles, mais aussi bien équipées en services et même en industries. Par la taille de ces agglomérations, on est proche des villes d'agriculteurs de l'Espagne du sud, mais par la structure professionnelle et les équipements, on est proche des petites villes des huertas plus septentrionales de Catalogne et de la France méditerranéenne.

La difficulté même de séparer clairement le rural de l'urbain dans les zones irriguées montre que l'agriculture irriguée situe les agriculteurs dans des espaces relativement urbanisés, et qu'un grand nombre de ceux-ci se trouvent habiter des communes qu'on peut qualifier d'urbaines ou de périurbaines. En effet, l'évolution récente et la dynamique des petites villes tendent à « déruraliser » une bonne partie des communes de l'espace irrigué, en les intégrant dans ce qu'on appellerait en France des « zones de peuplement industriel et urbain ». L'espace rural est de moins en moins agricole, et les agriculteurs sont ici les plus nombreux dans des espaces qui sont de moins en moins ruraux.

Conclusion de la première partie

L'organisation actuelle de l'espace rural valencien présente tous les traits des agricultures irriguées méditerranéennes : intensivité des systèmes de production agricoles, accumulation du travail et des hommes sur une terre limitée, intensité des rapports fonciers entre la ville et la campagne, économie ouverte depuis lontemps sur l'extérieur. Mais cette image de la huerta n'a rien de « classique », si on considère les rapports de production et de travail au sein des communautés villageoises. Alors qu'ailleurs, en Espagne comme en Europe, la taille des exploitations agricoles augmente, le capital se substitue au travail et l'exploitation devient de plus en plus familiale, on se trouve ici en présence d'une situation particulière : des exploitations qui restent petites ou qui se morcellent encore, une forme lente et nuancée de mécanisation, la prédominance chez les agriculteurs d'une condition mixte d'exploitant-salarié peu commune. Elle fait de l'agriculteur valencien une sorte de « Maître Jacques » obligé de tirer parti de toutes les possibilités d'emploi dans et hors de l'exploitation, dans et hors de l'agriculture. On est loin de l'« exploitation familiale » au sens français de l'expression, telle qu'elle se maintient et se renforce dans les périmètres irrigués de la France méditerranéenne : cette forme n'est pas absente, surtout dans les zones maraichères, mais elle est globalement minoritaire. Elle cède la place à un système complexe d'échange de travail et de salaires, entre les exploitations paysannes et les exploitations citadines.

Deuxième partie
LA MISE EN PLACE DU SYSTÈME SPATIAL DES HUERTAS

Comme bien d'autres régions agricoles méditerranéennes animées par le commerce et les villes, la Région de Valencia a été très tôt orientée vers des productions spécialisées, favorisées par l'irrigation et tournées vers les marchés extérieurs. Productrice d'une rente foncière et commerciale considérable, cette agriculture ne peut être dissociée de l'accumulation des hommes et des activités sur des espaces restreints : celle-ci est le fruit de l'intensité des travaux agricoles et des activités de service et d'industrie qu'ils ont suscitées à l'amont comme à l'aval de l'agriculture.

Ces éléments sont étroitement imbriqués dans un système d'organisation géo-économique qui les place dans d'étroites relations les uns par rapport aux autres, et qu'on peut résumer dans un schéma :

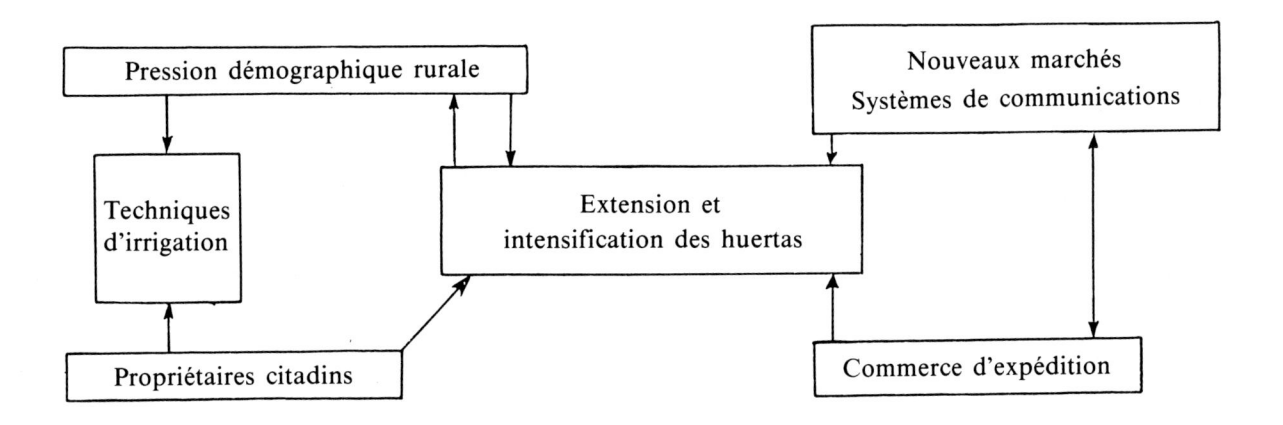

```
┌─────────────────────────────────┐       ┌─────────────────────────────┐
│ Pression démographique rurale   │       │ Nouveaux marchés            │
└─────────────────────────────────┘       │ Systèmes de communications  │
      │         ↑↓                        └─────────────────────────────┘
      ↓                                            ↑↓
┌──────────────┐      ┌─────────────────────────┐
│ Techniques   │  →   │ Extension et            │
│ d'irrigation │      │ intensification des     │
└──────────────┘      │ huertas                 │
      ↑               └─────────────────────────┘
      │                         ↑
┌──────────────────────┐        │
│ Propriétaires citadins│───────┘
└──────────────────────┘                  ┌─────────────────────────────┐
                                          │ Commerce d'expédition       │
                                          └─────────────────────────────┘
```

Il s'agit donc, à partir du processus de l'intensification et de la spécialisation de la production agricole des huertas, d'analyser la mise en place et le fonctionnement actuel des différents éléments du système qui sont liés à cette production. Nous serons ainsi amenés à considérer différentes échelles géographiques, puisque ce système est foncièrement ouvert, en relation par ses marchés avec le cadre national et international, essentiellement européen.

Chapitre I

VERS LA MONOCULTURE DES AGRUMES

On assiste, en un peu plus d'un siècle, au passage d'une économie agricole encore vivrière, fondée sur les céréales et de portée régionale ou nationale, à une économie plus spécialisée de portée nationale et internationale, dont les productions les plus dynamiques sont les agrumes et les légumes frais. Par le jeu des prix à la production, les irrigants s'orientent vers les cultures dont le produit final par unité de surface est le plus élevé : cette sélection s'opère au bénéfice de quelques produits seulement, et l'ancienne diversité des cultures irriguées est restreinte aux productions les plus susceptibles d'atteindre de hauts prix sur les marchés extérieurs. Cette évolution ne s'est pas faite de façon régulière, mais par une succession d'avancées et de reculs, calquée sur la conjoncture économique espagnole et internationale : les périodes de crises et de conflits, en fermant les marchés extérieurs, ont provoqué un reflux vers les productions vivrières plus traditionnelles, tandis que les périodes de croissance économique ont favorisé le développement de l'agriculture irriguée d'exportation.

A. De la polyculture irriguée aux systèmes spécialisés

Au milieu du XIXe siècle, les cultures irriguées ont déjà une place considérable dans l'économie agricole valencienne, mais les cultures de marché, susceptibles d'animer un commerce important et rentable, y sont les céréales, avec le riz au premier plan, et le mûrier, qui alimente l'industrie de la soie, tandis que les cultures légumières et fruitières n'ont encore qu'un marché local ou régional. Au cours de la seconde moitié de ce siècle, un profond changement se produit avec le développement d'une culture qui va marquer le *regadío* valencien jusqu'à nos jours : les agrumes. Avec le progrès des relations maritimes, grâce à la navigation à vapeur, vers l'Angleterre d'abord, les pays d'Europe occidentale ensuite, commence une ère de plantation de vergers d'agrumes qui alimentent un commerce d'exportation sans cesse croissant. A la fin du siècle, ces vergers ne représentent encore qu'une faible part des surfaces irriguées : 10 % environ dans la province de Valencia, loin derrière le riz et les autres céréales. Mais leur part dans la valeur de la production, et surtout leur impact dans l'économie régionale, sont déjà beaucoup plus considérables.

C'est le XXe siècle qui marque, malgré les reculs dus aux deux guerres mondiales et à la guerre civile espagnole, le triomphe de l'agrumiculture en premier lieu, et l'extension des cultures maraîchères en second lieu, stimulées par la demande en produits frais des marchés extérieurs, avant tout européens. Dans le cadre de la province de Valencia l'évolution, déjà nette si on considère l'ensemble des surfaces irriguées (tab. 9), est renforcée au plan de la production finale dans les *comarcas* littorales : les agrumes et les légumes frais y représentent près des 9/10 de la valeur de cette production. La prépondérance des agrumes est acquise très tôt : dès 1930, ils représentent près de la moitié de cette valeur dans les 9 cantons dont plus du quart de la surface cultivée est alors irrigué (Alberique, Alcira, Carlet, Gandía, Játiva, Sagunto, Sueca, Torrente et Valencia). Une quasi-monoculture se dessine déjà dans certains périmètres (Alcira, Gandía). Par contre, les cultures maraîchères et les fruits d'été sont plus lents à s'étendre: ils le font surtout après 1950, lors de la réduction des surfaces consacrées au riz et aux plantes industrielles.

Tab. 9 : Evolution des cultures irriguées dans la province de Valencia (en hectares)

	1904	%	1930	%	1971	%
Fruits	11 300	11	35 900	29	89 200	51
dont agrumes	?		35 500	29	78 300	45
Riz	28 000	28	31 800	26	18 000	10
Reste céréales	28 000	28	18 700	15	15 100	9
Légumineuses	2 800	3	4 600	4	3 200	2
Légumes	4 400	4	24 600	20	38 200	22
Pl. fourragères et industrielles	13 400	13	8 000	7	8 400	5
Oliviers	800	1			200	
Vignes	5 000	5			1 100	1
Total	101 000	100	123 600	100	173 400	100

Source : Enquête Ministère des Travaux Publics (1904), Ministère de l'Agriculture (1930), O.E.S.S., Valencia (1971).

L'extension des surfaces irriguées s'est donc accompagnée d'une nette évolution de la production et d'une redistribution des cultures:

— Les céréales ont perdu la première place qui était la leur au début du siècle, dans une économie encore tournée vers l'alimentation de base à l'échelle surtout régionale et nationale. C'est là un héritage du XIXe siècle, où la fonction des terres irriguées était d'assurer et d'amplifier la récolte alimentaire de base, celle des céréales, que se partageaient à Valencia le riz et le blé, et secondairement le maïs. Avec la suprématie des blés castillans sur le marché national, le second a totalement disparu des périmètres irrigués, tandis que le maïs s'y est maintenu et même étendu récemment avec la croissance des besoins en aliments pour les élevages industriels. Le riz, qui s'était maintenu et même étendu à chaque période de crise ou de conflit international en conquérant les anciens marécages, a nettement reculé devant la concurrence des nouvelles régions rizicoles du sud-ouest de l'Espagne, Andalousie et Estrémadure, dans les années 1950-1970.

— Les plantes industrielles (chanvre, cacahuète) et les cultures fourragères ont considérablement diminué devant la réduction ou même la disparition de leur consommation : la luzerne en particulier, qui était en valeur la quatrième production parmi les cultures irriguées en 1904, est réduite à peu de chose avec la mécanisation des cultures et la quasi-disparition du bétail de trait.

— Il en va de même pour les légumineuses (fèves, pois, haricots), nourriture traditionnelle et rustique : avec le changement des habitudes alimentaires des Espagnols depuis une vingtaine d'années, leur production recule fortement.

— A l'inverse, cultures maraîchères et légumes de plein champ se sont développés surtout après 1950, avec les progrès de la commercialisation en frais sur le marché national et international, jusqu'à se situer au deuxième rang des productions irriguées. Une place à part doit y être faite aux oignons, dont la production, spécialité de la Huerta de Valencia et du Campo de Liria, a très tôt donné lieu à un commerce d'exportation florissant, au même titre, mais à un moindre degré, que les agrumes. Ces derniers ont vu leur superficie multipliée par 8 en 70 ans (de 1910 à 1980), jusqu'à occuper près des deux tiers des surfaces irriguées et imprimer à l'ensemble de la région littorale une profonde originalité.

B. Le rôle des marchés : l'exemple des agrumes

1. *La prépondérance des exportations*

Pendant toute la première moitié du XXe siècle, production et exportation des agrumes vont de pair : si en 1904 il n'y a que quelque 25 000 ha d'agrumes dans l'espace étudié, ces surfaces sont en pleine croissance jusqu'à la première guerre mondiale, qui provoque une première grande crise dans l'agrumiculture[8]. La période de l'entre-deux-guerres (1921-1936) est celle de la seconde grande poussée du verger d'agrumes, favorisée par la reprise économique et l'accroissement de la capacité d'absorption des marchés européens. Mais dès 1931 la crise économique mondiale se fait sentir et retentit, surtout à partir de 1934, sur le volume des exportations. Et la guerre civile, puis la deuxième guerre mondiale ramènent la production et l'exportation au même niveau que lors de la crise de 1917. Malgré l'autarcie économique qui suit la fin de la guerre, la reprise se fait rapidement pour l'agrumiculture, qui retrouve dès 1950 ses niveaux de 1930. Ceux-ci ne cessent ensuite de croître jusqu'en 1975, date à partir de laquelle ils plafonnent.

Pour ce qui est des exportations, c'est donc l'Europe occidentale qui, depuis le milieu du XIXe siècle, en absorbe la majeure partie, sinon la quasi-totalité. La seconde moitié du XIXe siècle et la première du XXe sont marquées par une nette prépondérance de l'Angleterre, initiatrice de la demande et des relations maritimes nécessaires pour la satisfaire : le Royaume-Uni absorbe couramment la moitié des agrumes exportés par l'Espagne, grâce à ses liens privilégiés avec l'économie ibérique et au rôle de ses compagnies maritimes dans le transport des fruits. Ce rôle n'est alors qu'un des aspects de la dépendance économique de l'Espagne vis-à-vis des puissances industrielles de l'Europe occidentale en général et de l'Angleterre en particulier. Après 1945, le Royaume-Uni perd sa place au bénéfice de la France et de l'Allemagne Fédérale, qui absorbent conjointement les deux tiers des agrumes exportés, au sein de la Communauté Economique Européenne qui en reçoit près de 90 %. Cette nouvelle phase est cependant marquée par deux éléments nouveaux : le développement du marché national et de la concurrence internationale.

2. *La croissance du marché intérieur*

Ce marché, qui n'absorbait avant 1936 qu'une faible part de la production, passe rapidement à plus de la moitié pendant la guerre mondiale, devant le recul des exportations : s'il régresse ensuite en valeur relative, par suite du très fort redémarrage des exportations, et tombe à 30 % de la production en 1954-55, il ne cesse de croître en tonnage, à proportion de l'évolution économique de l'Espagne des années 1960-1980 et de la hausse générale du niveau de vie qu'elle entraîne. Il absorbe 500 000 tonnes d'agrumes dans les années

---

[8] Le blocus des puissances alliées par la guerre sous-marine allemande provoque en 1917 un arrêt presque total des exportations par voie maritime, alors que le chemin de fer est incapable de prendre la relève (Abad García, 1984).

soixante, 750 000 en 1975-79, pour atteindre le million de tonnes en 1982-83 (tab. 10). En valeur relative, sa position se situe depuis une vingtaine d'années autour du tiers de la production, ce qui en fait le premier marché en tonnage, devant l'Allemagne fédérale, mais pas en valeur, car les prix du marché extérieur sont toujours plus élevés que ceux du marché intérieur. Celui-ci a d'ailleurs été longtemps considéré, par le commerce d'expédition, comme un pis-aller alimenté par les rebuts de l'exportation. Celle-ci absorbe les meilleures qualités, les plus précoces, et en particulier la proportion de mandarines exportées est nettement supérieure à celle des oranges : 79 % contre 45 % en 1982-83.

Tab. 10 : Production et commercialisation des agrumes en Espagne

	1972-1973 tonnes	%	1976-1977 tonnes	%	1982-1983 tonnes	%
Production	3 046 300	100	2 711 500	100	3 025 000	100
Exportation	1 913 000	63	1 615 000	60	1 780 600	59
Industrie*	320 000	10	281 900	10	190 600	6
Marché intérieur	813 300	27	814 600	30	1 053 800	35

* estimation à partir des tonnages subventionnés par le FORPPA et des achats libres de l'industrie agro-alimentaire.
Source : Résumés de campagnes d'exportation, Ministère de l'Agriculture.

3. *L'essor de la concurrence sur les marchés extérieurs*

Jusqu'à la Conférence d'Ottawa qui ferme en 1932 le marché britannique aux agrumes valenciens, la production espagnole était à peu près la seule présente sur les marchés européens. La situation change complètement après le long intermède de la crise économique et de la guerre, avec l'apparition après 1945 de concurrents sans cesse plus actifs, ou avantagés sur le marché européen au plan politique ou douanier. Dans le total des exportations des pays du Bassin méditerranéen, l'Espagne ne cesse de perdre des points : elle tombe de 53 % à 35 % du marché de 1954 à 1976, tandis qu'Israël passe de 13 à 30 % et le Maroc de 7 à 13 %.

Parmi ses concurrents, on rencontre d'une part des pays à faibles coûts de production, avantagés en outre par des liens privilégiés avec le Marché Commun, en particulier au plan douanier : les agrumes du Maroc, de Chypre, de Grèce (intégrée dans le Marché Commun en 1981) et de Turquie ne versent que 8 % de droits d'entrée, alors que ceux d'Espagne acquittent un droit de 20 %, ramené à 12 % en 1970. D'autre part, la production israélienne, dont les coûts sont plus élevés, a bénéficié d'une forte rationalisation de son commerce d'expédition, d'un accès longtemps privilégié au marché britannique et de bonnes relations maritimes avec l'Europe du Nord.

Cependant, par sa proximité du marché, par la précocité de sa production et par l'ancienneté de ses relations commerciales, l'Espagne demeure le principal fournisseur d'agrumes de la Communauté Economique Européenne, qui en reçoit près de la moitié de ses propres importations. Cette situation ne peut être que confortée par l'entrée de l'Espagne dans le Marché Commun, effective depuis le 1er janvier 1986 (tab. 18).

C. L'agriculture d'exportation valencienne dans l'Espagne méditerranéenne

L'évolution des communications et des systèmes de transport a été un élément déterminant dans l'évolution des choix de production de la part des agriculteurs valenciens, mais aussi de ceux de toute la façade méditerranéenne de l'Espagne. Deux étapes ont été déterminantes, par les mutations qu'elles ont introduites dans les systèmes de transport, donc dans les coûts de l'accès au marché de consommation européen, et par les répercussions qu'elles ont eues sur l'organisation de l'espace irrigué valencien et sur sa place dans le littoral méditerranéen.

1. *L'évolution du transport maritime au milieu du XIXe siècle*

Avec le développement de la navigation à vapeur, l'Espagne méditerranéenne entre de plain-pied dans le champ d'approvisionnement de l'Europe industrielle du nord et en particulier de l'Angleterre [9]. Ce marché de consommation se développe avec la révolution industrielle et l'urbanisation, et les compagnies maritimes britanniques sont au premier rang dans l'essor du commerce et, par contrecoup, dans la croissance de l'agriculture valencienne d'exportation. Alors que les modestes envois d'agrumes valenciens des années 1830 se faisaient par voiliers vers Marseille, l'exportation vers l'Angleterre démarre au milieu du siècle et devient rapidement le courant principal (Piqueras, 1985). La suprématie des compagnies anglaises est telle qu'en 1933 J. Bellver Mustieles [10] décrit encore le système d'exportation des agrumes sous la forme de trois « cercles concentriques ». Au centre, le petit groupe des « vaporistas », représentants des compagnies anglaises, qui fournissent par anticipation de l'argent aux exportateurs valenciens. Ceux-ci, qui forment le deuxième cercle, un peu plus nombreux, sont chargés d'acheter les oranges, de les faire emballer et de les amener à quai en fonction des rotations des navires. Ils font donc travailler les confectionneurs et toutes les autres activités liées à l'expédition des agrumes, qui forment ainsi le troisième cercle, le plus nombreux, mais le plus dépendant de ce système organisé de l'extérieur. C'est en quelque sorte le temps des « compradores ».

Mais la navigation maritime ne crée par un « champ » de communication continu: elle privilégie des points, les ports, qui se trouvent d'ailleurs d'autant plus éloignés de l'Angleterre qu'ils sont septentrionaux : la distance maritime par Gibraltar est donc inverse de la distance terrestre. Le chemin de fer pourrait compenser ce caractère ponctuel des transports maritimes, mais sa mise en place dans la seconde moitié du XIXe siècle est lente en Espagne, son efficacité réduite par la différence d'écartement des voies entre l'Espagne et le reste de l'Europe. Il joue surtout son rôle à partir du début du XXe siècle, et dans la partie du littoral la mieux équipée, entre Valencia, Barcelone et la frontière française.

On assiste de ce fait au développement d'un certain nombre de zones spécialisées dans la production de fruits et produits frais peu périssables, autour des ports d'exportation, vers lesquels routes et voies ferrées drainent les produits d'une auréole plus ou moins vaste : ainsi des agrumes dans la Plana de Castellón, autour des ports de Castellón et de Burriana, dans les huertas du Turia et du Júcar autour du port de Valencia, dans la Safor autour de celui de Gandía. Ils s'y développent à la fois au détriment des autres cultures irriguées et des cultures sèches comme la vigne.

---

(9) Peet R. (1969) : « The spacial expansion of commercial agriculture in the XIXth century : a Von Thünen interpretation », ECONOMIC GEOGRAPHY, 45, n° 4, pp. 283-301.
(10) Bellver Mustieles J. (1933) : « Esbozo de la futura economía valenciana », Cámara Oficial de Comercio, Industria y Navegación, Valencia, 32 p.

Ce processus a pu toucher les cultures sèches comme les cultures irriguées, dès lors qu'un marché d'exportation existait. C'est le cas du vignoble de raisins secs (la « pasa » de Denia), que J. Costa Mas a décrit dans le Bajo Marquesado en des termes qui rappellent tout à fait le système d'exportation des agrumes. Entre ces îlots tournés vers l'extérieur, l'agriculture méditerranéenne traditionnelle se maintient et évolue lentement dans le cadre régional puis national. Les produits périssables (légumes, maraîchage) ne peuvent se développer pour l'exportation que dans la zone drainée par le chemin de fer, comme ce fut le cas du littoral de la Catalogne de part et d'autre de l'agglomération de Barcelone [11].

2. *L'intégration complète de la façade méditerranéenne dans le marché européen au milieu du XXe siècle*

La croissance rapide de la demande en fruits et légumes méditerranéens dans l'Europe occidentale, favorisée par la prospérité de l'après-guerre, va de pair avec une amélioration considérable des transports ferroviaires, mais surtout avec la révolution du transport routier à longue distance: le camion gros porteur transforme complètement les conditions d'accès de ces produits au marché européen. Le transport maritime des produits agricoles décroît rapidement, tandis que le train et surtout la route prennent sa place. Le marché d'expédition n'est donc plus ponctuel et centré sur les ports, mais s'organise selon un gradient à peu près continu sur toute la façade maritime, du nord au sud. En outre, l'augmentation des coûts de transport avec la distance tend à s'atténuer au fur et à mesure de l'amélioration des moyens de transport : c'est-à-dire que les zones septentrionales, Catalogne, Région de Valencia, avantagées dans un premier temps par leur proximité du marché extérieur, voient cet avantage fondre progressivement par rapport aux régions plus méridionales, Murcie et Almeria. On vérifie en quelque sorte le schéma théorique de Von Thünen, selon lequel « une diminution du coût de transport se traduira par un relèvement de la rente d'autant plus sensible que l'éloignement du marché est grand; (...) la pente de la courbe de rente devient moins raide et l'espace occupé par la culture concernée s'agrandit... » [12]. Mais ce déplacement des zones de culture est renforcé par les différences de coûts de production agricole, moins élevés au sud qu'au nord, pour deux raisons :

— des coûts salariaux plus faibles, dans une économie moins développée, plus agricole, avec un fort sous-emploi rural : la rémunération moyenne du travail dans l'agriculture conserve ce gradient nord-sud pour les provinces littorales de l'Espagne méditerranéenne de 1962 à 1982 (fig. 9);

— des avantages naturels de précocité considérables, qui permettent d'ailleurs de se situer à contre-saison des mêmes productions dans le Marché Commun et donc de ne pas en subir les contraintes réglementaires en bénéficiant des meilleurs créneaux d'accès à ce marché. Pour protéger la production agricole des pays membres de la Communauté, les autorités économiques ont en effet mis en place un calendrier qui interdit ou taxe les importations étrangères pendant les périodes de production interne. Les producteurs à contre-saison du sud sont de ce fait moins pénalisés que ceux du nord, dont le calendrier de production se rapproche de celui des pays du Marché Commun. Mais cela ne pouvait se faire qu'à condition que soit levé l'obstacle de la sécheresse estivale : les aménagements hydrauliques ont été, dans ces régions, la préoccupation permanente de l'investissement agricole privé et de la politique de développement rural de l'Etat espagnol durant les vingt dernières années. Le transfert des eaux du Tage vers le Segura en a été la réalisation la plus considérable (Herin, 1975).

Ces « économies externes » se sont traduites par un abaissement des coûts de production plus rapide que l'augmentation des coûts de transport, du nord vers le sud. On assiste donc à un déplacement chronologique des cultures de fruits et légumes d'exportation le long de la côte méditerranéenne. Le lieu de leur croissance maximum s'est historiquement déplacé de la Catalogne (XIXe siècle), à la région de Valencia

---

[11] Deffontaines P. (1949) : « Le delta du Llobregat (étude de géographie humaine) », RGPSO, 20, n° 3-4, pp. 137-174.
[12] Bailly A. et Beguin H. (1982) : « Introduction à la Géographie Humaine », Collection Géographie, Masson, Paris, p. 100.

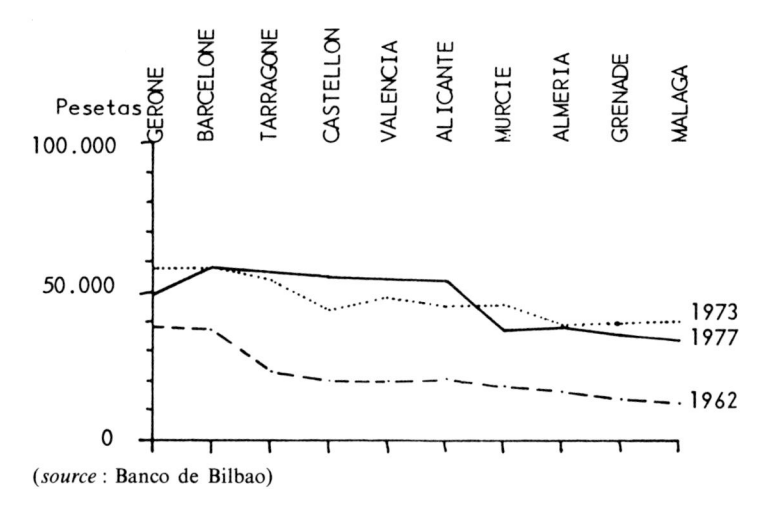

Fig. 9 : La rémunération du travail dans l'agriculture des provinces du littoral méditerranéen de l'Espagne de 1962 à 1977
Rémunération totale par actif et par an (en valeur constante : pesetas 1962) située sur un profil nord-sud

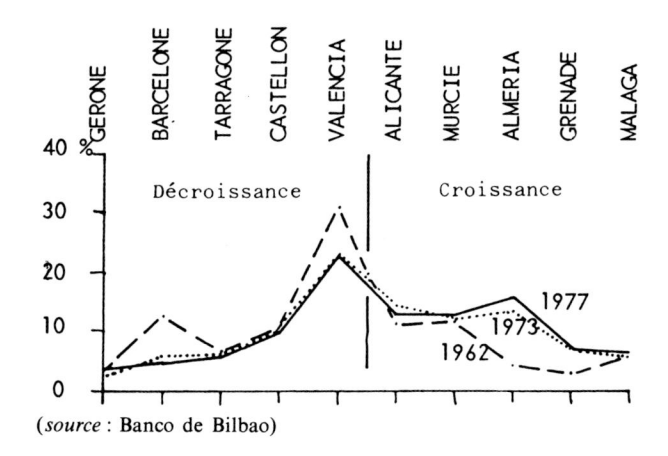

Fig. 10 : L'évolution de la production légumière et fruitière des provinces méditerranéennes de l'Espagne de 1962 à 1977
Part de chaque province dans la production totale (en valeur), selon un profil nord-sud

(1ere moitié du XXe siècle), puis au Sureste et à l'Andalousie depuis 1970: les provinces d'Alicante, de Murcie et d'Almeria sont celles qui ont connu le plus fort taux d'accroissement des cultures irriguées dans les dix dernières années. Alors que les provinces de la moitié nord de la façade méditerranéenne (de Gérone à Valencia) voient leur part dans la production légumière et fruitière de l'ensemble diminuer, celle des provinces méridionales (d'Alicante à Malaga) ne cesse de croître (fig. 10). Le dernier recensement des agrumes en est un bon témoin : pour la période 1971-1979, la surface du verger a reculé de 3 % dans la province de Valencia, mais a augmenté de 23 % dans celle d'Alicante.

Les huertas de Valencia et de Castellón perdent ainsi progressivement leur situation de « sud agricole » de l'Espagne au bénéfice des provinces plus méridionales. Comme le Roussillon et le Vaucluse sont devenus le sud agricole du marché français dans la deuxième moitié du XIXe siècle grâce au chemin de fer, le sud géographique de la Péninsule devient vraiment aujourd'hui le sud agricole de l'Espagne et en partie de l'Europe occidentale, grâce à l'évolution des moyens d'accès au marché européen. Et c'est à juste titre que

Ch. Mignon qualifie le Campo de Dalias, dans la province d'Almeria, complètement transformé par les cultures irriguées depuis 1950, de « nouveau sud » (1975). Avec un énorme décalage historique, le sud de l'Espagne profite enfin de ses rentes « climatiques » et « sociales ». En prolongeant le modèle d'évolution décrit ci-dessus, on peut se demander pendant combien de temps encore il en profitera : de l'autre côté de la Méditerranée, se profile un autre sud, le Maroc en particulier, qui se posera et se pose déjà en concurrent des producteurs espagnols; d'ailleurs ceux-ci s'opposent au passage des produits marocains à travers la Péninsule comme les agriculteurs français s'opposent parfois au passage des produits espagnols à travers l'Hexagone.

3. *Les conséquences pour le regadío valencien*

Devant cette concurrence de plus en plus méridionale, les zones de production centrales et septentrionales de la façade méditerranéenne peuvent évoluer de plusieurs façons:
— soit en s'orientant vers des productions moins intensives, où la substitution du capital au travail peut s'effectuer plus aisément et diminuer les coûts de main-d'œuvre : mais cela supposerait, pour des agriculteurs à temps complet, une forte réduction du nombre des exploitations et des actifs agricoles. Ce n'est pas, nous l'avons vu, la tendance observée à Valencia, où les formes d'agriculture irriguée moins intensive sont le fait des agriculteurs à temps partiel;
— soit en recherchant au contraire des productions encore plus intensives : cultures sous serres, floriculture, dont le développement est patent depuis une dizaine d'années dans la province de Barcelone puis dans celle de Valencia, où il s'appuie sur les grands marchés urbains locaux;
— soit en se posant en intermédiaires commerciaux et industriels des producteurs du sud : les expéditeurs et les exportateurs valenciens traitent les produits des provinces d'Alicante, de Murcie ou même d'Almeria, et déplacent leurs activités de production ou de collecte vers le sud.

Le schéma théorique de Von Thünen est donc fortement déformé par les phénomènes sociaux et politiques. La région valencienne, qu'on peut considérer comme une aire de production de plus en plus proche des marchés européens depuis le milieu du XIXe siècle, a d'abord vu se développer un système agricole de plus en plus intensif. Mais maintenant que des systèmes identiques se développent avec succès plus au sud, ses agriculteurs se tournent vers des formes plus intensives (serres) ou plus extensives, en relation avec l'agriculture à temps partiel. Les formes de gestion et de transformation de la production agricole continuent à croître : c'est une autre façon d'augmenter la rente régionale, mais cela se passe en dehors de l'activité purement agricole. On pourrait donc ajouter une nouvelle auréole interne au schéma de Von Thünen : celle où prédomineraient les activités tertiaires liées au primaire, et où une bonne partie du revenu des agriculteurs ne procéderait plus exclusivement de leur exploitation : c'est justement le cas du *regadío* valencien.

Chapitre II

L'HOMME ET L'EAU

UNE des conditions nécessaires à l'évolution des spéculations agricoles depuis plus d'un siècle a été la présence relativement abondante de l'eau et la possibilité d'étendre l'espace irrigué au détriment du *secano* et des marécages littoraux. La civilisation de l'eau est ici ancienne, puisque la période musulmane, qui prend fin avec la Reconquête, a fourni l'essentiel des techniques et du vocabulaire de l'irrigation gravitaire. Celle-ci n'a jamais cessé de se développer, mais sa croissance a été renforcée au XXe siècle par la maîtrise tardive et partielle des eaux de surface. L'irrigation par pompage et par puits a connu au contraire un essor récent et rapide, corrélatif du développement séculaire des agrumes, et cette juxtaposition des deux types d'irrigation est une des originalités du *regadío* valencien.

A. Les besoins en eau agricole

1. *Une situation climatique intermédiaire*

Le littoral de Valencia et de Castellón présente, sur la côte méditerranéenne de l'Espagne, des caractères intermédiaires entre le régime catalan et le régime murcien. La station de Valencia, avec 421 mm de moyenne pluviométrique et un indice xérothermique de 80 est représentative de la nuance accentuée du climat mésoméditerranéen, qui s'étend sur le littoral et sur l'intérieur de la Péninsule vers l'ouest. Cependant l'opposition y reste très nette entre un été sec qui dure 4 mois, de mai à août (12 % du total annuel de précipitations) et un automne très arrosé (45 %). L'hiver et le printemps se partagent le reste à parts à peu près égales. Mais ces valeurs moyennes masquent un certain nombre de caractères méditerranéens dont les conséquences sont graves au plan biogéographique.

La variabilité interannuelle des précipitations totales est grande. La Région Valencienne a été affectée, comme l'ensemble de la Péninsule Ibérique, par une période sèche qui s'est étalée sur près de 3 ans, de 1978 à 1981 [13] : les précipitations totales ont été inférieures à la moyenne, d'un quart sur le littoral et d'un tiers à la moitié sur les massifs montagneux. Les effets en ont été désastreux sur les réserves hydriques du sol et

---

(13) Boix Ferrero M., Del Roig A., de Jódar Bonilla D. (1982) : « La sequía de 1978-1981 en tierras valencianas », CG VALENCIA, n° 30, pp. 25-40.

sur les ressources en eau pour l'irrigation. Les précipitations, souvent torrentielles, tombent en un petit nombre de jours (50 à 60 en moyenne) et parfois sous forme d'orages de grêle dévastateurs, surtout à la fin de l'été. Elles nuisent aux cultures par les méfaits du ruissellement sur les sols peu profonds des versants, et surtout par le caractère toujours catastrophique des grandes inondations : les deux dernières, celle du Turia en 1956 et celle du Júcar en 1982, ne sont pas près de s'effacer des mémoires valenciennes.

2. *Des nuances régionales*

A la latitude de Valencia, la croissance des précipitations vers l'intérieur reste faible, car le relief s'élève lentement, par gradins successifs, et la durée de la saison sèche reste aussi longue. Par contre, vers le nord comme vers le sud, le resserrement du cadre montagneux provoque un accroissement très net des précipitations, sans changer leur régime. La Plana de Castellón a une saison sèche réduite à 3 mois et un indice xérothermique de 65 : on passe, à partir d'Almenara, au climat mésoméditerranéen atténué. Le littoral au sud de Cullera est celui qui reçoit les précipitations les plus abondantes (737 mm à Gandía), mais les températures printanières et estivales plus élevées maintiennent le littoral dans le climat mésoméditerranéen renforcé, alors qu'il s'atténue immédiatement dans les proches massifs côtiers. Cependant ces nuances très générales ne rendent pas compte des véritables nuances biogéographiques, dans lesquelles le relief, l'exposition et les sols ont leur mot à dire, et qui sont essentielles pour l'agriculture irriguée intensive. Or elles sont multipliées ici par le compartimentage du relief, les nombreuses situations d'abri, d'exposition, de versant, de fond de vallée ou de plaine de niveau de base. A Alcira, les agriculteurs ont planté des agrumes dans les hauts couloirs de la sierra littorale de las Agujas, à plus de 200 m d'altitude, mais à quelques kilomètres de la mer à vol d'oiseau, et vendent les fruits sous le label de qualité d'« oranges de montagne ».

3. *Le bilan hydrique et l'irrigation*

Les bilans hydriques calculés selon la méthode de Thornthwaite[14] montrent que, pour la station de Valencia, des précipitations moyennes égales ou supérieures à 400 mm par an ne sont pas suffisantes pour maintenir en permanence des réserves hydriques dans le sol ou pour les reconstituer. Après une période de recharge qui va d'octobre à février, elles sont consommées rapidement en mars-avril-début mai; de la mi-mai à la fin septembre, le déficit en eau ne cesse de croître et la situation peut être encore plus critique lorsque le total des pluies tombe en dessous de 400 mm, ce qui peut se produire une année sur deux. Cependant nous ne sommes pas dans la situation du bassin aval du Segura où l'irrigation, « de complémentaire qu'elle est à l'amont, devient ici vitale » (Herin, 1975, p. 74). L'humidité relative est toujours supérieure à 60 % sur la frange littorale, même pendant les mois d'été, ce qui explique que le coefficient xérothermique de Gaussen dépasse nettement le nombre moyen de jours de pluie (80 contre 66 à Valencia). Les rendements des cultures sèches ne sont donc pas très différents de ceux de bien d'autres régions espagnoles non méditerranéennes, et les cultures arbustives traditionnelles prospèrent aussi bien qu'ailleurs dans les *secanos* et les bassins tertiaires de l'intérieur. Mais si l'obligation « vitale » de recourir à l'irrigation est, d'après les moyennes, moindre qu'au sud, il reste que l'irrégularité interannuelle des précipitations peut compromettre les cultures sèches une année sur deux, et que tout effort d'intensification de la production passe obligatoirement par l'irrigation.

---

(14) Elías Castillo F., Giménez Ortiz R. (1965) : « Evapotranspiraciones potenciales y balances de agua en España », Ministerio de Agricultura, Madrid, p. 262.

B. Les ressources en eau

1. *Des eaux de surface irrégulières*

Les provinces de Castellón et de Valencia se partagent des organismes de taille (longueur et superficie des bassins versants) et de débit très variés:
— un fleuve d'échelle nationale, le Júcar, dont le bassin versant dépasse 20 000 km^2 et dont le réseau comporte quelques affluents de taille (Cabriel, Magro);
— deux fleuves d'échelle régionale, le Turia et le Mijares (bassin entre 4 000 et 8 000 km^2);
— deux rivières d'échelle provinciale, le Palencia et le Serpis (environ 1 000 km^2);
— enfin une série de petites rivières côtières dont le bassin dépasse rarement 500 km^2 et dont le nom (« rambla*, barranco*, rio seco* ») est évocateur du régime irrégulier et torrentiel.

A l'état naturel ces organismes souffrent de graves défauts, qui s'accentuent avec la réduction de leur bassin versant. Seuls le Júcar et le Turia ont un module supérieur à 10 m^3/s, car une bonne partie de leur bassin versant est comprise dans les massifs montagneux du Système Ibérique, où les précipitations dépassent en moyenne 600 à 800 mm/an. Pour les autres organismes, dont les modules tombent rapidement à 1 m^3/s, les bassins sont de plus en plus circonscrits à la façade littorale; enfin, pour tous ceux de la dernière catégorie, on passe de l'écoulement permanent à l'écoulement intermittent, avec une très longue sécheresse d'été. L'importance de l'évaporation et la grande étendue des surfaces calcaires expliquent que les cœfficients d'écoulement sont bas (0,16 à 0,18) et les débits spécifiques de l'ordre de 2,5 à 3 litres/s/km^2 de bassin. Comparés aux précipitations moyennes, les déficits d'écoulement sont énormes : de 300 à 500 mm/an.

On se trouve donc, comme pour le climat, dans une situation intermédiaire entre l'Aragon et la Catalogne d'un côté et le Sureste de l'autre. Dans le premier cas, le système de l'Ebre, bien alimenté par ses affluents pyrénéens (615 m^3/s à l'embouchure), est capable de supporter des saignées considérables pour alimenter des périmètres irrigués en plein développement. Dans le second cas (provinces d'Alicante, Murcie et Almeria), en dehors du Segura, aucun fleuve n'atteint 5 m^3/s de module, et l'extension des irrigations passe par le recours aux nappes souterraines et à l'eau du bassin du Tage.

Le régime hydrologique, essentiellement pluvial méditerranéen, suit de très près la courbe des précipitations et subit de fortes variations interannuelles:
— étiages marqués en été, qui transforment la plupart des fleuves côtiers en *rios secos* aux larges lits cailouteux parsemés de lauriers roses;
— hautes eaux de saison froide souvent inaugurées par des crues d'automne.

Celles-ci sont parfois catastrophiques, car elles sont capables d'écouler des volumes d'eau dévastateurs pouvant atteindre plusieurs milliers de m^3/s. Ainsi de la tristement célèbre crue du Turia qui, en octobre 1957, noya la ville et la Huerta de Valencia sous un torrent d'eau et de boue, causant une cinquantaine de victimes et des dégâts matériels évalués à l'époque à plusieurs milliards de pesetas. Le Júcar devait s'illustrer plus récemment par une crue centenaire qui ravagea sa Ribera en octobre 1982 (Cuadernos de Geografía, 1983).

2. *Des eaux souterraines abondantes*

La géomorphologie particulière du littoral valencien juxtapose brutalement deux types de reliefs:
— Des massifs et des sierras littorales qui se caractérisent par une grande importance des séries calcaires et des intercalations imperméables, dans une structure complexe, riche en plis et en fractures, dont les montées

triasiques jouent un rôle non négligeable. Elles sont le fruit de la rencontre dans cette région de deux grands systèmes structuraux : le Système Ibérique au nord, d'orientation dominante NE-SO, et le Système Bétique au sud, d'orientation SO-NE. On y trouve donc tout le cortège des phénomènes karstiques et les bons réservoirs hydrogéologiques sont nombreux.

— Des piémonts et des plaines littorales, d'origine détritique et fluviatile, dont les formations caillouteuses, sableuses, limoneuses et argileuses constituent autant de réceptacles pour les nappes phréatiques alimentées par les fleuves et les massifs réservoirs bordiers. Les eaux souterraines ne manquent pas, et les aquifères représentent, dans la plaine littorale comme sur les piémonts secs, plus de la moitié des ressources en eau disponibles.

Les sources et les résurgences sont nombreuses dans un relief fortement karstifié : elles se trouvent soit au contact du cadre montagneux (« font »), soit sous forme de résurgences dans la plaine littorale et jusque dans les lagunes (« ullal »). Les agriculteurs les ont mises à profit pour l'irrigation, en créant des communautés autour d'elles. Quelques-unes dépassent la centaine de litres/s et alimentent des périmètres à l'échelle communale ou même pluricommunale. Ainsi la Font de Quart, au nord de Sagunto (« los Valles ») reste l'exception par l'importance et la régularité de son débit : son module supérieur à 1,5 m^3/s permet d'arroser plus de 2 000 hectares sur les territoires de 7 communes. La plupart des sources fournissent des débits de quelques dizaines de litres/seconde seulement, sont plus irrégulières et peuvent souffrir d'étiages estivaux : elles ont été souvent aménagées avec des galeries de captation (« minas ») ou même des puits avec pompage forcé en été.

3. *Le bilan dans le bassin moyen et aval du Júcar et du Turia*

Dans le cadre du plan national de recherche des eaux souterraines, l'Institut Géologique et Minier d'Espagne (I.G.M.E.) et l'Institut de Réforme et Développement Agraires (I.R.Y.D.A.) ont dressé un bilan des ressources hydrauliques des bassins moyen et aval de l'ensemble Júcar-Turia (1975)[15]. Cet ensemble s'étend sur 32 000 km^2 et recouvre la totalité des provinces de Valencia et de Castellón, le nord-est d'Alicante et le sud de Teruel. Au total, l'eau n'est pas rare dans le bassin, et les ressources souterraines (2.114 Hm^3) sont presque aussi abondantes que les ressources superficielles (2 876 Hm^3). L'eau de surface est surtout utilisée à des fins agricoles, pour irriguer près de 100 000 ha, avec un important débit non employé : des 2.600 Hm^3 dérivés, moins de la moitié (1.100 Hm^3) est effectivement utilisée. Les eaux souterraines pompées sont beaucoup moins importantes (620 Hm^3) et utilisées pour 39 % par les agglomérations (231 communes) et l'industrie. Elles sont cependant plus efficaces que les eaux de surface puisqu'elles irriguent pour une bonne part des vergers d'agrumes moins exigeants en eau que les cultures de huerta.

C. Aménagements et gestion de l'eau

1. *Les eaux de surface : des barrrages-réservoirs tardifs*

Dans sa thèse, J. Brunhes présentait comme un avantage le fait qu'« il n'y a pas, du cap de la Nao au delta de l'Ebre, un seul grand barrage-réservoir » (1902, p. 80). Les prises directes, créées en dérivation par

---
(15) Coma Guillen J., Peralta Toro F., Nguyen Quang T. (1977) : « El funcionamiento de la cuenca media y baja del rio Júcar », Simposio Nacional de Hidrogeología, Valencia, 25-29 oct. 1976, Asoc. de Geólogos Españoles, Grupo de Trabajo de Hidrogeología y Recursos Hidráulicos, 2 vol., pp. 531-538.

les différentes communautés au long des fleuves, lui semblaient un système souple et bien adapté aux conditions naturelles régionales, dont il faisait un « type valencien » dans son classement des formes d'irrigation. C'était toutefois faire peu de cas des insuffisances notoires de l'irrigation que chaque période de sécheresse faisait apparaître, et de la complexité, de la minutie et du caractère souvent coercitif des règlements d'arrosage; d'autant qu'à cette date, l'irrigation par puits et pompes ne cessait de se développer en dehors des périmètres des canaux : elle couvrait déjà une dizaine de milliers d'hectares dans la province de Valencia.

En fait, les projets de barrages-réservoirs existaient déjà, puisqu'ils remontaient au milieu du XIXe siècle (1855 pour le Turia). Mais rien de décisif ne fut mis sur pied avant le grand Plan de Travaux Publics de 1902, à la suite duquel les premiers projets se concrétisèrent. Mais ce furent, dans un premier temps, de quasi-échecs. Le barrage de Buseo, terminé en 1912, sur un petit affluent de rive gauche du moyen Turia, était, avec une capacité de 7,5 Hm^3 et un taux de remplissage très variable, incapable d'influer valablement sur le régime du Turia. Le barrage de María-Cristina, construit en 1925 sur la Rambla de la Viuda, affluent principal du Mijares, dans l'immédiat arrière-pays de la Plana de Castellón, était trop mal alimenté pour être efficace. Il fallut attendre que le barrage de Sichar dérive vers lui une partie des eaux du Mijares pour que le lac joue un rôle dans la régulation des eaux d'irrigation de la Plana.

Ce n'est qu'après la guerre civile que les idées et les projets de M. Lorenzo Pardo (1933), dont certains avaient connu un début de réalisation, aboutissent, sous la forme d'ouvrages régulateurs adaptés à la taille des organismes à domestiquer. Outre la fourniture d'électricité, considérable dans le cas du Júcar, du Cabriel et du Turia, l'intérêt de ces barrages était multiple:

— régularisation intermensuelle des débits des fleuves, en retenant les hautes eaux d'hiver et en alimentant les débits d'été à l'aval, selon les besoins des canaux d'irrigation;

— diminution du danger des crues dans les plaines littorales;

— régularisation des apports d'eau agricole et extension des périmètres d'irrigation par la construction de nouveaux canaux;

— satisfaction des besoins accrus en eau urbaine et industrielle.

Le premier objectif a été à peu près réalisé, et les périmètres irrigués par les eaux de surface redoutent moins, depuis une vingtaine d'années, le manque d'eau estival, sauf si une sécheresse persistante vient compromettre la reconstitution des réserves hivernales des grands barrages. Cette situation n'est cependant pas l'exception, puisqu'elle s'est déjà rencontrée deux fois depuis : après les années relativement sèches de 1972 à 1974, et surtout à la suite de la sécheresse générale de 1978 à 1981 qui a réduit à néant les réserves des barrages et obligé les communautés d'irrigation de la plaine littorale à remettre en vigueur certaines dispositions restrictives dans la répartition de l'eau (« tandeo »*).

Mais la qualité de la régulation dépend de la taille des réservoirs : seuls les plus vastes, sur le Júcar et le Turia, ont été capables de renverser le régime naturel des fleuves en emmagasinant les hautes eaux hivernales pour les reporter sur l'été à l'aval[16]. Les barrages plus modestes sur le Palancia, le Serpis, et le Mijares (jusqu'en 1977) doivent laisser échapper une bonne partie des hautes eaux d'hiver, alors qu'ils terminent presque à sec la saison estivale. Dans le Bajo Palancia, le déficit en eau de surface de la huerta de Sagunto est toujours d'actualité et des puits sont venus suppléer l'insuffisance de l'alimentation estivale de l'Acequia Mayor. Les communautés d'irrigation de la Plana de Castellón ont dû attendre la construction du barrage d'Arenos (1977), dont la capacité est trois fois supérieure à celle de Sichar, pour que les étiages d'été ne fassent plus problème.

La réalisation du second objectif dépend beaucoup de la situation géographique des barrages. Proches de la plaine littorale, donc de la base de l'éventail des rivières affluentes, ils écartent l'essentiel du danger des crues, comme sur le Mijares. Situés plus à l'amont, sur le cours moyen ou supérieur, ils ne jouent qu'imparfaitement ce rôle, car les pluies méditerranéennes d'automne sur la plaine littorale et les piémonts peuvent être d'une rare violence.

---

(16) Pérez Puchal P. (1967) : « Los embalses y el regimen de los ríos valencianos », EG MADRID, 28, n° 107, pp. 149-196.

Le barrage du Generalísimo, à Benagéber, n'a pas empêché la terrible crue du Turia de 1957 : elle fut alimentée en grande partie par le bassin versant moyen et par le rio Tuéjar, affluent de rive gauche venu de la Sierra de Javalambre. Elle a entraîné par contrecoup la réalisation de deux projets :

— la construction à Loriguilla d'un second grand barrage (71 Hm^3) sur le Turia, qui sert de contre-barrage à la production électrique de celui de Benagéber et de régulateur, étant donnée sa position, des eaux du Tuéjar;

— la déviation du cours du Turia à Valencia : l'ancien tracé au nord de la vieille ville est détourné au profit d'un nouveau cours creusé au sud de l'agglomération et capable d'écouler un débit de 10 000 m^3/s, largement supérieur à celui de la crue de 1957. Cette « solución sur » est un vieux projet enfin réalisé et intégré dans un plan d'urbanisme complet, dont elle est le premier élément.

Sur le Júcar, le barrage d'Alarcón, situé sur le cours supérieur du fleuve, dans la province de Cuenca, ne pouvait en rien empêcher les crues du bassin moyen et de ses affluents (Cabriel, Albaida, Magro) d'inonder pédiodiquement la Ribera Alta et Baja (en octobre 1969 et 1971, en novembre 1977). Un progrès est intervenu avec la régulation du Magro par le barrage de Forata (1965) et du Cabriel par celui de Contreras (1974), mais leur situation amont ne résolvait pas le problème des crues aval. Le barrage de Tous, construit de 1973 à 1978 à la sortie en plaine du Júcar, à 60 km de son embouchure, avait plusieurs finalités:

— réguler l'alimentation en eau des canaux agricoles de la Ribera (face à l'exploitation hydro-électrique des barrages du cours moyen, Embarcaderos, Millares);

— alimenter par pompage le nouveau canal Júcar-Turia;

— laminer les crues de la partie moyenne du bassin du fleuve.

Mais il avait, dans sa première phase de réalisation, une capacité totale réelle (53 Hm^3, contre 135 Hm^3 initialement prévus) trop faible pour l'importance des crues du fleuve; et sa situation sur le réseau hydrographique lui enlevait toute influence sur les affluents de rive droite de la Ribera Alta, *ríos* Sellent, Canôles, Albaida, venus des sierras du sud de la province de Valencia. Près des deux tiers du bassin du Júcar n'étaient donc pas suffisamment régulés, et la terrible crue d'Octobre 1982 est venue le rappeler en emportant le barrage et en provoquant une inondation catastrophique dans toute la Ribera : 300 km^2 inondés, 100 000 habitants affectés dans 25 communes, plus de 60 milliards de pesetas de dégâts.

Le troisième objectif est celui qui a reçu le moins d'attention de la part des pouvoirs publics jusqu'à une date récente. Si les communautés d'irrigation ont pu supprimer l'irrigation éventuelle et étendre leurs périmètres grâce à l'amélioration de leur dotation en eau, les huertas valenciennes n'avaient pas connu de nouveau canal depuis la construction de celui qui était issu du barrage de María Cristina en 1925, et qui arrosait la *huerta nueva* de Castellón[17].

Projetée depuis bien longtemps, l'irrigation du Campo de Liria, sur la rive gauche du moyen Turia, n'a été réalisée que tout récemment et après bien des atermoiements. Commencé immédiatement après la mise en service du réservoir de Benagéber, le canal-maître devait dériver 13 m^3/s pour irriguer environ 15 000 hectares de *secano* dans le Campo de Liria. Mais la lenteur des travaux et l'opposition des communautés de la Huerta de Valencia, qui craignaient d'être lésées dans leurs droits sur l'eau du Turia, retardèrent la mise en service du réseau jusqu'en 1978, lorsque la réalisation du canal Júcar-Turia vint lever l'hypothèque des irrigations aval. La mise en eau de ce nouveau réseau a correspondu avec la période de sécheresse persistante de 1978 à 1981, et la rupture du barrage de Tous (1983) a compromis l'alimentation du canal Júcar-Turia, de sorte qu'on a dû faire appel à des pompages de l'I.R.Y.D.A. Mais il semble que l'essor des surfaces mises à l'irrigation est en bonne voie : malgré les difficultés rencontrées, les surfaces irriguées ont augmenté de 2 800 hectares (+ 41 %) de 1977 à 1982[18].

Quant au canal Júcar-Turia, il a servi d'avantage à satisfaire la demande croissante en eau urbaine et industrielle de l'aire métropolitaine de Valencia, qu'à compenser les déficits en eau agricole, dont la demande diminue avec les progrès de l'urbanisation. Il avait aussi pour but d'arroser par gravité les terres du piémont

---

(17) López Gómez A. (1957) : « Evolución agraria de la Plana de Castellón », EG MADRID, 18, n° 67-68, pp. 309-360.
(18) Pena Gimeno J.E. (1983) :« Nuevos regadíos en la provincia de Valencia », VIII Coloquio de Geografos Españoles, Comunicaciones, AGE, Barcelona, pp. 526-533.

sec de la plaine littorale, entre les deux fleuves, situées au dessus de la vieille Acequia Real del Júcar : c'est en fait une zone où les irrigations par puits se sont développées très tôt, et où de ce fait les gains de l'irrigation collective ne peuvent être que réduits.

2. *Les communautés d'irrigation*

a. *Une grande diversité de tailles*

L'annuaire des communautés d'irrigation dressé en 1972 par le Ministère des Travaux Publics recensait, dans les deux provinces de Valencia et de Castellón, 233 communautés, qui regroupaient environ 170 000 irrigants sur 121 200 hectares, et dérivaient des débits de l'ordre de 133 m^3/s (somme totale des concessions accordées par l'Etat). La moitié d'entre elles gèrent moins de 100 hectares, soit au total 4 % seulement des terres ainsi irriguées, tandis que les communautés de plus de 1 000 hectares, qui ne représentent qu'un dixième du total, gèrent 4/5 des périmètres gravitaires. Mais il faut souligner que la majeure partie des petites communautés se trouvent surtout dans la partie intérieure des deux provinces, où elles arrosent des huertas de vallée de faible dimension, à partir de rivières souvent peu abondantes. A l'opposé, les communautés de plus de 1 000 ha se situent toutes à l'aval des fleuves, dans les plaines littorales, domaine par excellence du « riego de pie » *. Chaque fleuve alimente ainsi, à proportion de son débit, un éventail de canaux, dont les plus anciens et les plus connus sont les huit *acequias* qui arrosent, depuis le Moyen Age, la Huerta de Valencia (photo 3). Ces périmètres le saignent progressivement de son eau, jusqu'à lui laisser un débit estival extrêmement faible à l'embouchure, quand il n'est pas nul : le module du Júcar est de plus de 50 m^3/s à son entrée en plaine à Antella, mais tombe à moins de 30 m^3/s à son embouchure à Cullera, après avoir alimenté 7 grandes communautés et irrigué 40 400 hectares (photo 4).

b. *Le partage de l'eau*

Historiquement, les communautés ont eu pour fonction de veiller à l'approvisionnement en eau de leur réseau, à proportion des droits qu'elles possédaient sur les débits fluviaux et des quotas qui leur étaient concédés selon des règles remontant souvent à la Reconquête, et de distribuer cette eau entre leurs irrigants.

Jusqu'à la régularisation récente des débits fluviaux, la première fonction n'a pas été exempte de difficultés lors des sécheresses estivales prononcées, sources de conflits entre les communautés d'amont, premières servies, et les communautés d'aval qui s'estimaient souvent lésées. Sur le Palancia et le Turia, ces conflits ne furent pas rares, car ils se doublaient d'une opposition entre les villages de droit seigneurial, « Pueblos Castillos » sur le Turia et « Pueblos de las Baronías » sur le Palancia, et les grandes communautés urbaines de la plaine littorale : Valencia dans le premier cas, Sagunto dans le second. Sur le Mijares et le Júcar, les conflits ne furent pas aussi aigus car, jusqu'à l'entrée en plaine, le cours montagneux et accidenté de ces deux fleuves ne favorisait pas l'implantation de périmètres irrigués considérables.

A l'intérieur de chaque communauté, la nécessité de parvenir à une utilisation totale et équitable de cette précieuse ressource a conduit à des systèmes minutieux et rigoureux. Ils ont été largement étudiés par les juristes, les historiens, les géographes, et ont façonné une des images géographiques les plus tenaces de la région : le « Tribunal de las Aguas », qui se réunit tous les jeudis à midi sous le porche des Apôtres de la cathédrale de Valencia, et qui juge des conflits dans les huit *acequias* de la Huerta, figure dans tous les guides touristiques depuis un siècle et continue d'attirer touristes et enfants des écoles.

Un véritable droit de l'eau, autant coutumier qu'écrit, s'est mis progressivement en place au cours de l'histoire, formalisé par les nombreuses interventions du pouvoir central[19]. Les ordonnances qui régissent le

---
(19) Aymard M. (1864) : « Irrigations du Midi de l'Espagne (Etudes sur les grands travaux hydrauliques et le régime administratif des arrosages de cette contrée) », E. Lacroix, Paris, 323 p., et Jaubert de Passa M. (1823) : « Voyage en Espagne dans les années 1816, 1817, 1818, 1819 », Huzard, Paris, 2 vol.

(carte postale datée 1921, collection de l'auteur)

Photo 4 : La « Casetta » de l'Acequia Real del Júcar à Antella

Cet édifice abritait les vannes de dérivation de l'*acequia* au barrage d'Antella sur le Júcar : construit à la fin du XVIIIe siècle, lors de la prolongation du canal par le Duc de Hijar, il fut détruit par la crue catastrophique d'octobre 1982

(cliché de l'auteur, 1970)

Photo 5 : Les vergers d'agrumes irrigués par puits à Náquera (Campo de Liria)

La progression des vergers, soutenue par des investissements d'origine citadine, se fait au détriment des cultures sèches, dont certaines sont encore visibles (vignes et oliviers). On notera la présence de jeunes plantations et des constructions abritant puits et pompes fonctionnement actuel des communautés sont presque toutes issues du XIXe siècle, et forment un compromis entre le respect de la coutume et le besoin d'une administration rationnelle et plus uniforme issue du « Siècle des Lumières ». A l'inverse de ce qui s'est produit dans les huertas du Sureste, le droit à l'eau n'a jamais été dissocié, dans les communautés valenciennes, de la propriété de la terre à irriguer. La pression sur les droits d'eau, la rareté de celle-ci n'ont jamais été telles qu'on aboutisse aux ventes d'eau que dénoncent A. López Gómez dans la province d'Alicante ou R. Herin (1975) dans celle de Murcie. Chaque parcelle reçoit une dotation qui n'est pas un volume, mais un temps d'arrosage, et qui forme un tantième de la dotation globale de la communauté. Elle peut varier aussi selon le type de culture (huerta, rizière, vergers), mais ces distinctions, d'ailleurs très générales, ont souvent disparu.

L'eau elle-même est gratuite : les droits d'arrosage (« canón de riego ») ne concernent que le fonctionnement administratif de la communauté et l'entretien de ses ouvrages. Cette forme d'irrigation n'est donc pas chère : on estime son coût à environ 200 F par hectare. La répartition de cette eau se fait selon une règlementation rigoureuse et étroitement surveillée, qui a été d'autant plus sévère que l'eau était plus rare : en période de sécheresse, un calendrier restrictif est mis en place, c'est le *tandeo,* ou la « tanda » *, pratiquement disparus avec les grands barrages, et resurgis à l'occasion de la grande sécheresse de 1979 dans quelques communautés de la plaine littorale. Aujourd'hui donc, et sauf exception, les conflits touchant le partage de l'eau entre les irrigants sont rares, car l'eau gravitaire est abondante.

c. *La gestion des communautés*

La participation des irrigants au fonctionnement des communautés est en théorie assez démocratique, dans la mesure où les seuils de surface possédée imposés pour cette participation comme électeurs ou éligibles sont assez bas. Si l'accès aux assemblées générales n'est guère limité, le nombre de votes y est souvent proportionnel à la surface possédée et l'accès aux charges électives de décision (« juntas de gobierno ») plus restreint. Ces règlements favorisent souvent les propriétaires les plus importants, fréquemment citadins, dès lors que toutes les grandes *acequias* ont leur siège dans une ville. Si les communautés de la Huerta de Valencia sont relativement démocratiques, le cas extrême est représenté par la plus grande communauté de la région, celle de l'Acequia Real del Júcar : le minimum nécessaire pour voter, 30 *hanegadas* (environ 2,5 ha), est nettement supérieur à la propriété moyenne des irrigants (0,8 ha) et exclut les 4/5 des irrigants de toute participation.

La « démocratie paysanne » des communautés d'irrigation était donc relativement « encadrée », d'autant plus que les périmètres étaient grands et que les propriétaires citadins absentéistes y étaient nombreux. E. Burriel parle à juste titre des classes sociales d'irrigants dans la Huerta sud de Valencia au XIXe siècle : les différentes catégories de propriétaires, bourgeois citadins, nobles, ecclésiastiques, agriculteurs, élisaient leurs représentants aux *juntas de gobierno* selon un véritable vote par ordre[20].

Mais le XIXe siècle libéral est passé là-dessus et il semble que, malgré leurs imperfections, ces communautés aient été un ciment assez puissant de la société paysanne fondée sur l'agriculture irriguée, autant ou même plus que les structures administratives et politiques civiles : elles géraient en effet un bien fondamental selon des règles immuables, compréhensibles par tous. Il ne s'agit pas d'y voir un modèle de démocratie directe, mais il n'est pas moins vrai que, dans le *regadío* valencien, la tradition républicaine a été forte et que le collectivisme agraire a revêtu pendant la guerre civile des formes modérées et organisées. Dans l'ordre économique, la coopération agraire, pourtant longtemps peu développée en Espagne, y a connu un développement modeste mais précoce, sous différentes formes : sociétés et syndicats d'arrosants autour des premiers puits, caisses d'épargne rurales, coopératives d'expédition des fruits et légumes.

---

(20) Burriel E. (1969) : « Importancia de la nobleza y la iglesia en la estructura de la Huerta de Valencia », EG MADRID, n° 115, pp. 307-313.

3. *Les puits : une croissance continue depuis la fin du XIXe siècle*

a. *Puits individuels et collectifs*

L'ancêtre du puits est ici la noria, qui pouvait chercher l'eau à quelques mètres de profondeur, rarement plus de 6, et qu'on rencontrait surtout dans la plaine littorale, où la faible profondeur de la première nappe phréatique facilitait l'extraction de l'eau. Les norias qui subsistaient ont été transformées à l'aide de moto-pompes, mais souvent abandonnées par suite de leur trop faible profondeur. L'approfondissement des puits a tari rapidement les nappes superficielles qu'elles pouvaient atteindre.

Le puits individuel est une forme relativement peu répandue car c'est un investissement coûteux que seuls les grands propriétaires citadins ont pu se permettre : il s'agit surtout de puits de débit faible ou moyen, et qui irriguent des surfaces allant de 2 à 10 ha. Les puits collectifs, plus nombreux et plus puissants, sont en général issus de l'association de propriétaires limitrophes, qui se sont réunis pour réaliser en commun une perforation et redistribuer l'eau ainsi obtenue par un système d'actions : une société se forme autour du puits, dont chaque propriétaire acquiert des parts en fonction de la surface qu'il veut irriguer. Il peut d'ailleurs les revendre, ou vendre à d'autres agriculteurs l'eau en supplément: le vieux principe valencien de l'eau liée à la terre n'est donc plus respecté dans ce cas. Le puits est en général profond et puissant : son débit se chiffre en milliers de litres par minute, et la surface irriguée en dizaines et quelques fois en centaines d'hectares.

Ces groupements ont été d'abord le fait de propriétaires paysans incapables d'assumer individuellement, comme les propriétaires citadins, les frais d'une perforation et d'un réseau d'irrigation. Dans quelques cas, des sociétés se sont formées pour creuser des puits et aménager des systèmes d'irrigation à la demande, comme « Riegos y Energía de Valencia ». Cette société à capitaux belges a participé dans l'entre-deux guerres à la mise en valeur des *secanos* de l'arrière-pays de Valencia. Elle est devenue elle-même propriétaire de domaines irrigués, et exportatrice d'agrumes. Les communautés d'irrigation elles-mêmes ont perforé des puits pour pallier les insuffisances de leur alimentation en eau ou pour étendre leur périmètre irrigué (Valle de Cárcer y Sellent, Plana de Castellón). Dans certains cas, les pompes peuvent venir à l'appui d'une irrigation gravitaire insuffisante, comme à Sagunto, ou irriguer un espace situé à l'aval des *acequias,* comme les rizières et le cordon littoral. La carte des puits est complémentaire, dans l'espace irrigué, de celle des irrigations gravitaires : ceux-ci se situent, sauf dans le cas des *marjales* et du cordon littoral, au contact de la plaine alluviale et de son cadre collinaire et montagneux. Les points forts en sont les glacis et les piémonts de la Plana de Castellón, l'arrière-pays de Valencia, et la frange littorale du Júcar au cap de la Nao.

b. *La forme d'expansion la plus remarquable*

C'est avant tout par les puits que l'irrigation s'est développée depuis un siècle dans notre région : la proportion du « riego de motor » *, qui n'était que de 10 % au début de ce siècle, est passée à 40 % en 1962, et peut être estimée actuellement à près de la moitié de l'espace irrigué (tab. 11). Alors que le *riego de pie* a peu évolué, celui *de motor* a multiplié ses surfaces par 7 depuis le début du siècle. Cet essor a été lié à la conjonction de l'économie et de la technique : le développement de l'exportation des agrumes a entraîné une vague de plantation de nouveaux vergers, qui se sont étendus hors des périmètres gravitaires traditionnels dès que l'amélioration des techniques de perforation et d'extraction de l'eau l'a permis. L'évolution des moteurs a été une condition nécessaire à cette croissance : machine à vapeur jusqu'à la première guerre mondiale, puis gaz pauvre, huile lourde et enfin électricité, qui l'emporte aujourd'hui, surtout dans les installations les plus puissantes.

• *Les périodes de croissance.*

La courbe de croissance de l'irrigation par puits est donc à peu près parallèle à celle des vergers d'agrumes. Elle présente comme elle trois périodes de forte progression : de la fin du XIXe siècle à 1914, de

1920 à 1934, et de 1950 à 1970. Ce sont bien les périodes d'essor de l'économie agricole d'exportation, de développement des relations économiques de la Région Valencienne avec le monde extérieur, séparées par deux crises : la première guerre mondiale d'une part, la guerre civile espagnole, la seconde guerre mondiale et son après-guerre d'autre part.

Tab. 11 : Evolution des modes d'irrigation dans les provinces de Valencia et de Castellón

	1900 ha	%	1962 ha	%	% Ev. 1900-62	1971 ha	%	% Ev. 1962-71
Valencia	89 500	100	134 500	100	+ 50	150 700	100	+ 12
Fleuves	79 500	89	91 600	68	+ 15	92 000	61	+ 0,4
Puits	10 000	11	42 500	32	+ 325	58 700	39	+ 38
(Agrumes)	(11 350)	(13)	(62 300)	(46)	(+ 449)	(85 700)	(57)	(+ 37)
Castellón	24 700	100	45 600	100	+ 85	51 900	100	+ 14
Fleuves	19 800	80	21 400	47	+ 8	22 000	42	+ 2
Puits	4 900	20	24 200	53	+ 395	29 900	58	+ 23
(Agrumes)	(12 800)	(52)	(29 000)	(63)	(+ 125)	(31 100)	(60)	(+ 7)

— *Source* : Ministères de l'Agriculture, des Travaux Publics, Chambres d'Agriculture de Valencia et de Castellón.

Pendant la seconde moitié du XIXe siècle, le développement des puits est lent, par suite du coût élevé des installations nécessaires, et des possibilités de planter des orangers dans les parties moins arrosées des périmètres d'irrigation gravitaire, car l'arbre exige moins d'eau que les cultures de huerta. L'expansion est beaucoup plus rapide après la première guerre mondiale, en particulier de 1921 à 1927 : les nouveaux moyens techniques, plus au point et de coût plus faible, permettent à un éventail de plus en plus grand d'agriculteurs d'avoir recours à cette forme d'irrigation et les surfaces ainsi irriguées auraient augmenté de 40 % de 1921 à 1927[21]. Dans certains cas, la revente de l'eau en excédent devient lucrative, et des sociétés se créent pour la perforation des puits, l'installation des pompes, les travaux de nivellement.

La longue période d'autarcie économique de la guerre civile et de son après-guerre, si préjudiciable au commerce des agrumes avec l'Europe, se termine avec les années cinquante, lorsque le commerce d'exportation reprend et, avec lui, les plantations d'agrumes. C'est alors une véritable fièvre, qui provoque une transformation intense des terres sèches en vergers irrigués. D'abord réalisées avec une débauche de travail humain tant que le sous-emploi et la politique économique maintiennent des salaires peu élevés, ces transformations font de plus en plus appel aux moyens mécaniques puissants et coûteux, au fur et à mesure que le coût de la main-d'œuvre augmente et que les sites transformables le sont de plus en plus difficilement. Bulldozers, perforatrices, explosifs sont mis en œuvre par des sociétés spécialisées, tandis que les investissements privés nécessaires, aussi bien citadins que paysans, sont soutenus par le crédit public ou privé : « Instituto Nacional de Colonización », « Banco de Crédito Agrícola », caisses d'épargne, banques privées. Dans la province de Valencia, les surfaces ainsi irriguées augmentent de près de 40 % entre 1960 et 1970 : des versants, des collines entières sont transformées en escaliers de terrasses, où on apporte jusqu'au sol arable, pour y planter les rangées d'agrumes dont les surfaces augmentent d'un tiers de 1960 à 1970.

Mais à partir de 1970, la tendance se renverse à nouveau et les transformations de *secano* en *regadío* ralentissent fortement, sous l'effet de la crise du marché des agrumes. Les perforations de nouveaux puits à usage agricole, enregistrées par la Délégation Provinciale du Ministère de l'Industrie à Valencia, connaissent

---
(21) García Ros L. (1922) : « Los pequeños riegos en la región de Valencia », III Congreso Nacional de Riegos, 1921, Valencia, pp. 99-139, et (1928) : « Fomento de los pequeños regadíos y las cuestiones jurídicas y económicas que plantea la moderna técnica », ponencia del tema VII, V Congreso Nacional de Riegos, Barcelona 1927, tome II, p. 205.

une baisse sensible, alors que les puits à usage industriel ne cessent de se développer. La même évolution est observée à Castellón, où les nouvelles perforations à finalité agricole deviennent rares après 1971, en même temps que la progression des agrumes ralentit.

- *Les zones de croissance*

La transformation progressive des anciens *secanos* en *regadío* par les puits a déplacé progressivement les zones de conquête de cette nouvelle irrigation. Avant 1936, celle-ci s'était développée surtout dans les communes déjà en partie irriguées de la plaine littorale, sur les bas glacis et versants qui échappaient, par leur altitude, au *riego de pie*. Ainsi, le piémont des collines tertiaires situées au sud de Valencia, entre Torrente et Carlet, et non irrigué par l'Acequia Real del Júcar qui en longeait le pied, a été progressivement occupé par les vergers d'agrumes et le *riego de motor* depuis le début du siècle, mais surtout dans la période 1920-1930 (Cartes au 1/50 000 I.G.C. Valencia 1944 et Sueca 1947).

La croissance postérieure à 1950 a continué à escalader ces pentes jusqu'à recouvrir parfois totalement les anciens *secanos*, comme sur les collines bordières de la plaine littorale au nord de Valencia, entre Moncada et Puzol : elles portent encore des cultures sèches sur la carte de Burjasot publiée en 1943, alors que les agrumes ont tout submergé dès 1975 (photo 5). Les pentes des sierras littorales ont été transformées en véritables escaliers de vergers en terrasses, d'Alcira à Jávea, jusqu'au pied même des escarpements calcaires. Mais ils ont pénétré aussi dans les vallées des massifs côtiers, en particulier dans la région d'Alcira et de Gandía, et débouché sur les piémonts et bassins secs de l'intérieur : Vall d'Albaida, Canal de Navarrés, Hoya de Buñol et Campo de Liria. Ce mouvement du littoral vers l'intérieur s'est accompagné d'une extension le long du littoral, vers le nord dans la province de Castellón, et vers le sud dans la Marina d'Alicante. On a assisté à un processus caractéristique de diffusion du *riego de motor* à partir des centres initiateurs de la plaine littorale, de Castellón à Gandía, dans toutes les directions possibles, autant par contagion touchant les agriculteurs locaux que par dispersion des investissements citadins allant chercher, de plus en plus loin, de nouveaux sites aménageables.

Dans la province de Valencia, le rythme de croissance du *regadío* dans les différentes *comarcas*, entre 1965 et 1970, rend bien compte de cette pénétration vers l'intérieur : les taux les plus élevés sont atteints dans le Campo de Liria (+ 31 %) et la Costera de Játiva (+ 18 %) alors que la croissance a été plus faible dans le Bajo Palancia (+ 7 %) ou dans la Ribera Alta du Júcar (+ 4 %), où les sites aménageables sont de plus en plus coûteux, et quasi nulle dans la Huerta de Valencia, dans celle de Gandía et dans la Ribera Baja, où il reste peu de *secano* à transformer. Dans la province de Castellón, l'extension des puits s'est faite autant sur les marges intérieures de la Plana (Onda, Bechí, Vall d'Uxó) que le long du littoral vers le nord, dans les petites plaines littorales de Torreblanca et de Vinaroz : par suite de conditions climatiques moins favorables, les fruits d'été y ont souvent pris le relais des agrumes dans les nouvelles irrigations. Mais la croissance la plus forte s'est faite dans le Bajo Marquesado, entre Pego et Jávea, où le *regadío* a augmenté ses surfaces de 66 % en 10 ans, uniquement par les puits et presqu'exclusivement pour les agrumes : des conditions climatiques beaucoup plus favorables facilitent la remontée des vergers le long des vallées des massifs côtiers, en particulier de celle du río Girona (Costa Mas, 1977).

c. *Une irrigation traditionnelle et coûteuse.*

L'irrigation par puits n'a pas introduit de nouveautés dans les techniques de distribution de l'eau par rapport aux périmètres des *acequias*. Le *riego de motor* devient un *riego de pie* à partir du moment où l'eau est extraite du sol : il en copie le système de distribution gravitaire et l'irrigation par inondation de la parcelle. Dans les extensions de la dernière décennie, les réseaux formés d'éléments préfabriqués de ciment ont été largement utilisés, mais on est frappé de voir que ces transformations, en particulier celles qui ont été financées par des propriétaires citadins, ont rarement innové au plan de l'organisation technique de l'irrigation. Les parcellaires restent morcelés et donc peu adaptés aux normes modernes d'exploitation : la mécanisation des travaux agricoles est difficile et la structure parcellaire est figée par le réseau d'arrosage. Il faut attendre les réalisations les plus récentes des capitaux extérieurs à la campagne pour voir apparaître des formes d'exploitation et d'irrigation nouvelles : réseau sous pression, irrigation par aspersion. Dans toute la province de Valencia, on ne comptait au recensement agraire de 1982 que 174 exploitations utilisant l'aspersion sur 1 014 ha, alors que le goutte-à-goutte faisait une entrée en force avec le développement des serres : 451 exploitations pour 805 ha.

Paradoxalement même, dans un premier temps, le parcellaire du *riego de motor,* calqué sur celui du *secano* transformé, était plus aéré que celui des huertas irriguées par *acequias,* où le morcellement foncier était beaucoup plus poussé. Mais par la suite, l'écrémage des sites transformables, l'obligation de rattraper des pentes de plus en plus fortes par des terrasses de plus en plus étroites ont pu conduire dans certains cas à une structure presque antiéconomique des nouveaux vergers d'agrumes.

- *La surexploitation des nappes aquifères*

La multiplication des perforations, l'absence de législation et de contrôle ont livré les nappes souterraines, longtemps mal connues par ailleurs, à une exploitation désordonnée et parfois source de gaspillage. Avec l'extension des pompages, les nappes superficielles (entre 5 et 10 m de profondeur), atteintes autrefois par les norias, ont été rapidement épuisées et les puits ont dû aller chercher l'eau à des profondeurs de plus en plus grandes. Dans les années 1920, la profondeur moyenne des puits se situait à 20-30 m dans la province de Valencia. Aujourd'hui la moyenne des perforations se situe entre 90 et 100 m, et dans certains cas les 200 m sont atteints. Cela dépend beaucoup des sites aquifères exploitables, mais dans les zones de transformation récente la profondeur est souvent moins grande que dans les périmètres déjà bien exploités : certains puits ont dû y être recreusés par suite de la surexploitation des nappes, surtout sensible en été.

- *Le coût croissant des transformations*

Le prix de revient de la transformation du *secano* en *regadío* n'a cessé d'augmenter, dans la mesure où elle était de moins en moins le fruit d'un investissement en travail de la part de l'agriculteur, ou du paiement d'une main-d'œuvre salariée de la part du propriétaire citadin, et de plus en plus le fruit d'un investissement en capital faisant appel à des firmes spécialisées et à des machines, aussi bien pour le puits que pour les aménagements de surface. Le puits, qui a longtemps représenté l'essentiel de l'investissement de transformation, n'en représente plus que 20 %, tant l'équipement de pentes fortes et souvent rocheuses a obligé à de coûteux travaux d'aplanissement à la mine et au bulldozer, et à l'apport de terre pour constituer un sol sur les banquettes. Il s'agit là d'une véritable création « ex nihilo » d'un paysage agraire, fabriqué de toutes pièces, sous l'aiguillon économique du marché d'exportation[22].

d. *Les conséquences économiques*

La diffusion de l'irrigation par puits a eu pour conséquence d'étendre les périmètres irrigués hors du domaine traditionnel des grandes *acequias* de la plaine littorale, et de transformer l'économie agricole des anciens *secanos* en les intégrant dans le système des huertas irriguées : c'est donc une sorte de front pionnier qui s'est développé à partir des noyaux traditionnels de l'irrigation, une marge qui a progressé par à-coups vers l'intérieur, beaucoup vers le nord, un peu vers le sud du littoral valencien.

Le résultat de cette expansion essentiellement individuelle, désordonnée et hâtive, est un coût de l'irrigation relativement élevé, d'autant plus élevé que les installations sont plus récentes. On estime que le prix de l'irrigation par puits est 6 à 7 fois plus élevé que celui de l'irrigation par *acequia* et représente en

---

(22) Gozálvez Pérez V. (1980) : « Las transformaciones de las laderas en naranjal en el país valenciano », Los paisajes rurales de España, Asoc. de Geografos Españoles, Valladolid, pp. 295-302.

moyenne 20 % des coûts directs de culture d'un hectare d'agrumes. Nous en trouvons confirmation dans le fait que les provinces de Valencia et de Castellón sont au premier rang des provinces espagnoles pour le coût moyen de l'irrigation par hectare : il y est aussi élevé que dans les provinces du Sureste (Alicante, Murcie) pourtant plus pauvres en eau. Au contraire, les provinces qui ont bénéficié de grands travaux hydrauliques destinés à créer de vastes périmètres collectifs (Saragosse, Séville, Badajoz, Lérida), ont des coûts unitaires d'irrigation beaucoup plus faibles.

Par la recherche constante des expositions et des pentes au détriment de la taille des parcelles, le *riego de motor* a contribué indirectement à accroître les frais de culture et de récolte des vergers d'agrumes. Ce qui n'était pas un problème dans une région de sous-emploi agricole et de bas salaires le devient dans une conjoncture nouvelle de réduction de la population active agricole et de hausse des salaires stimulés par la croissance économique à base industrielle.

Si l'agriculteur petit et moyen a pu participer aux premières extensions de l'irrigation par pompage, de façon individuelle, par un énorme investissement en travail personnel, il n'a pu le faire dans la dernière phase que de façon collective, en achetant des parts dans les groupements qui se constituaient pour forer les puits. Faute de quoi, il ne lui restait qu'à acheter de l'eau, selon ses besoins, au puits le plus proche. L'irrigation par puits a donc réussi à dissocier le droit à l'eau du droit de propriété, ce qui ne s'est jamais produit, nous l'avons vu, dans le *riego de pie* traditionnel.

D. Défrichements et drainages

La « faim de terre » a conduit les agriculteurs valenciens à occuper tous les sols cultivables, en aménageant au prix de coûteux efforts les zones encore incultes, dont la propriété communale ou domaniale n'était pas une protection suffisante contre ces empiètements. Ainsi les lits majeurs et même mineurs des fleuves et des *ramblas* ont été progressivement occupés et rétrécis par des champs et des vergers, surtout dans leur partie aval, où les écoulements étaient fortement réduits par les aménagements hydrauliques et les prélèvements de l'irrigation de l'amont. Le boom de l'oranger, après 1950, a vu la création de vergers en terrasses dans les *barrancos,* et des agriculteurs ont même installé des parcelles jusque dans les embouchures deltaïques du Mijares et du Palancia. Mais cela est peu de chose à côté de la conquête agricole dont le littoral valencien a été l'objet, parallèlement à la poussée des terres cultivables et de l'irrigation vers l'intérieur. Par suite de sa configuration particulière (vaste golfe de comblement dont la côte a été régularisée par des cordons littoraux appuyés sur des pointements rocheux et isolant des lagunes) il a offert à la faim de terre des agriculteurs deux espaces à aménager : le cordon littoral et les marais côtiers, où deux paysages différents ont été créés, l'« arenal »* et la *marjal*.

1. *L'arenal*

Les cordons sablonneux, dunaires, étaient occupés naturellement par une végétation arbustive halophile ou, dans le meilleur des cas, par une pinède (« dehesa »*), et utilisés pour le pâturage commun ou privé du bétail, éventuellement pour le bois. Du fait de la pauvreté de leurs sols, de la sécheresse estivale et de la salure du vent marin (« levante »), ils ont été conquis tardivement, en fonction de la pression foncière des agriculteurs sans terre. Les espaces protégés par une appropriation résistante, publique ou privée, ont pu conserver tant bien que mal leur couvert forestier jusqu'à nos jours, mais les autres ont été occupés depuis le XVIIIe et surtout le XIXe siècle, plus ou moins tôt selon la proximité et la « pression » des agglomérations agricoles. Au nord de l'embouchure du Serpis, aux confins des communes de Gandía et de Jeresa, le cordon littoral est encore incomplètement défriché au début des années cinquante : il est par contre depuis longtemps totalement cultivé au sud, où il forme une grande partie des finages communaux de Daimuz, Guardamar, Miramar et Piles.

Les cultures sèches ont été implantées en premier, la vigne en particulier, colonisatrice par excellence des terres peu fertiles, des sols minces, sablonneux ou caillouteux, et dont le calendrier agricole, les temps de travail bien groupés sont compatibles avec l'éloignement du chef-lieu communal. Elles ont été suivies, depuis la fin du XIXe siècle, par les cultures irriguées : cultures de huerta d'abord (melons, tomates, cacahuètes), puis vergers d'agrumes. Les agrumes, qui apparaissent sur les cordons littoraux à la fin du XIXe siècle, les envahissent dans les années 1950 et 1960, sauf là où des maraîchers professionnels ont maintenu des cultures délicates, en les abritant de plus en plus sous serre (Gandía, Cullera). Favorisées par les conditions climatiques littorales d'humidité et de température, ces cultures nécessitent cependant une fertilisation abondante et une protection efficace contre le *levante*.

Le défrichement réalisé sur des parcelles minuscules par de nombreux petits exploitants et journaliers[23] dans les conditions techniques d'un véritable jardinage a créé un paysage très particulier : petites parcelles grossièrement carrées, dépassant rarement une *hanegada,* entourées de haies vives de lauriers roses ou de cannisses. L'irrigation, d'abord fournie par des moyens rudimentaires, des norias puisant l'eau dans la nappe phréatique, s'est ensuite alimentée de pompages dans les canaux de drainage de la *marjal* proche ou de l'aval des réseaux gravitaires : à Valencia, au sud de l'embouchure du Turia, la communauté de la « Junta del Sequiol de l'Arena » utilise les excédents de l'Acequia del Oro, dernière dérivation de rive doite du Turia avant la mer.

Mais une forme d'occupation du sol plus récente a tendance à l'emporter sur l'agriculture : l'urbanisation des agglomérations portuaires et touristiques. Si les premiers « chalets »* et cabanes de vacances apparus à la fin du siècle dernier prenaient peu de place, le boom touristique récent a créé des « urbanisations » autrement encombrantes et créatrices d'un nouveau paysage « bétonné » de « playas » et de « marinas » qui s'allongent en front de mer, sur le cordon littoral, à intervalles réguliers, au droit de chaque agglomération importante.

2. *La marjal*

Les lagunes littorales et les marécages qui les entourent ont été affectés par un processus historique de conquête agricole qui ne laisse subsister aujourd'hui que les plus grandes d'entre elles, Estany de Torreblanca (au nord de Castellón) et Albufera de Valencia. Toutes les autres, s'il en subsiste encore des zones marécageuses qui s'inondent en hiver, ont été conquises à peu près totalement et transformées en espaces agricoles. Cette réduction des marécages s'est faite de façon à la fois individuelle et collective : individuelle pour le travail de défrichement et d'exhaussement des parcelles, collective pour la mise en place des digues et des réseaux de drainage et d'irrigation correspondants. Elle a été favorisée par la pression démographique des journaliers sans terre, par la présence d'une propriété communale ou royale qui ne s'est pas opposée en général à ces défrichements, et par la dynamique d'une culture propre à valoriser ces terres une fois drainées, la riziculture.

a. *Les nuances de la marjal*

Cette conquête historique a donc créé des paysages agraires qui ont repoussé la lagune et le marécage vers le cordon littoral et la mer, selon des modalités et des techniques qui ont évolué avec le temps et qui se traduisent aujourd'hui par des nuances qui s'échelonnent du cordon littoral vers l'intérieur.

Autour de la lagune, les rizières se situent au niveau de la nappe d'inondation et ont été la première forme de conquête des marécages. Leur parcellaire, dessiné par le réseau des digues de terre, des chemins en chaussée et des canaux, est plus ou moins vaste selon le type d'appropriation : grandes parcelles-blocs des propriétés aristocratiques ou bourgeoises anciennes, marqueterie des conquêtes laborieuses et individuelles des petits colons et des journaliers que le romancier valencien V. Blasco Ibáñez a décrites dans « Cañas y Barro » (« Roseaux et boue », 1902).

---

(23) Cucó Giner J., Romero González J. (1978) : « La estructura de la propiedad y los cultivos en Cullera (Valencia) durante el siglo XX », EG MADRID, 39, n° 152, pp. 347-362.

Plus en retrait, la « marjal de sao » (« de sazon » = prête à être cultivée) est un paysage alterné de terre et d'eau assez semblable aux hortillonnages : chaque parcelle a été exhaussée en utilisant la terre d'une large bande de marécage : l'agriculteur y circulait en barque et les cultures étaient irriguées par capillarité pour l'essentiel. La sécheresse estivale obligeait à des irrigations d'appoint faites avec des moyens rudimentaires, d'origine musulmane [24].

Plus élevée, donc plus sèche, la « marjal de rec » (de *regadío*) n'a pas nécessité de travaux d'exhaussement et présente des canaux de drainage moins importants. La capillarité ne suffit plus à irriguer les cultures et l'irrigation, de complémentaire, devient nécessaire : elle est obtenue par pompage des eaux de colature des réseaux gravitaires de la huerta voisine.

b. *Un paysage menacé*

Cette succession spatiale est aussi une succession chronologique, puisque ces différentes formes de mise en valeur ont pu historiquement se déplacer de l'intérieur vers la mer aux dépens les unes des autres. Les parties les plus internes sont les plus anciennement conquises et ce schéma a été modifié par les formes successives, individuelles ou collectives, que ces aménagements ont prises dans l'histoire.

Après une forte poussée des défrichements au XVIIIe siècle, le XIXe siècle voit apparaître, avec les nouveaux moyens de pompage, les premiers grands projets d'assèchement. Mais qu'ils soient publics ou privés, ils donnent rarement de bons résultats. Il faut attendre la seconde moitié du XXe siècle et la politique d'aménagement agricole mise en œuvre par l'I.N.C., puis par l'I.R.Y.D.A.: afin de faire l'économie d'une réforme agraire, le pouvoir politique favorise systématiquement les travaux d'hydraulique susceptibles d'étendre les surfaces irriguées, en même temps que les procédures foncières de remembrement. On assiste donc à une cascade d'interventions dans les *marjales* :

— aménagement des « golas » (graus) de l'Albufera : ouverture du Pujol en 1953;
— assèchement définitif des rizières de Puig et de Puzol en 1960-70;
— drainage des marais de Tabernes de Valldigna et transformation en huerta après remembrement parcellaire (1970-80);
— drainage des rizières de Pego-Oliva, remembrement et nouveau système de culture collective;
— mise sur pied d'un projet ambitieux d'aménagement des rizières de l'Albufera et de la Ribera Baja du Júcar, au vu de la mauvaise conjoncture économique de la riziculture.

Les vingt dernières années ont donc vu reculer fortement les zones de *marjal* pour deux raisons essentielles. D'une part la conjoncture économique a fait disparaître les rizières de toutes les petites *marjales* susceptibles d'être transformées sans trop de difficultés et a fait progresser les agrumes partout, même sur les marges humides des rizières (photo 6) [25]. D'autre part l'essor de l'urbanisation touristique sur le littoral a conduit à la consommation d'espace marécageux pour les fonctions récréatives : marinas, ports de plaisance (Tabernes Blanques), parc zoologique (Oliva-Pego), terrains de sport et de loisir (El Saler, Perelló, El Palmar). De même les sorties autoroutières de l'agglomération valencienne vers le nord, vers le sud et vers les plages du Saler ont été tracées à travers la *marjal*. Elles ont entraîné l'implantation de zones industrielles spontanées ou planifiées : « pista » de Silla au sud, « polígono industrial del Mediterráneo » au nord.

A travers cette transformation systématique de la *marjal* au bénéfice de fonctions qui la détruisent en tant que paysage agraire et naturel, c'est tout le problème du maintien de ces espaces lagunaires, et de l'Albufera en particulier, sur un littoral très densément peuplé et aux portes d'une agglomération plus que millionnaire, qui est posé [26].

---

(24) López Gómez A. (1966) : « La huerta de Castellón », Homenage a Amando Melon, Inst. de Estudios Pirenaicos y Inst. Elcano, CSIC, Zaragoza.

(25) Courtot R. (1979) : « Télédétection et évolution des cultures dans la Basse Vallée du Jucar (Espagne) », note, MEDITERRANEE, 37, n° 4, pp. 95-102.

(26) Rosselló Verger V. (1976) : « Evolution récente de l'Albufera de Valencia et de ses environs », MEDITERRANEE, 27, n° 4, pp. 19-30.

c. *Des situations variées*

La situation actuelle de chaque *marjal* est donc le fruit de l'histoire de son aménagement et du stade auquel la conquête agricole des terres ou la transformation au bénéfice de la nouvelle société urbano-industrielle sont parvenu.

• *Les marjales anciennes presque ou totalement conquises*

De faible étendue ou proches d'agglomérations rurales importantes, elles ont été transformées en hortillonnage ou en huerta, et ne se distinguent plus que par la structure parcellaire et le réseau de drainage. Les parties les plus basses et les plus humides n'ont pas toujours été totalement mises en valeur et peuvent s'inonder pendant l'hiver : c'est le cas des « estanys » d'Almenara, au sein d'une grande propriété (photo 1). Des menaces d'urbanisation peuvent peser sur elles, si elles sont proches d'une grande agglomération comme à Castellón, ou des menaces de salinisation des eaux et des sols, si elles restent purement agricoles comme à Moncófar. On peut ranger dans cette catégorie les *marjales* de Peñiscola, d'Oropesa, celles qui encadrent le delta du Mijares, de Benicasim à Castellón et de Burriana à Sagunto, enfin celle de Jávea.

• *Les marjales bonifiées ou en cours de bonification*

Elles ont été affectées par des opérations d'aménagement planifié qui conduisent à leur disparition en tant que telles et à leur remplacement par un nouveau paysage, agricole ou non. Ainsi de la *marjal* entre Palancia et Turia, qui subsiste encore au début des années soixante sous la forme de 1 200 hectares de rizières, sur les territoires littoraux des communes d'Albuixech à Sagunto. Ces rizières, qui étaient un élément secondaire du système agricole de la Huerta nord de Valencia, ont cédé la place à plusieurs opérations : la voie rapide d'accès nord à Valencia, une zone agricole nouvelle aménagée par l'I.R.Y.D.A. avec assèchement et remembrement, une zone industrielle de grande taille, le « polígono del Mediterráneo », enfin l'aménagement touristique des plages de Puebla de Farnals et de Puig.

Moins transformées, par suite de leur relatif éloignement de l'agglomération valencienne, les *marjales* entre Júcar et Serpis ont été aussi fortement réduites au cours des vingt dernières années. L'aménagement des rizières de Tabernes de Valldigna par l'I.R.Y.D.A., de 1968 à 1973, a transformé près de 1 000 hectares appartenant à 1 357 propriétaires : une opération de remembrement a réduit de moitié le nombre des parcelles, et le drainage et l'irrigation enterrée ont permis l'extension des cultures de huerta et des vergers. En outre, le développement des urbanisations touristiques de Gandía, Jeresa et Tabernes de Valldigna a créé un front à peu près continu d'immeubles et d'emprises de loisirs sur le littoral[27]. La *marjal* de Pego-Oliva a été l'objet d'une opération de bonification publique identique à celle de Tabernes, mais elle se solde pour l'instant par un quasi-échec, car les nouvelle coopératives d'exploitation n'on pu maintenir la mise en culture des nouvelles parcelles géantes, essentiellement par suite de l'insuffisance du drainage, impuissant devant un excès d'eau.

• *Les grandes marjales et les lagunes permanentes*

Deux seules subsistent : le « prat » de Cabanes-Torreblanca et l'Albufera de Valencia. Cette dernière est le témoin de toutes les formes successives et aujourd'hui antagonistes de la mise en valeur des *marjales* par l'homme:
— la survie difficile d'une activité de pêche lagunaire, autrefois vivante dans la communauté d'El Palmar, aujourd'hui complètement transformée par le tourisme de fin de semaine et la périurbanisation;
— la conquête agricole ancienne de la lagune par les rizières, elles-mêmes conquises à leur tour par la huerta et les agrumes;

---

[27] Arroyo Ilera F. (1979a) : « La playa de Tabernes de Valldigna (Valencia) », EG MADRID, 40, n° 154, pp. 75-104, et (1979b) : « Concentración y transformación en el marjal valenciano. El caso de Tabernes de Valldigna », EG MADRID, n° 156-157, pp. 341-367.

— l'essor sans précédent des activités touristiques liées à la proximité immédiate de Valencia : plage du Saler, urbanisation de la Dehesa, agglomérations touristiques du Perelló et du Perellonet. Elles « grignotent » la *marjal* depuis le cordon littoral, tandis que l'agriculture et les besoins de sol industriel la grignotent depuis l'intérieur des terres.

L'Albufera et ses marges sont donc devenues aujourd'hui l'enjeu d'un conflit entre les usages traditionnels et modernes de l'espace. Ce conflit résume les menaces qui pèsent très fortement sur ces espaces fragiles à bien des points de vue : menaces sur l'agriculture par suite de la mauvaise conjoncture rizicole et de la salinisation des terres par les pompages accrus des cultures de huerta, menaces sur les milieux naturels par la pollution urbaine et industrielle des eaux et par les remblaiements à des fins non agricoles. Il souligne la nécessité urgente d'une politique d'aménagement cohérente, qui définisse des options claires en fonction des formes antagonistes d'occupation de cet espace et en fonction de l'évolution géomorphologique des lagunes et des marécages, dont le destin est d'être, à une échelle chronologique différente de la nôtre, comblés par les apports alluviaux continentaux.

Conclusion

Si l'eau agricole ne manque pas dans les huertas valenciennes, l'imbrication des systèmes hydrauliques rend la situation compliquée et la cohérence n'est pas la qualité majeure des plans et des travaux qui ont eu lieu dans les bassins du Júcar et du Turia. Les communautés d'irrigation sont dans l'ensemble assurées de leur approvisionnement en eau, mais elles sont confrontées à des plans et à une gestion d'ensemble qui tiennent compte de plus en plus de la croissance urbaine et industrielle, et de moins en moins des intérêts agricoles. Les problèmes récents soulevés par l'alimentation en eau de la nouvelle usine sidérurgique intégrée de Sagunto, ou par l'évacuation des eaux usées de l'usine d'automobiles « Ford » d'Almusafes, en sont la preuve tangible.

On peut donc s'interroger sur cette sorte d'impuissance des communautés à envisager de façon globale les problèmes de l'eau. Le fait de partager trop longtemps la pénurie estivale n'a pas facilité les ententes entre communautés d'un même fleuve et la relative démocratie paysanne des communautés favorisait plus le gouvernement à court terme que les grands projets. Mais quand on sait la somme de travail et d'investissements qu'ont représentée les irrigations par pompage, on ne peut s'empêcher de penser qu'on aurait pu étendre les irrigations à moindres frais en améliorant les périmètres gravitaires. L'apparition des grands barrages a conduit les usagers à se mettre d'accord pour utiliser au mieux les réserves ainsi accumulées. Aujourd'hui c'est au sein de la Confédération Hydrographique du Júcar, dont la juridiction couvre tous les bassins versants du Cenia (Castellón) au Vinalopo (Alicante), et de sa « Comisaría de Aguas » que se retrouvent les irrigants. Face à l'administration et aux autres utilisateurs (villes, industries), ils y ont une place de moins en moins grande. C'est donc aux échelles supérieures de la province et de l'Etat qu'il faut chercher des réponses à ces carences : carences non de projets et d'idées, mais plutôt de volonté soutenue et de moyens de réalisation. L'histoire espagnole du XIXe et du XXe siècle semble bien présenter comme trait permanent le sacrifice des équipements économiques et sociaux aux nécessités d'une gestion politique à court terme. Même la 2e République n'a pu mettre à exécution bon nombre de ses projets par suite des nécessités de l'économie de guerre civile. Ceux-ci furent systématiquement repris par le régime franquiste, dont la politique de l'eau a couvert l'Espagne de grands barrages et d'énormes lacs-réservoirs. Mais il s'agissait de favoriser et de faire durer la base agricole de l'économie autarcique, source de stabilité sociale et politique, en faisant l'économie d'une réforme agraire.

Chapitre III

LES CITADINS ET LA TERRE

COMME dans beaucoup de régions ibériques et méditerranéennes, le poids des citadins dans la propriété foncière rurale est un phénomène ancien : il s'est, au travers d'une évolution complexe, renforcé jusqu'à nos jours. Le point de départ de cette évolution peut être situé au début du XIXe siècle, lorsque la guerre d'indépendance pose les bases de l'évolution et des problèmes politiques et sociaux qui affectent tout le XIXe siècle espagnol. Il s'agit à ce moment là d'une propriété essentiellement noble et ecclésiastique. Elle va progressivement disparaître en un siècle et demi, pour laisser place à une appropriation citadine moderne, de structure beaucoup plus variée.

L'évolution des droits seigneuriaux et de la propriété foncière agricole dans la région de Valencia, encore peu connue il y a une vingtaine d'années, a fait récemment l'objet d'une série de travaux et de publications des historiens et des géographes espagnols, dont R. Garrabou[28] a fait un excellent résumé critique : J. Brines Blasco (1978), A. Gil Olcina (1979), P. Ruiz Torres, M. Peset Reig, J. Romero Gonzáles (1983) apportent une vision claire des origines de la structure foncière actuelle, en insistant sur l'importance de l'emphytéose dans les relations entre le seigneur de la terre et l'exploitant, et sur celle de la législation abolitionniste du XIXer siècle libéral. La période de 1820 à 1840, qui voit l'abolition des majorats, des aliénations, le rachat des censives et des droits seigneuriaux, permet aux exploitants de transformer le domaine utile en propriété pleine et entière, tandis que la vente des biens du clergé (« desamortización »), des associations et des biens communaux (« bienes de propios ») permet à une nouvelle bourgeoisie foncière citadine d'apparaître.

Ce processus, qui aboutit à une structure foncière morcelée, mais en même temps marquée par la présence d'une moyenne propriété relativement forte et la faible importance de la grande propriété, est donc différent de celui qui a affecté la Nouvelle Castille ou l'Andalousie : dans ces deux régions, la noblesse a su, par l'usage de baux à court terme, conserver le domaine utile et le transformer en propriété directe, perpétuant ainsi la structure foncière latifondiaire originelle (Romero Gonzáles, 1983, p. 294).

---

[28] Garrabou R. (1983) : « Regimen señorial y reforma agraria liberal en el País Valenciano : nuevos planteamientos », notes, AGRICULTURA Y SOCIEDAD, n° 29, pp. 225-269.
Peset Reig M. (1982) : « Dos ensayos sobre la historia de la propiedad de la tierra », Editorial Revista de Derecho Privado, Madrid.
Ruiz Torres P. (1981) : « Señores y propietarios (Cambio social en el Sur del País Valenciano 1650-1850) », Institución Alfonso el Magnánimo, Estudios universitarios, Valencia, 403 p.

A. La situation au début du XIXᵉ siècle

L'excellent travail d'observation de l'abbé J. Cavanilles, qui voyage à travers le Royaume de Valencia de 1791 à 1794 [29] évoque, dès l'introduction, et en quelques lignes d'une grande clairoyance, les principaux problèmes de l'agriculture valencienne :

> « Malgré l'abondance, la variété et la richesse des récoltes du Royaume (de Valencia), la majeure partie de ses citoyens vit dans la nécessité et dans la pauvreté. Ce fait consternant semblera incroyable à celui qui ne tient pas compte du fait que ceux qui vivent du royaume sont innombrables. Outre le nombre prodigieux de ses habitants, il y en a un autre très grand de seigneurs qui tirent des sommes considérables de leurs rentes. Le royaume serait heureux si tous ceux qui en profitent y vivaient ou si au moins une bonne partie de leurs rentes était employée à développer les fabriques et l'agriculture, et à couvrir les nécessités de ces agriculteurs » (tome 1, Prologo, p. X-XI).

Tout y est : les fortes densités agricoles des zones de *regadío* (qu'il oppose à l'insuffisance du peuplement de certaines régions sèches) sont le fait de la croissance démographique de la fin du XVIIIᵉ siècle, et conduisent au morcellement des propriétés, au surpeuplement et à l'accroissement du nombre des journaliers et des colons des grands propriétaires. Ces propriétaires absentéistes, noblesse, clergé, bourgeoisie, pèsent lourdement sur l'agriculture, et leurs rentes foncières ne se réinvestissent pas dans le royaume, au détriment de l'agriculture et de l'industrie.

Nos propres recherches dans les archives des communautés d'irrigation, lorsqu'elles remontaient jusqu'au XVIIIᵉ siècle, comme à Villanueva de Castellón et à Sueca, et les travaux des géographes espagnols, permettent de mieux préciser la réalité de cette appropriation citadine.

A Villanueva de Castellón en 1799, les villageois ne possèdent que le tiers des 678 hectares irrigués de la Real Acequia de Escalona, le reste se partageant par moitié entre des propriétaires résidant dans les communes et les bourgs voisins et des propriétaires résidant à Valencia. Parmi les propriétaires citadins, les plus importants se recrutent dans la noblesse valencienne et les paroisses urbaines, dont les domaines irrigués sont toujours nettement plus grands que la moyenne. Voici donc une huerta, qui doit fournir une bonne partie des ressources économiques du bourg, largement dominée par l'appropriation extérieure : elle appartient pour les deux tiers à des non-résidents et pour la moitié à des non-agriculteurs, dont les plus importants sont des nobles, des ecclésiastiques ou des bourgeois de la ville de Valencia.

A Sueca, gros bourg de la Ribera Baja, dont les ressources découlent pour l'essentiel des rizières, les grands propriétaires de la communauté locale d'irrigation au début du XIXᵉ siècle sont là aussi le clergé et la noblesse ; mais parmi les propriétaires résidents, qui sont ici majoritaires en surface possédée, on note la présence d'une petite bourgeoisie foncière d'origine locale.

Dans son travail sur la Huerta sud, E. Burriel souligne le poids de la proximité immédiate de la grande ville : en 1794, la noblesse possédait 31 %, et le clergé 15 % des terres irriguées de la Communauté de Benatcher y Faitanar, une des *acequias* dérivées du Turia. Ces deux catégories de propriétaires possédaient alors 60 % des biens de plus de 10 ha, dont le reste était aux mains de la bourgeoisie citadine, laquelle possédait l'essentiel des biens de 1 à 10 ha, ne laissant aux agriculteurs que des micropropriétés (Burriel, 1971a).

Par l'analyse exhaustive du registre de la « Particular Contribución » de Valencia, J.L. Hernández Marco et J. Romero Gonzáles (1980) dressent un tableau complet de l'appropriation foncière dans la Huerta au début du XIXᵉ siècle : la noblesse et le clergé, qui ne représentent que 5 % de l'ensemble des propriétaires, possèdent 2/5 des terres. La bourgeoise urbaine (1/4 des propriétaires) en possède autant, et les ruraux, c'est-à-dire les habitants des communes périurbaines, qui forment le gros des propriétaires (les deux tiers), n'ont qu'un quart des terres irriguées. La plupart des propriétaires absentéistes afferment alors leurs biens à des colons, qui exploitent souvent de façon héréditaire les mêmes terres.

---

(29) Cavanilles A.J. (1795-1797) : « Observaciones sobre la Historia Natural, Geografía, Agricultura, Población y Frutos del REYNO DE VALENCIA », Madrid,; 2 vol. (2ᵉ édition, Zaragoza, 1958).

Faiblesse de la taille moyenne des exploitations, importance de la propriété noble et des biens de mainmorte, et présence d'une bourgeoisie citadine déjà rentière du sol, face à une masse de petits paysans et de colons, d'où émergent quelques agriculteurs aisés, voilà, semble-t-il, les traits essentiels de la campagne irriguée valencienne du début du XIXᵉ siècle. Une triple évolution allait s'y faire sentir: noblesse et clergé, bourgeoisie citadine, propriétaires paysans voient leur situation respective changer considérablement en un siècle et demi.

B. La quasi-disparition des grands propriétaires traditionnels

1. *La vente des biens du clergé*

Il s'agit d'un fait historique d'importance, par la masse des biens mis en vente en plusieurs étapes au cours du XIXᵉ siècle, et qu'on peut comparer, au plan de l'histoire agraire, à la vente des Biens Nationaux par la Révolution française. Mais le rôle économique et social de ce « désamortissement » commence seulement à être connu et précisé par des études historiques récentes ou en cours [30]. Pour le Pays de Valencia, la thèse de J. Brines (1978) fournit la première analyse détaillée du phénomène, après que E. Giralt (1968) ait tenté une première approche économique de cet énorme transfert foncier, qui situe la province de Valencia parmi les premières d'Espagne quant à la valeur des biens désamortis.

Le Royaume de Valencia, terre de reconquête ancienne, offrait en effet une bonne densité de grands monastères et la capitale ne comptait pas moins de 14 églises paroissiales, outre la cathédrale, et d'une trentaine de couvents (Houston, 1951). Une certaine partie de leurs biens consistait en immeubles citadins ou villageois, en granges, moulins, etc. mais l'essentiel était fait de bien fonciers, surtout dans les périmètres irrigués, dont les bénéfices étaient de loin les plus intéressants. Si la paroisse rurale n'avait que quelques *hanegadas* dans la huerta communale, les grandes paroisses urbaines et les couvents figuraient dans toutes les grandes communautés d'irrigation et parmi les grands propriétaires fonciers de la province. Le Chapitre de Valencia, l'église de San Martín, celle de San Andrés, apparaissent souvent dans les archives des communautés d'irrigation. Dans l'Acequia Real del Júcar, au milieu du XIXᵉ siècle, toutes les paroisses de Valencia sont propriétaires, et on note une assez bonne corrélation entre le nombre de leurs bénéficiers et la superficie de leurs biens.

C'est donc entre un cinquième et un sixième des biens fonciers de la province, en valeur, qui ont changé de main au cours du XIXᵉ siècle par suite de ce désamortissement. Au plan financier, l'achat de ces biens s'est traduit par une certaine décapitalisation de la province au profit de l'Administration centrale, dans laquelle E. Giralt (1968) voit la première vague d'investissements citadins vers la terre et un des freins à l'industrialisation régionale. Au plan social, le travail pionnier de J. Brines (1978), bien que limité au « trienio constitucional » (1821-1823), donc à la vente de quelque 7 000 ha, dont 500 irrigués, appartenant aux communautés religieuses masculines dans les trois provinces de Castellón, Valencia et Alicante, apporte des conclusions intéressantes. Parmi les acheteurs, il relève un grand nombre de membres de la haute bourgeoisie urbaine, surtout valencienne : le commerce, les professions libérales, les hauts grades de l'administration et de l'armée y sont bien représentés. Viennent ensuite la moyenne bourgeoisie et la noblesse, et en dernier lieu les propriétaires ruraux et les colons. Comme en France, les biens mis aux enchères ont été rarement morcelés et le plus souvent vendus en bloc ou en lots inaccessibles aux faibles moyens financiers de la paysannerie

---

[30] Ponsot P. (1972) : « Révolution dans les campagnes espagnoles au XIXᵉ siècle : les désamortissements (Revue des études récentes) », Chronique scientifique, ETUDES RURALES, n° 45, pp. 104-123.

locale. Il semble en outre que les acheteurs citadins sont de nouveaux propriétaires, et que beaucoup profitent de l'occasion pour investir dans la terre, soit afin de spéculer par sa revente, soit comme point de départ d'une appropriation qui, dans certains cas, a subsisté jusqu'à nos jours. A l'instar de la vente des Biens Nationaux en Bas-Languedoc (Dugrand, 1963), le désamortissement s'est donc traduit en gros par un transfert de la propriété ecclésiastique à la bourgeoisie citadine, dont le rôle économique et politique a été en s'affirmant tout au long du siècle : cette dernière classe sociale a tiré pour elle seule le bénéfice de l'évolution libérale, prenant la place de l'ancienne aristocratie en faisant l'économie d'une Révolution.

2. *La lente décroissance de la propriété nobiliaire*

Sans avoir la place qu'elle a tenue et tient encore dans les régions du sud-ouest de l'Espagne (Andalousie, Estrémadure et Nouvelle-Castille), la noblesse avait à Valencia de fortes positions au début du XIXe siècle. Au milieu du siècle, les contribuables fonciers les plus taxés, les propriétaires les plus importants dans les périmètres irrigués sont toujours des nobles. Leur part globale dans les surfaces agricoles, difficile à évaluer, doit se situer alors autour d'un dixième de celles-ci. Même si elles ne concernent pas que les terres agricoles, ni a fortiori que les terres irriguées, les listes des principaux contribuables provinciaux pour la richesse territoriale[31] signalent encore l'importance de l'appropriation foncière de la noblesse dans la province. Elle fournit 20 des 50 premiers contribuables (et plus de la moitié de leur richesse imposable cumulée), occupe les trois premières places et sept parmi les dix premières. Or, parmi ces nobles, 13 apparaissent comme membres de la communauté de l'Acequia Real del Júcar en 1855, ce qui souligne la part du *regadío* dans leur patrimoine foncier et le caractère traditionnel de l'appropriation foncière citadine dans les vieilles communautés d'irrigation.

Leur petit nombre est donc contrebalancé par une place économique non négligeable. La taille moyenne de leurs biens fonciers est en général élevée et ils dominent largement la grande propriété, aussi bien dans les terres irriguées que dans les terres sèches. Dans les périmètres de l'Acequia Real del Júcar la propriété noble a une surface moyenne de 11,4 ha, presque 8 fois supérieure à la moyenne générale et presque 3 fois supérieure à celle des propriétaires citadins de Valencia. Le faire-valoir indirect, qui repose sur de nombreux colons, n'est pas partout la règle et certains nobles suivent eux-mêmes l'exploitation de leurs terres : inspirés par l'idéal physiocratique du XVIIIe siècle français, ils cherchent à introduire de nouvelles cultures et de nouvelles méthodes dans l'économie agricole valencienne, ne se distinguant pas en cela de la nouvelle bourgeoisie terrienne, qu'ils côtoient dans la Société Economique des Amis du Pays, dont la présidence leur est en général réservée (photo 7).

Au cours du XIXe siècle, la situation de ces biens a peu évolué dans l'ensemble et l'évolution a pu être différente d'un point à un autre : dans la seconde moitié du siècle, la noblesse perd près de la moitié des terres irriguées qu'elle possédait dans la première section de l'Acequia Real del Júcar, alors qu'elle accroît ses biens dans les communautés d'irrigation de Sueca et de Villanueva de Castellón. Mais comme les surfaces irriguées ont augmenté partout, c'est d'un recul relatif dans certains cas, absolu dans d'autres, qu'il faut parler. Au XXe siècle, cette décroissance s'accélère avec la dislocation d'un certain nombre de grandes propriétés par le mécanisme des héritages, la vente de parcelles aux colons qui les cultivent dans les huertas, et la vente en bloc de grands domaines de *secano* à des citadins qui visent à les transformer par l'irrigation. Dans les communautés d'irrigation anciennes, cette appropriation noble a disparu à peu près complètement après la guerre civile et ne se maintient que dans quelques rares cas. Ce transfert, qui a surtout profité à la paysannerie locale, a été favorisé par les périodes de crise, donc d'érosion de la rente foncière en argent au bénéfice du colon, et par la législation nouvelle sur les baux ruraux qui protégeait mieux le locataire en lui facilitant le rachat des terres qu'il cultivait.

---

(31) Congost R. (1983) : « Las listas de los mayores contribuyentes de 1875 », AGRICULTURA Y SOCIEDAD, n° 27, Documentación, pp. 289-375.

(cliché de l'auteur, octobre 1977)

Photo 6 : Le paysage agraire de la Ribera Baja du Júcar et la gare de Cullera

Les *huertos* et les cultures de huerta accompagnent les « levées » du Júcar, au milieu des rizières (à l'arrière plan). Au second plan, la gare de Cullera où les wagons de TRANSFESA attendent les premiers agrumes à exporter

(carte postale ancienne, datée 1907, coll. de l'auteur)

Photo 7 : Le « castillo » de Ripalda à Valencia

Construit par le premier propriétaire foncier de la province, dans le quartier de l'Alameda, sur la rive gauche du Turia à la fin du XIXe siècle, il illustre l'influence des nouveaux styles architecturaux dans l'*ensanche* valencien (aujourd'hui disparu)

Certaines de ces propriétés ont pu être reprises par la nouvelle « noblesse » issue de la bourgeoisie acheteuse de terres au XIX° siècle : ses attaches avec la terre se sont traduites par une identification à l'aristocratie terrienne et par la recherche de titres nobiliaires. Cette dernière ne joue donc pratiquement plus aucun rôle aujourd'hui, et si nobles il y a dans l'appropriation foncière, ils sont le plus souvent issus de la bourgeoisie du XIX° siècle.

C. Les nouveaux propriétaires fonciers

1. *La situation au milieu du XIX° siècle*

La présence d'une appropriation foncière citadine déjà forte au milieu du siècle dans les huertas montre que le processus d'orientation des capitaux urbains vers la terre n'est pas récent, favorisé qu'il est par la présence d'une capitale terrienne qui rassemble déjà plus de 100 000 habitants, et d'un certain nombre de villes-bourgs localisées pour la plupart dans la plaine littorale. Le capitalisme valencien préindustriel, qui est essentiellement commerçant, financier et dans une moindre mesure fabricant, recherche souvent la rente foncière, dont l'intérêt va en s'accentuant avec la croissance des cultures d'exportation, l'intensification de l'irrigation et des cultures, la densification de la population des huertas.

Les zones de *regadío* sont celles où cette pression de la ville sur la campagne est la plus forte, par suite de la densité des villes et de la plus-value conférée à la terre et à la rente foncière par l'irrigation. Cette appropriation est avant tout valencienne, comme le montre l'étude détaillée conduite dans les archives de la plus grande communauté d'irrigation de la région, l'Acequia Real del Júcar[32]. Les villes extrarégionales n'y apparaissent pratiquement pas, sauf Madrid, dont les résidents possèdent une centaine d'hectares irrigués, pour le tiers formés de biens nobles. Et c'est essentiellement cette appropriation valencienne que nous suivrons dans son évolution, car c'est le meilleur réactif de l'ensemble de l'appropriation foncière citadine, plus difficile à suivre dans le cas des villes-bourgs fortement intégrées dans leur cadre rural. Au milieu du XIX° siècle, aucun espace irrigué n'échappe donc à l'appropriation citadine. Nous avons relevé, dans un certain nombre de communautés d'irrigation, des valeurs allant de 25 à 50 % de la surface irriguée pour l'appropriation des valenciens.

L'évolution postérieure de la propriété citadine a été en général croissante, orientée surtout vers les cultures irriguées et selon deux processus divergents. Dans un premier temps et jusqu'au tournant du siècle, elle s'accroît dans les périmètres des communautés d'irrigation traditionnelles, où elle est en concurrence avec la masse des petits paysans, dont elle réduit un certain nombre à la condition de journaliers et de colons. Dans un deuxième temps, depuis la fin du XIX° siècle, les citadins participent au grand mouvement de conquête de nouvelles terres à l'irrigation par les puits, dont ils se révèlent les principaux acteurs.

2. *La réduction de l'appropriation citadine dans les communautés d'irrigation*

a. *Les conquêtes progressives de la propriété locale*

Trois coupes exhaustives (1855-65, 1900 et 1969) pratiquées dans les registres d'irrigants (« padrones de regantes ») de l'Acequia Real del Júcar offrent une analyse chronologique complète (fig. 11).

---

[32] Courtot R. (1972) : « Irrigation et propriété citadine dans l'Acequia Real del Júcar au milieu du XIX° siècle », ETUDES RURALES, n° 45, pp. 29-47.

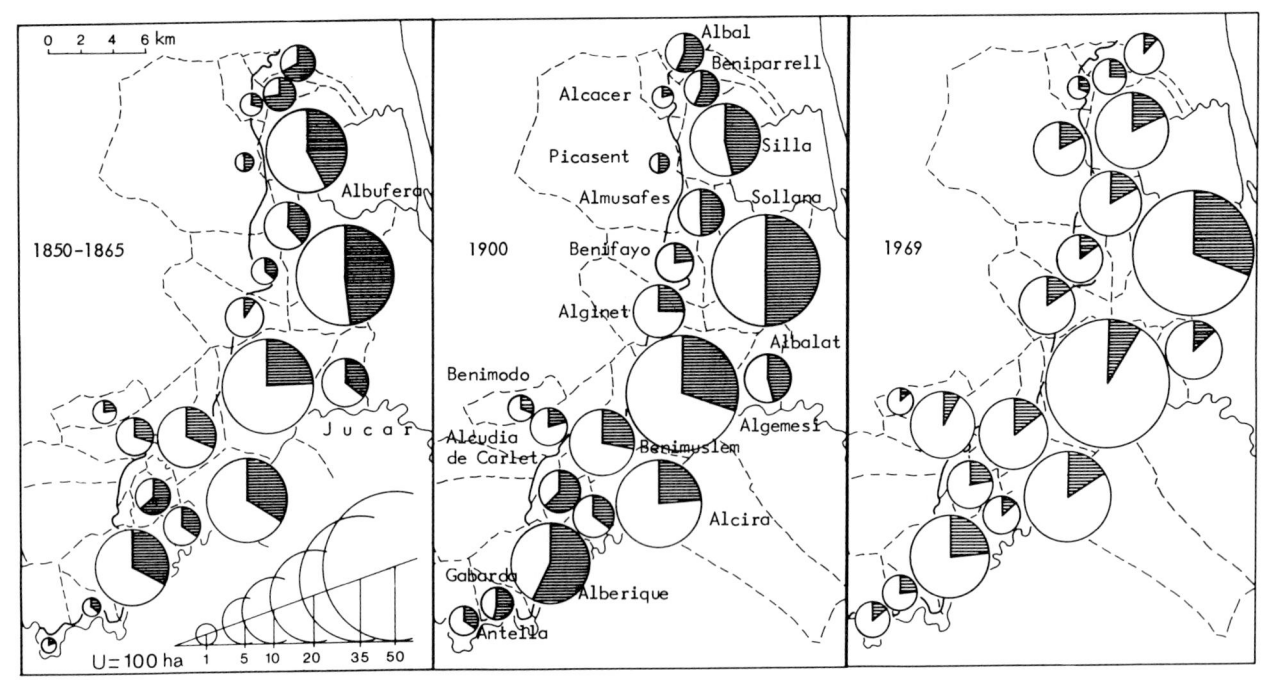

(*source* : Archives de la Communauté)

Fig. 11 : Les propriétaires de Valencia dans les terres irriguées par l'Acequia Real del Júcar depuis un siècle
Les cercles sont proportionnels à la surface irriguée dans chaque commune par l'Acequia Real. Le secteur hachuré représente la part de propriétaires irrigants résidant à Valencia

Dans un premier temps qui correspond à la seconde moitié du XIXe siècle, la propriété citadine, en particulier valencienne, ne cesse de croître en valeur absolue, à un rythme légèrement supérieur à celui des surfaces irriguées : les citadins ont profité de l'extension des périmètres, mais ils se sont aussi rendus acquéreurs de terres déjà irriguées, au détriment des autres catégories de propriétaires. Un sondage intermédiaire montre que la tendance se renverse à partir des années 1880 : l'appropriation valencienne stagne en valeur relative et, à partir de 1900, c'est sa valeur absolue qui commence à régresser. Cette évolution se traduit dans la structure des propriétés valenciennes : leur surface moyenne, qui n'a pratiquement pas bougé jusque là, commence à décroître. On peut y voir l'effet de la crise agricole des années 1880, qui détourne les citadins de l'investissement foncier dans les zones où dominent les systèmes agricoles traditionnels, au moment où la création de vergers d'agrumes hors de ces périmètres devient une affaire rentable.

Les valenciens ne sont pas seuls partie prenante dans l'appropriation citadine : le reste est formé par les habitants des gros bourgs ou des petites villes situées au milieu des périmètres irrigués : Alcira, Algemesí, Carcagente...Dans ces grandes communes, il est difficile de distinguer la propriété « paysanne » des agriculteurs de la propriété « urbaine » de la bourgeoisie locale rentière du sol: toutes les deux ont dû jouer pour faire en sorte que la propriété des terres de la communauté passe de plus en plus aux mains des habitants des huertas, après la poussée des « terratenientes » durant le XIXe siècle. Dans certaines communautés, les propriétaires locaux perdent du terrain dans leur propre finage jusqu'en 1900, et ce n'est qu'ensuite, surtout après les années 1920, qu'ils réduisent la propriété foraine à peu de chose.

Les trois cartes de la figure 11 résument cette évolution pour les propriétés des valenciens dans les terres de l'Acequia Real:

— croissance ou maintien de 1850 à 1900, sauf à Alcira, qui est la plus importante ville agricole du périmètre;

— réduction généralisée de 1900 à 1969, sauf à Sollana, où la propriété rizicole résiste mieux.

Ce schéma d'évolution, se retrouve, à quelques nuances près, dans les autres communautés d'irrigation dont nous avons pu étudier les archives depuis le milieu du siècle dernier : si les dates du maximum de l'appropriation citadine varient, les tendances de son évolution restent voisines. On notera cependant que la part des propriétaires locaux est d'autant plus forte, et la décroissance des valenciens d'autant plus précoce, que la communauté est animée par un centre plus peuplé (Villareal, Sagunto) sauf quand un élément particulier interfère : à Sueca, le poids de l'agglomération est contrebalancé par la présence des grands domaines rizicoles de l'aristocratie valencienne.

Dans les communautés d'irrigation proches de la capitale, l'évolution est à peu près identique, mais plus tardive, dans la mesure où l'influence urbaine s'y exerçait de façon quasi tyranique. Il est d'ailleurs aujourd'hui impossible de distinguer, dans la Huerta de Valencia, ce qui est appropriation citadine de ce qui ne l'est pas, par suite de l'extraordinaire imbrication socio-professionnelle des propriétaires, comme de l'imbrication spatiale des parcelles irriguées, cernées et refoulées de plus en plus par la croissance de l'agglomération.

b. *La fin du colonat*

La pression démographique rurale qui ne cesse de croître et la pression des petits paysans sur la terre des huertas ont donc fait reculer la propriété citadine dans les communautés d'irrigation. Par de gros sacrifices en travail et en épargne, ces agriculteurs ont fait disparaître progressivement le colonat en rachetant aux propriétaires citadins les parcelles qu'ils cultivaient :

« On calcule que dans la région d'Alcira près de 60 % des terres appartiennent déjà à ceux qui les cultivent. Autour de Valence, le nombre des paysans propriétaires augmente ainsi sans arrêt. La propriété est en train de se modifier profondément dans la huerta; au lieu du fermage de jadis, on se dirige vers deux types d'exploitation qui se développent parallèlement : 1° les petites propriétés possédées par ceux qui les cultivent; 2° les grandes propriétés qui, depuis le début du XXe siècle, ne cessent d'augmenter en nombre; » (Halpern, 1934, p. 161).

Les colons ont été aidés en cela par les conjonctures inflationnistes de guerre ou de crise, qui faisaient augmenter les prix des produits agricoles, donc le revenu du colon, tandis qu'elles réduisaient la valeur réelle de la rente foncière exprimée en argent, donc le revenu du propriétaire. Ce dernier, s'il ne voulait pas reprendre l'exploitation à son compte et s'il ne pouvait déloger l'exploitant, d'ailleurs protégé par la nouvelle législation sur les baux ruraux de la République puis du Franquisme (lois de 1935 et 1940), n'avait d'autre solution que de vendre à ce dernier, lequel avait momentanément des moyens financiers suffisants. C'est ce que signale explicitement, dans son étude sur le « fermage consuétudinaire valencien », R. Garrido Juan[33] : de 1941 à 1943, de nombreux colons ont acheté la terre qu'ils cultivaient, à Játiva, à Alcira et dans les communes de la Huerta sud de Valencia.

La conséquence en est donc la diminution ou même la disparition du faire-valoir indirect dans les zones d'irrigation traditionnelle. A Algemesí, dont les terres sont irriguées par l'Acequia Real, V. Castell Llácer[34] a montré que le fermage n'a cessé de décroître parallèlement à l'appropriation foncière des habitants de Valencia, à laquelle il était essentiellement lié. Il est passé, sur le territoire de la commune, de 625 ha en 1861 à 269 en 1964, tandis que cette appropriation tombait dans le même temps de 1092 à 137 ha. A Torrente, le faire-valoir indirect représentait encore 28 % du *regadío* et 13 % de l'ensemble des terres cultivées en 1931, mais avait pratiquement disparu au Recensement agraire de 1962.

Il a mieux résisté dans les communautés d'irrigation de la Huerta de Valencia, comme le montrent leurs archives : en 1921, le faire-valoir indirect affectait 85 % des 444 ha irrigués par l'Acequia de Mestalla, dans la périphérie nord de la ville de Valencia. La majeure partie de ces 376 ha appartenait à des habitants de la ville, parmi lesquels 24 nobles possédaient encore 71 ha, et une vingtaine de propriétaires, médecins, avocats, commerçants, possédaient plus de 5 ha chacun. C'est d'ailleurs surtout dans cette Huerta nord que se pose encore aujourd'hui le problème des derniers colons traditionnels. Exploitants depuis des générations, par

---
(33) Garrido Juan R. (1943) : « El arrendamiento consuetudinario valenciano », Aeternitas, Valencia.
(34) Castell Llácer V. (1971) : « El paisaje agrario de Algemesí », Depto de Geografía, Universidad de Valencia, 136 p.

l'intermédiaire de baux le plus souvent verbaux, les parcelles des propriétaires citadins, pour des fermages très dévalués, ils sont maintenant incapables de racheter les terres qu'ils exploitent, car leur valeur « urbaine » est devenue énorme : ils sont donc menacés, par la croissance de l'agglomération, d'une expulsion peu indemnisée. Cette situation juridique, héritée de l'histoire foncière, est peu ordinaire et sans équivalent dans le reste de l'Espagne : elle a donné lieu à un regroupement des colons, encore présents dans la périphérie nord de la commune de Valencia et les communes limitrophes (Alboraya, Albuixech, etc...), pour la défense de leurs intérêts et la reconsidération légale de leur situation dans le cadre de la nouvelle loi sur les baux ruraux.

Exception faite de ces derniers cas, c'est donc tardivement que le petit agriculteur des huertas traditionnelles est devenu propriétaire de la terre qu'il cultivait, surtout parce que les propriétaires citadins n'y avaient plus d'intérêt. Le système de production et la faiblesse des rentes détachaient ces derniers de leurs terres, car d'autres possibilités s'offraient de bénéfices beaucoup plus substantiels avec la création des vergers d'agrumes.

c. *La permanence des citadins à la tête des grandes communautés*

Malgré le net recul de leur appropriation dans ces communautés, les citadins y conservent un rôle actif car ils participent à leur gestion dans une proportion nettement plus forte que celle des surfaces qu'ils y possèdent. Deux faits favorisent et perpétuent cette situation acquise en général très tôt. La plupart des grandes communautés (plus de 1 000 ha irrigués) ont leur siège dans des villes. Dans les deux provinces, les 47 communautés qui ont leur siège dans une ville de plus de 10 000 habitants (sur un total de 218) regroupent les deux tiers de la surface totale des communautés. Les règlements (« ordenanzas »), sauf dans les communautés très anciennes et relativement démocratiques de la Huerta de Valencia, ont souvent tendance à favoriser les grands propriétaires, en liant le droit de vote à la surface possédée. Dans l'Acequia Real, le nombre de votes par irrigant augmente avec cette surface : 1 vote de 30 à 59 *hanegadas*, 2 de 60 à 89, 3 de 90 à 99, 4 de 100 à 179, 5 à partir de 180 *hanegadas*. L'obligation d'allonger les listes des participants aux « juntas locales » (assemblées des irrigants de la communauté dans chaque commune) jusqu'à ce qu'elles comptent au moins 12 résidents, la possibilité d'associer des propriétés jusqu'à obtenir une voix montrent que l'importance de l'appropriation foraine, et en particulier celle des citadins, risquait d'en exclure les agriculteurs locaux. Les propriétaires citadins ont d'ailleurs eu un nombre de voix nettement supérieur à leur nombre réel : 1,8 voix par propriétaire valencien en moyenne. Avec 28 % des propriétés de plus de 30 *hanegadas* dans la communauté, les valenciens portent ainsi 33 % des votes : s'ils n'en portent que 31 % dans les assemblées locales (où la limite d'admission peut s'abaisser, comme nous l'avons dit plus haut, en dessous de 30 *hanegadas*), ils représentent près de 36 % des éligibles dans l'assemblée générale. De ce fait, ils ont toujours dominé l'administration de l'Acequia, autant par le nombre de leurs représentants à l'assemblée générale que par leur place prépondérante dans la « junta de gobierno » et à la présidence, très souvent occupée par un notable de Valencia.

3. *Les citadins et l'irrigation par puits*

Dans l'essor des irrigations par pompage, décrites au chapitre précédent, les citadins ont joué un rôle essentiel par l'exemple qu'ils ont donné aux autres agriculteurs et l'impulsion qu'ils ont donnée à cette forme d'irrigation et à la culture qu'elle supporte, les agrumes. Les références historiques ne manquent pas, qui signalent la présence d'un propriétaire citadin, aristocrate ou bourgeois, au point de départ du mouvement, aussi bien dans les plaines littorales où il débute que dans les *secanos* intérieurs où il s'étend plus tardivement.

La première pompe à vapeur est installée vers 1850 par le Marquis de Montortal, grand propriétaire foncier de la Ribera du Júcar, pour irriguer un verger d'orangers sur le territoire de la commune de Carcagente. A Anna (Canal de Navarrés), le premier puits est creusé par la « Sociedad de Fomento y Defensa Agrícola », appartenant à deux frères d'une famille valencienne de grands propriétaires, sur les propriétés rachetées à la fin du XIXᵉ siècle au Comte de Cervellón. Notons au passage l'intérêt pédagogique de cet exemple, emprunté à A. Gil Olcina[35] : l'ancien seigneur territorial, représentant de la vieille noblesse foncière, cède des terres sèches et exploitées de façon extensive à une bourgeoisie plus moderne qui y introduit une nouvelle forme d'irrigation et un système de production plus intensif, sous la forme d'une société au nom évocateur du rôle qu'elle entend faire jouer à l'agriculture (« Développement et Défense Agricole »). Anna est ainsi la première commune de cette petite région intérieure où des puits modernes sont forés : l'exemple des citadins y est ensuite suivi par des groupements d'agriculteurs locaux.

Dans les *secanos* bordiers de la Huerta de Valencia, les citadins ont été les initiateurs de leur conquête à l'irrigation et de l'extension des vergers d'agrumes. Dès les dernières années du XIXe siècle les communes les plus proches de la ville sont touchées, surtout dans la banlieue sud-ouest. Le mouvement se propage plus loin dans l'entre-deux-guerres, mais c'est surtout après 1950 qu'il déborde largement sur les *secanos* plus éloignés, de Bétera au nord-ouest, du Pla de Cuart à l'ouest et de Picasent au sud. Le résultat de ce mouvement est donc une emprise croissante des citadins dans ce véritable front pionnier qui associe le *riego de motor* et les agrumes. A Corbera de Alcira (Ribera Baja du Júcar) un document cadastral de 1921 enregistre, selon le domicile des propriétaires, les orangeraies qui se sont développées sur des puits à l'écart de la huerta traditionnelle de l'Acequia Mayor: sur 349 ha, 60 seulement appartiennent à des habitants du village, contre 289 à des propriétaires résidant à Valencia et dans les deux petites villes voisines, Alcira et Sueca. Dans le Valle de Cárcer y Sellent (Ribera Alta du Júcar), la zone dite des « tierras altas », irriguée par pompage et occupée essentiellement par des orangers depuis 1930, présente une structure différente de celle de la vieille Acequia Mayor: les propriétés y sont plus vastes et les propriétaires citadins plus nombreux. Les valenciens y maintiennent leur position relative depuis 1930, alors qu'ils reculent nettement dans la huerta ancienne.

Le développement de l'exploitation directe des propriétaires citadins entraîne aussi une transformation sociale dans les campagnes par l'essor du salariat agricole, et un renforcement des relations ville-campagne par l'extraction directe de la rente foncière :

« Alors que la terre de huerta est divisée en parcelles qui sont parfois plus petites qu'une hanegada..., il n'y a aucune propriété d'orangers dont la superficie soit inférieure à un quart d'hectare; la majorité ont de 1 à 2 ha; on en voit un assez grand nombre qui ont 10, 20, 30, 40 ha; la plus étendue a 100 ha. Toutes ces terres sont exploitées directement par le propriétaire, alors que les champs destinés aux autres cultures sont en général affermés. Quand l'orangeraie est trop grande pour qu'un seul homme la puisse exploiter directement, le propriétaire y installe une ou deux familles pour en prendre soin, et il emploie des ouvriers agricoles pour tous les travaux d'entretien. De plus, il dirige tout lui-même. Habitant généralement la ville, il se rend chaque jour dans ses champs, examine, surveille; il serait, au besoin, capable de faire lui-même les travaux de ses ouvriers » (Halpern, 1934, p. 154).

Les transformations récentes ou actuelles sont aussi en grande partie le fait des propriétaires citadins : les investissements nécessaires à la conquête de terres sèches à l'irrigation et à la plantation d'agrumes ont été d'autant plus élevés que les sites facilement transformables ont été de plus en plus rares, et que les coûts de transformation en main-d'œuvre et en matériel ont augmenté avec l'essor économique des années 1960 et 1970. Si on y ajoute le prix du sol, gonflé par la spéculation sur les terrains susceptibles d'être transformés, on arrive très tôt à des coûts que l'on peu qualifier d'antiéconomiques : L. Font de Mora relève en 1971 des coûts de 53 000 F par ha en moyenne, dont 22 000 pour le prix du sol, 24 000 pour les terrassements et 7 000 pour le droit à l'eau d'irrigation. On comprend qu'à ce prix-là, « la transformation en orangeraies est de plus en plus affaire de capitalistes » (Perez Puchal, 1968, p. 119), et que les citadins, seuls capables de mobiliser des ressources financières extra-agricoles ou d'obtenir le crédit nécessaire auprès des banques ou des organismes officiels, s'y soient taillé la meilleure part.

Conclusion

La constance de ces investissements nous interroge sur le rôle des citadins dans l'orientation et dans la structure de l'économie agricole, et sur ses répercussions dans l'organisation régionale de l'espace irrigué. De

---

[35] Gil Olcina A. (1971) : « Evolución de cultivos y estructura agraria de la Canal de Navarrés », CG VALENCIA, n° 8, pp. 35-39.

toute évidence, les villes ont été les centres d'impulsion de bon nombre de transformations et d'innovations dans l'espace rural valencien. Outre le cas des irrigations par puits et des vergers d'agrumes on peut évoquer la généralisation de l'emploi du « guano » comme fertilisant dans les cultures irriguées, ou l'introduction de la charrue à soc et versoir, et du cheval breton plus résistant et plus puissant que les chevaux espagnols dans les terres lourdes de la *marjal*.

Ces innovations se sont répandues rapidement, car elles étaient soutenues à la fois par les agriculteurs ruraux et par les propriétaires citadins. La paysannerie du *regadío* était déjà relativement « urbanisée », familiarisée avec des formes d'économie monétaire ouvertes sur l'extérieur, et en même temps forcée en quelque sorte d'intensifier par tous les moyens ses systèmes de production sous la pression des densités rurales croissantes. Les propriétaires citadins, possesseurs d'une partie de cet espace, qu'ils exploitaient souvent directement, en tiraient une rente appréciable, qu'ils accroissaient par des réinvestissements de bénéfices agricoles ou non agricoles.

C'est donc un double courant d'argent qui, par cette appropriation citadine, lie la ville et la campagne. De la première à la seconde, c'est d'abord un mouvement d'achat de terres et de transformation des cultures. La masse monétaire ainsi mobilisée ne revient qu'en partie aux ruraux : au XIXe siècle, l'argent du désamortissement va dans les caisses de l'Etat, et les autres achats de terres ont pu se faire de citadins à citadins. Après cette première grande vague d'investissements, ceux-ci suivent en gros le mouvement du verger d'agrumes et des nouvelles irrigations par puits. Pour la dernière grande vague de plantation (1955-1970), L. Font de Mora (1971, p. 43) estime à 3,5 milliards de pesetas par an (280 millions de F) les sommes dépensées dans le Pays Valencien pour la création des nouveaux vergers d'agrumes: cela équivaudrait à 13 % de la production agricole brute d'alors, et absorberait une bonne partie de la formation de capital fixe agricole. R. Pérez Casado[36] a pu comparer ce mouvement d'argent de la ville vers la campagne à un « second désamortissement », par ses effets d'« enterrement » d'une bonne partie de l'épargne régionale dans des investissements agricoles de rentabilité aléatoire, au détriment des autres secteurs d'activités. Mais plus que par les achats de terre, qui ont pu être faits en partie à des citadins, ce courant monétaire est alimenté maintenant de deux façons : par les salaires que les propriétaires citadins versent aux nombreux journaliers et travailleurs à façon de leurs propres terres, et par les crédits et prêts dont bénéficie l'agriculture de la part des organismes officiels (Instituto Nacional de Colonización, Banco de Crédito Agrícola) et des organismes bancaires ou d'épargne. Une part non négligeable de ces aides financières est d'ailleurs allée à des propiétaires citadins, souvent mieux informés et mieux placés pour en bénéficier.

Le second courant a été d'abord essentiellement formé par la rente foncière, puis par les revenus agricoles directs des exploitations appartenant à des citadins. Mais ce mouvement, fortement dépendant des types de cultures et de la conjoncture des marchés d'exportation, est certainement peu de chose aujourd'hui auprès des ressources que les citadins tirent des activités induites par les agriculteurs et la production agricole : les services à l'agriculture, à l'amont comme à l'aval de la production, représentent une part non négligeable des activités de base des villes du *regadío*.

Cette orientation historique constante de la bourgeoisie citadine vers la terre n'est donc pas un phénomène nouveau, ni un phénomène relique. Les classes citadines dirigeantes ont entraîné vers la terre, vers l'économie agricole, bon nombre d'imitateurs parmi les classes moyennes, et joué ainsi un rôle essentiel dans la mise en place de l'armature économique régionale. Il ne s'agit pas en effet de n'importe quelle agriculture, mais d'une agriculture intensive, tournée vers les marchés d'exportation, et comme telle nécessitant de très nombreux services à la production. En outre cette orientation a privilégié l'espace seul capable de répondre au développement de cette économie, c'est à dire la zone littorale et sublittorale, à l'intérieur de laquelle les relations ville-campagne ont atteint une intensité maximum.

---

(36) Pérez Casado R., Avellà Roig J. (1973) : « El precio del suelo en el País Valenciano », Sigma, Banco Industrial de Cataluña, Valencia, p. 39.

Chapitre IV

L'ÉCONOMIE RÉGIONALE ET L'AGRICULTURE IRRIGUÉE

L E système de production irrigué et l'ancienneté de son extension ont fait de l'espace qu'il occupe le lieu privilégié d'intenses échanges intersectoriels, qu'on peut résumer par un graphe (fig. 12), dans lequel on a distingué schématiquement les secteurs d'activité selon la localisation de leurs centres de décision. On remarquera, dans ce graphe de relations, la position centrale du commerce d'expédition, qui est

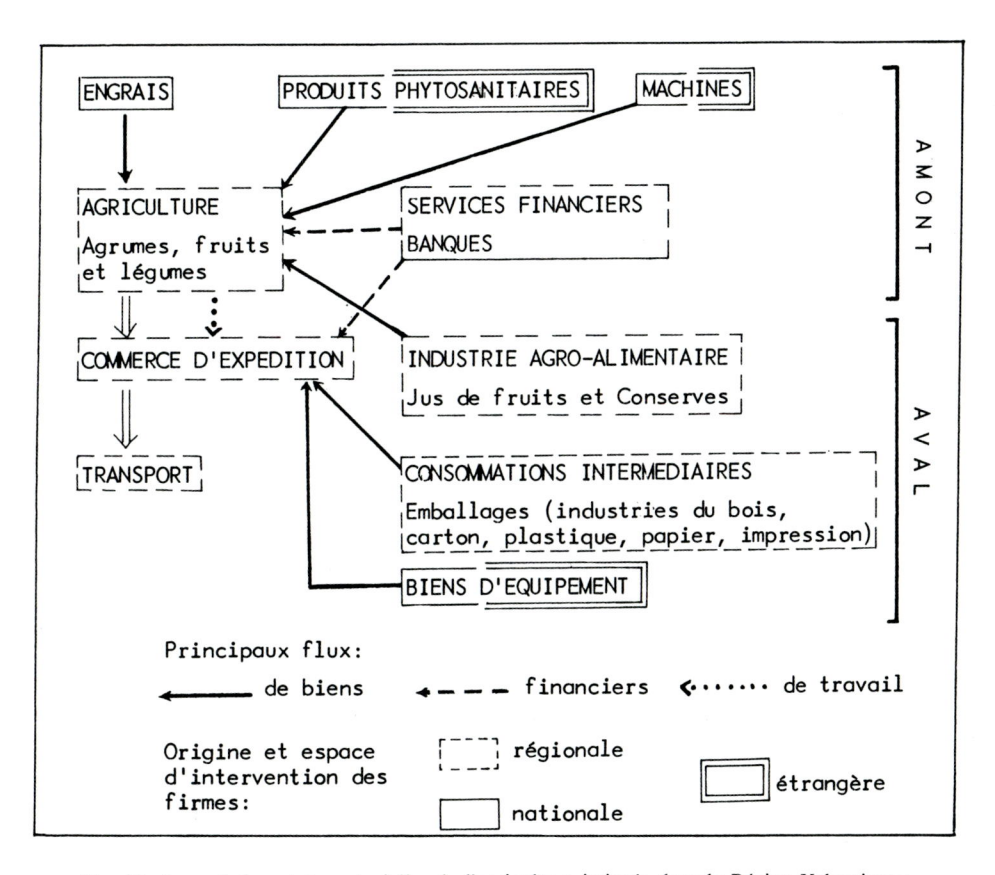

Fig. 12 : Les relations intersectorielles de l'agriculture irriguée dans la Région Valencienne

un des sommets essentiels, celui qui porte le plus d'arêtes, car il est le point de contact obligé entre la production agricole et la majeure partie des activités qui lui sont liées. En ce qui concerne la base spatiale des activités, on soulignera le caractère régional du tertiaire lié à l'agriculture, tandis que les activités industrielles, dont la place est réduite, sont souvent liées à des firmes d'origine nationale ou internationale.

A. Le commerce d'expédition des produits agricoles

De toutes les activités liées de près ou de loin à l'agriculture, c'est certainement la plus importante, par la demande de travail, de biens intermédiaires et de services qu'elle adresse aux autres secteurs : c'est ce qui en fait encore aujourd'hui un des secteurs-clé de la conjoncture économique régionale. Dans le *secano,* le vin est la seule production qui fasse l'objet d'un grand commerce d'exportation, tandis que dans les zones irriguées, pratiquement tous les produits, et particulièrement les agrumes et les cultures maraîchères, sont concernés. Cette étude portera sur le commerce des fruits et légumes, essentiellement sur celui des agrumes, qui sont au premier rang pour le volume et la valeur de la production, pour la « portée » du commerce qui touche l'ensemble du marché européen, et pour la demande de biens et de services aux autres secteurs d'activité.

Dans cette branche, le commerce d'exportation est beaucoup mieux connu que celui d'expédition sur le marché national : le franchissement de la frontière donne lieu à des statistiques douanières d'autant plus importantes que l'exportation des agrumes a été pendant longtemps une des grandes sources de devises du commerce extérieur de l'Espagne. A l'échelle régionale, le poids économique de cette activité a constamment attiré sur elle l'attention des autorités et des chercheurs, et l'orange, dans sa production comme dans son exportation, est certainement le sujet qui a alimenté à Valencia la littérature la plus abondante.

1. *Un grand nombre d'intermédiaires*

La commercialisation de ces produits frais et périssables repose sur des circuits complexes marqués par le grand nombre d'intervenants et la diversité des canaux de commercialisation, qui multiplient les intermédiaires entre le producteur et le consommateur : la majeure partie de la production passe par deux ou trois intermédiaires avant de parvenir au détaillant du marché national ou à l'importateur du marché extérieur. Dans les circuits des différents produits, on retrouve, avec quelques nuances, trois intermédiaires plus ou moins liés, qui réalisent les trois principales étapes de la commercialisation sur les lieux de production : l'acheteur (« corredor »), le conditionneur (« confeccionador ») et l'expéditeur (« exportador » sur le marché extérieur, « remitante » sur le marché national). Ces personnages peuvent exister indépendamment l'un de l'autre ou coexister dans un même agent : exportateur pour les agrumes, « corredor-confeccionador » pour la pomme de terre.

Les canaux plus directs, faibles il y a encore une quinzaine d'années, se sont développés avec l'essor des coopératives et des groupements de producteurs du côté espagnol, et avec l'intervention croissante des centrales d'achat des chaînes de magasins à grande surface du côté des importateurs européens. On assiste donc à une certaine simplification et à un raccourcissement des canaux de commercialisation : les coopératives de producteurs commercialisent déjà un cinquième de la production des agrumes et de l'exportation, mais beaucoup moins dans le cas des autres fruits et des légumes. L'expéditeur tend de plus en plus à intégrer les activités situées à l'amont, en transformant les anciens intermédiaires en simples salariés : ainsi l'acheteur de fruits sur l'arbre (« corredor de fruta »), personnage-clef du verger d'agrumes par la connaissance qu'il a de la production dans la petite région où il exerce, devient souvent le salarié des grands expéditeurs. Les relations de ces réseaux commerciaux avec l'espace rural et avec l'extérieur ne sont donc pas identiques et tissent des relations variées, et qui se superposent, entre les villes et les campagnes.

L'intervention de l'état a été, dans ce domaine, tardive et modeste. La mise en place d'un réseau de marchés d'expédition (« mercados en origen de productos agrarios ») confiée à une société nationale en 1971 (MERCORSA) a abouti, dans la province de Valencia, à l'apparition d'une nouvelle structure commerciale. MERCOVALENCIA, société d'économie mixte, a créé deux centres d'achat à la production à Masamagrell pour les artichauts (MERCOTURIA), à Alberique pour les agrumes (MERCOJUCAR). En 1978, cette structure a été réformée, un bureau de gestion a été installé à Valencia et trois zones d'action ont été retenues, avec des entrepôts loués et une activité plus ou moins saisonnière:

— Alberique (Ribera Alta du Júcar) pour les agrumes, et les autres fruits et légumes (entrepôt fixe permanent);

— Liria pour les oignons et les artichauts (saisonnier);

— Moncada (Huerta nord de Valencia) pour les pommmes de terre et les artichauts (saisonnier).

Cet organisme a rapidement accru ses volumes de commercialisation (20 000 tonnes en 1980, dont 40 % à l'exportation) car il présente des avantages pour le petit agriculteur là où les coopératives sont absentes et où ce dernier dépend du commerce privé. Mais il ne remplit pas les mêmes fonctions que les marchés d'intérêt national français, c'est-à-dire concentration de l'offre et de la demande à la production, autour des infrastructures nécessaires. C'est un canal de commercialisation de plus.

2. *Produits maraîchers et légumes de plein champ*

A quelques exceptions près, ces produits ne donnent pas lieu à une exportation notable et alimentent surtout le marché intérieur, tant régional que national. Artichauts, salades, poivrons, tomates prennent aussi le chemin de l'étranger, mais la région valencienne ne joue dans cette exportation qu'un rôle secondaire, après les huertas de Murcie et d'Almería. Ce sont à peu près les seuls produits à passer au départ par des marchés d'expédition (« centros de contratación »), qui fonctionnent d'ailleurs autant pour l'approvisionnement régional que pour les marchés lointains. Celui de Valencia, dont le volume de transactions est lié au débouché des produits de sa Huerta, et surtout à l'approvisionnement d'une agglomération plus que millionnaire, dépasse les 100 000 t de transactions par an (dont plus de 35 000 t de légumes d'origine provinciale). Tous les autres commercialisent moins de 10 000 t/an. Trois d'entre eux sont des marchés plus ou moins spécialisés, situés dans des bourgs agricoles de la Huerta nord de Valencia, où l'absence de structures d'expédition organisées a provoqué l'apparition de marchés « spontanés »[37] : Masamagrell pour les artichauts, Museros pour les tomates et Rafelbuñol pour les haricots verts drainent la production d'une dizaine de communes maraîchères. Au sud de Valencia, la création d'un certain nombre de coopératives dynamiques et bien gérées, Torrente, Benifayo ou Alginet, a attiré vers elles la production maraîchère, et les marchés ne réapparaissent que sur la Ribera du Júcar et plus au sud, dans les villes centre des huertas.

Oignons et pommes de terre sont deux cultures de plein champ dont le volume de production dépasse les 100 000 t par an et alimente une exportation considérable: la moitié des oignons et plus du quart des pommes de terre. La structure de la commercialisation fait apparaître ici le rôle essentiel du conditionneur et de l'exportateur, les marchés d'expédition et les coopératives n'intervenant que pour une faible part.

Dans le cas des oignons, dont la zone de production est relativement circonscrite à la Huerta de Valencia et au Campo de Liria, on relève de nombreux conditionneurs travaillant pour l'exportation : une soixantaine pour une exportation annuelle de plus de 120 000 t. Ils se répartissent dans les villages de la zone de production

---
(37) Fenollosa Fenollosa J. (1981) : « Los mercados espontáneos de hortilizas en l'Horta Nord », Crónica Valenciana, CG VALENCIA, n° 29, pp. 228-229.

en fonction de l'importance de cette dernière : seul Puebla de Vallbona, à mi-chemin entre Valencia et Liria, fait figure de pôle important par sa situation centrale dans l'aire de production. Leur activité, qui consiste à peler et à emballer les oignons dans des filets synthétiques, ne demande pas de gros investissements en bâtiments et en matériel : il s'agit surtout de petits et moyens grossistes de fruits et légumes, travaillant pour le marché intérieur, pouvant être à la fois « corredores », transporteurs ou même agriculteurs. Très peu d'entre eux sont en même temps exportateurs d'agrumes. La taille des firmes est difficile à estimer car, à l'inverse de ce qui se passe pour les agrumes, elles sont rarement spécialisées et commercialisent une gamme étendue de produits, tant sur le marché intérieur que sur le marché extérieur. On y remarque cependant une distribution statistique très étendue : un grand nombre de petites firmes (moins de 1 000 t exportées par an), un nombre plus restreint de firmes moyennes (de 1 000 à 10 000 t), et quelques grandes (plus de 10 000 t) qui traitent une part considérable du marché.

Leur distribution spatiale est contrastée : les petites et moyennes se situent en grand nombre et de façon assez régulière dans les zones de production, avec une certaine concentration dans les bourgs ruraux bien situés (Puebla de Vallbona pour les oignons, Puzol pour les fruits, Benifayó pour les cultures maraîchères) et dans les villes centres de petites régions agricoles (Gandía, Alcira, Cullera, Játiva). Mais une bonne partie de la commercialisation, surtout à l'exportation, est aux mains de firmes valenciennes, parmi lesquelles on rencontre les plus importantes. Celles-ci traitent en effet les 4/5 de l'exportation des pommes de terre de la province, les 2/3 de celle des oignons, plus du tiers de celle des fruits en général, agrumes compris.

3. *L'exportation des agrumes*

Bien que l'évolution actuelle du marché des agrumes donne une importance croissante au marché intérieur, et l'industrialisation de la production restant encore faible, le marché-roi reste celui de l'exportation, celui par lequel le « País Valenciano » est le plus connu en Europe occidentale, et celui qui a le plus contribué à son « image agricole ».

a. *Le sytème d'achat à la production*

Il a été clairement décrit par M. Liniger-Goumaz dans un ouvrage désormais classique sur l'orange d'Espagne (1962). Sur beaucoup de points les choses n'ont guère changé : essayons de les résumer rapidement.

L'exportateur achète la récolte d'un verger, soit directement par un salarié, soit par l'intermédiaire d'un « corredor », qui parcourt la zone de production dont il suit régulièrement la situation et recherche les fruits demandés. C'est un personnage important, rémunéré à la commission par l'agriculteur : il réside dans les bourgs-centres du verger, dont il connaît parfaitement l'état (variétés, maturation) dans sa zone d'action. L'achat du fruit sur l'arbre peut se faire de deux façons :

— « a ojo » (« à l'œil », c'est-à-dire à l'estime) : l'acheteur estime approximativement le nombre d'« arrobas »* (approximativement 12,8 kg) de fruits que donnera la récolte, parfois bien avant la maturation, et en offre un prix global, payable immédiatement. Cette méthode, autrefois générale, a fortement régressé et ne se maintient que pour les qualités précoces, toujours très demandées, et qui peuvent être achetées « en fleurs », dès le mois de mai, c'est-à-dire six mois à l'avance : elle représente actuellement moins du quart des ventes ;

« a peso » (au poids) : l'acheteur offre un prix applicable au poids exact de la récolte, qui se mesure et se règle au moment de celle-ci, moins une avance au moment de l'achat, qui peut s'élever à 40 % de la somme globale.

La récolte est toujours à la charge de l'acheteur, qui recrute ses propres équipes de cueilleurs et la transporte jusqu'à son entrepôt de conditionnement. Les fruits y subissent un certain nombre de traitement destinés à leur permettre de supporter le transport et à les présenter avantageusement sur les marchés de consommation. Selon l'état de maturation, ils peuvent subir, surtout au début de la campagne pour hâter les premiers envois à l'étranger, un « déverdissement » dans des chambres spéciales à atmosphère et température contrôlée. Ils sont ensuite conditionnés et emballés : calibrage, lavage, traitements chimiques de conservation et de brillance; étiquetage, emballage (caisses de carton ou de bois, filets ou « box-palettes »). De là, les fruits sont expédiés sur les marchés extérieurs, où ils sont pris en charge par les firmes importatrices étrangères.

L'exportateur apparaît donc comme le personnage-clef du système, puisqu'il prend en charge les fruits sur l'arbre pour les mener jusque sur les marchés d'exportation. La vente du fruit sur l'arbre, bien qu'elle ne favorise pas la transparence du marché, présente quelques avantages pour l'agriculteur : elle le décharge des frais de récolte et lui fournit rapidement de l'argent frais, en le libérant des risques climatiques postérieurs. Mais elle le place, en ce qui concerne la fixation du prix de vente, et malgré l'information économique dont il dispose sur l'état du marché, dans une situation dépendante de l'exportateur : celui-ci fixe ses prix d'achat de façon « remontante », en se basant sur les cotations des marchés extérieurs, qu'il suit en permanence. La marge de manœuvre des agriculteurs est réduite, puisqu'ils ne peuvent jouer, à court terme, que sur le moment de la vente (car les agrumes peuvent rester sur l'arbre plus ou moins longtemps selon les variétés et la climatologie) et à long terme sur les changements de variété en fonction de l'évolution générale de la demande des consommateurs.

C'est donc au niveau de l'exportateur que peut se faire une spéculation sur les prix de vente, par des achats anticipés ou même des reventes. L'orange n'est donc pas une culture directement spéculative, mais elle a été parfois commercialisée de façon spéculative. Les marges de cette spéculation sont aléatoires, dans la mesure où la formation des prix sur les marchés européens dépend de nombreuses variables: volume des envois espagnols et de leurs concurrents sur un marché dont l'élasticité n'est pas grande, qualité des produits expédiés, attirance de la clientèle pour les variétés offertes, situation douanière de l'Espagne vis-à-vis du Marché Commun, où figure l'essentiel de sa clientèle.

Pour l'exportateur, le système d'achat, souvent anticipé pour les variétés précoces afin de s'assurer à temps la marchandise des premières expéditions de la fin octobre, et le paiement total ou partiel du fruit avant même sa récolte posent de sérieux problèmes de financement : ils ne peuvent être résolus que par le recours aux banques, dont les crédits de campagne aux exportateurs représentent une masse financière considérable, et pour quelques-unes d'entre elles une part non négligeable de leur activité. Les milieux du commerce de l'orange ont d'ailleurs participé activement à la création du « Banco de la Exportación », en 1964 à Valencia : on comptait, en 1975, 7 exportateurs d'agrumes parmi les 16 membres de son conseil d'administration.

b. *Les firmes : un groupe contrasté*

On compte actuellement, pour les provinces de Valencia et de Castellon, près de 500 exportateurs de fruits et légumes, soit plus de la moitié des exportateurs d'Espagne : plus des 4/5 exportent des agrumes, et le plus souvent de façon exclusive. Ces exportateurs d'agrumes représentent 4/5 du total national des firmes de la branche et du volume d'agrumes exportés.

La répartition des firmes selon le volume exporté (tab. 12) est très contrastée : deux tiers d'entre elles exportent moins de 3 000 t chacune et ne représentent qu'un cinquième des tonnages expédiés, moins que les 14 exportateurs de plus de 15 000 t qui en expédient ensemble un tiers. Le reste (une petite moitié des exportations) est le fait d'une centaine de firmes moyennes. Dans le groupe de tête une firme, « Pascual Hermanos », exporte plus de 100 000 t d'agrumes par an, près du dixième de l'exportation espagnole d'agrumes, suivie d'assez loin par quelques autres entre 20 et 60 000 t.

On se trouve donc en présence d'un marché d'expédition dominé par quelques grandes firmes en situation oligopolistique, au milieu d'un groupe réduit de firmes moyennes et d'un grand nombre de petites et même très petites entités. La comparaison de cette structure à celle de la campagne 1973/74 ne montre pas de grands changements : après une diminution du nombre des firmes, par disparition des plus petites et par croissance du nombre et du tonnage expédié des moyennes et des grandes, on assiste depuis 1981 à une certaine stabilisation. En outre, la part relative des provinces de Valencia et de Castellón, toujours prépondérante dans l'exportation nationale, diminue lentement au profit de celle de Murcie, par suite du déplacement des nouvelles plantations vers le Sureste et de l'essor des exportations de citrons : pour la première fois en 1982/83 les firmes de la province de Murcie ont exporté plus d'agrumes que celles de la province de Castellón.

Tab. 12 : Les firmes d'exportation d'agrumes des provinces de Valencia et de Castellón
(selon le tonnage annuel exporté, en milliers de tonnes)

tonnes/an	Campagne 1973-1974				Campagne 1982-1983			
	Nombre	%	Tonnage	%	Nombre	%	Tonnage	%
3 000	338	74	469 000	34	279	69	306 000	22
7 000	86	19	385 000	28	87	21	398 000	29
15 000	27	6	266 000	19	23	6	215 000	15
	7	1	270 000	19	14	4	467 000	34
Total	458	100	1 390 000	100	403	100	1 386 000	100
Total Espagne	528		1 497 000		512		1 784 000	

Source : Mémoires de Campagne, Ministère de l'Economie et du Commerce.

c. *Les catégories d'exportateurs*

Les petits exportateurs ne le sont pas à temps plein et exercent ce métier en marge d'une autre activité : ce sont en général des grossistes du marché intérieur, qui interviennent occasionnellement sur le marché extérieur. Ils peuvent être aussi de simples correspondants de firmes étrangères importatrices d'agrumes. Ils ont rarement leur propre magasin de conditionnement et peuvent faire réaliser ce travail à façon ou louer un entrepôt pour l'opération. Lorsqu'ils en possèdent un, ils le louent à leur tour pour compenser la faible activité qu'ils y entretiennent.

X..., exportateur à Cullera :
Origine : agrumiculteur local associé à une firme française d'importation de fruits et légumes de Lyon (liens familiaux), liée à la « Compagnie Fruitière » (Marseille), et qui a financé la création d'un verger irrigué sur pente de 33 ha (1959) et d'un entrepôt moderne de 6 000 t de capacité (1973).

Ce cas est représentatif à plusieurs titres. On y voit le rôle des investissements non agricoles dans le défrichement et la création des nouveaux vergers de pente irrigués par pompage : ce cas n'est pas isolé et nombreux sont les exportateurs en même temps producteurs car ils ont créé de grands vergers d'agrumes dans les années 1950 et 1960. Le renouvellement des entrepôts intervient dans les années 1970, avec la modernisation des chaînes de conditionnement. Enfin il s'agit d'un cas d'intégration remontante par le capital étranger importateur.

Les firmes moyennes voient grandir la taille et le nombre des magasins, les moyens techniques de communication et de transport, tandis qu'apparaît le réseau des agents et des correspondants sur les marchés européens. Dans la province de Valencia, dès la campagne 1973/74, un exportateur sur cinq bénéficiait d'un télex, et 3 sur 5 parmi les 50 premières firmes.

Y. S.A., à Villareal :
Origine : 11 sociétaires, industriels locaux dirigeants des petites et moyennes entreprises dans les machines agricoles (motoculteurs) et dans la céramique, propriétaires au total de 200 ha d'agrumes, rachètent à un exportateur sa marque, son entrepôt et son réseau commercial. Toutes les exploitations sont mises en commun sous la direction d'un chef de culture et de quelques salariés permanents, et l'entrepôt est modernisé.

Commercialisation : les volumes expédiés (3 à 5 000 t par an) sont fournis à 60 % par les propriétés des sociétaires (surtout pour la première « temporada »*, car ce sont essentiellement des vergers de mandarines) et à 40 % par des achats aux producteurs régionaux pour la deuxième *temporada*. La vente se fait à prix ferme : à la centrale d'achat de la société « Mammouth » à Lyon (60 % de l'exportation), à un acheteur hollandais (18 %), à trois acheteurs allemands (16 %).

Ce cas est encore représentatif des relations entre les exportateurs et la production agricole, des investissements d'autres secteurs d'activité (ici l'industrie) et de l'évolution des pratiques commerciales. On évolue de plus en plus vers la vente ferme et les canaux de distribution sont raccourcis : les box-palettes métalliques remplis à Villareal de 380 kg d'agrumes en filets de 2 ou 3 kg, et transportés par camion, seront mis en place tels quels dans le supermarché de la région lyonnaise ou d'ailleurs.

Les grands exportateurs n'apparaissent qu'au-dessus de 10 000 ou de 15 000 t exportées annuellement. Les sociétés perdent leur caractères presque exclusivement familial et recherchent pour leur siège une localisation favorable dans les principaux centres de production ou dans la métropole régionale, Valencia. Elles possèdent un entrepôt géant (une « centrale fruitière ») ou plusieurs entrepôts stratégiquement disséminés dans les zones de production, participent à l'industrie de la conserverie ou des jus de fruits et sont présentes dans d'autres régions de production, en particulier dans les provinces d'Alicante et de Murcie. Les plus importantes sont des firmes d'envergure nationale et internationale, opérant sur l'ensemble des fruits et légumes frais. Elles sont issues des zones de production (« Pascual Hermanos » à Valencia, « Antonio Muñoz y Cia » à Murcie) ou des grands centres de consommation : « Frutos Españoles » (Madrid) est présente à Valencia et Murcie, « Bargosa » (Barcelone) à Gandía, Alicante et Tenerife.

d. *Un cas particulier : le groupe « Pascual »*

Au sommet de cette hiérarchie, la firme « Pascual Hermanos » présente aujourd'hui un cas à part. Le total de ses ventes, environ 250 000 tonnes de fruits et légumes, s'est élevé en 1980 à 6,5 milliards de pesetas (400 millions de F), dont 87 % à l'exportation, ce qui la situait au 280e rang des sociétés espagnoles pour le chiffre d'affaires, mais au 17e rang pour la valeur des exportations. Celles-ci, qui sont formées pour plus des 3/4 par des agrumes, représentent 10 % de l'exportation régionale d'agrumes, et quatre fois plus que le second exportateur, la coopérative d'Algemesí. Les trois frères Pascual dirigent donc un véritable empire de la commercialisation des fruits et légumes, et des agrumes en particulier, qui va de la production agricole à la distribution en gros sur les marchés étrangers, en intégrant la majeure partie des plus-values engendrées en cascade par le cheminement des produits.

Producteurs agricoles, ils le sont, sur le littoral valencien, uniquement pour des produits bien précis (haricots verts à Castellón, fraises à Denia), pour lesquels ils ont un écoulement assuré sur les marché extérieurs : ils louent alors des terres pour la durée d'une campagne, et les font travailler par des journaliers sous la direction de leurs techniciens agricoles. Mais ils sont de plus en plus producteurs directs dans les provinces plus méridionales, d'Alicante à Malaga (fig. 13), où ils ont créé des exploitations agricoles modernes et des centres d'expédition, afin de bénéficier des rentes de situation agricoles les plus importantes. Dans les « vieilles » provinces irriguées, ils se contentent de drainer les produits existants, en particulier les agrumes et les oignons, en laissant aux agriculteurs locaux les aléas de la production. L'ensemble de leurs exploitations espagnoles représente actuellement plus de 2 000 ha irrigués et 590 ha de serres.

Pour ce qui est des agrumes, ils ne sont pratiquement pas producteurs, mais possèdent, dans la région valencienne, cinq entrepôts qui emploient plus de 800 personnes et sont capables de conditionner près de 200 000 t de fruits par an. Celui d'Almenara, créé en 1966 à mi-chemin entre Valencia et Castellón, fut en son temps la première « central hortofrutícola », forme moderne de l'« almacén »* : employant 400 personnes durant la campagne des agrumes, capable de traiter 400 t de fruits par jour, elle dispose d'un embranchement ferroviaire particulier sur la ligne de Valencia à Barcelone. Sans cesse agrandis et modernisés (les chambres froides y ont une capacité totale de 1.500 t) ces entrepôts forment, de Pego (Bajo Marquesado) à Vall d'Uxó (Plana de Castellón), une chaîne qui alimente les exportations de la firme faites en partie par une flotte de camions spécialisés.

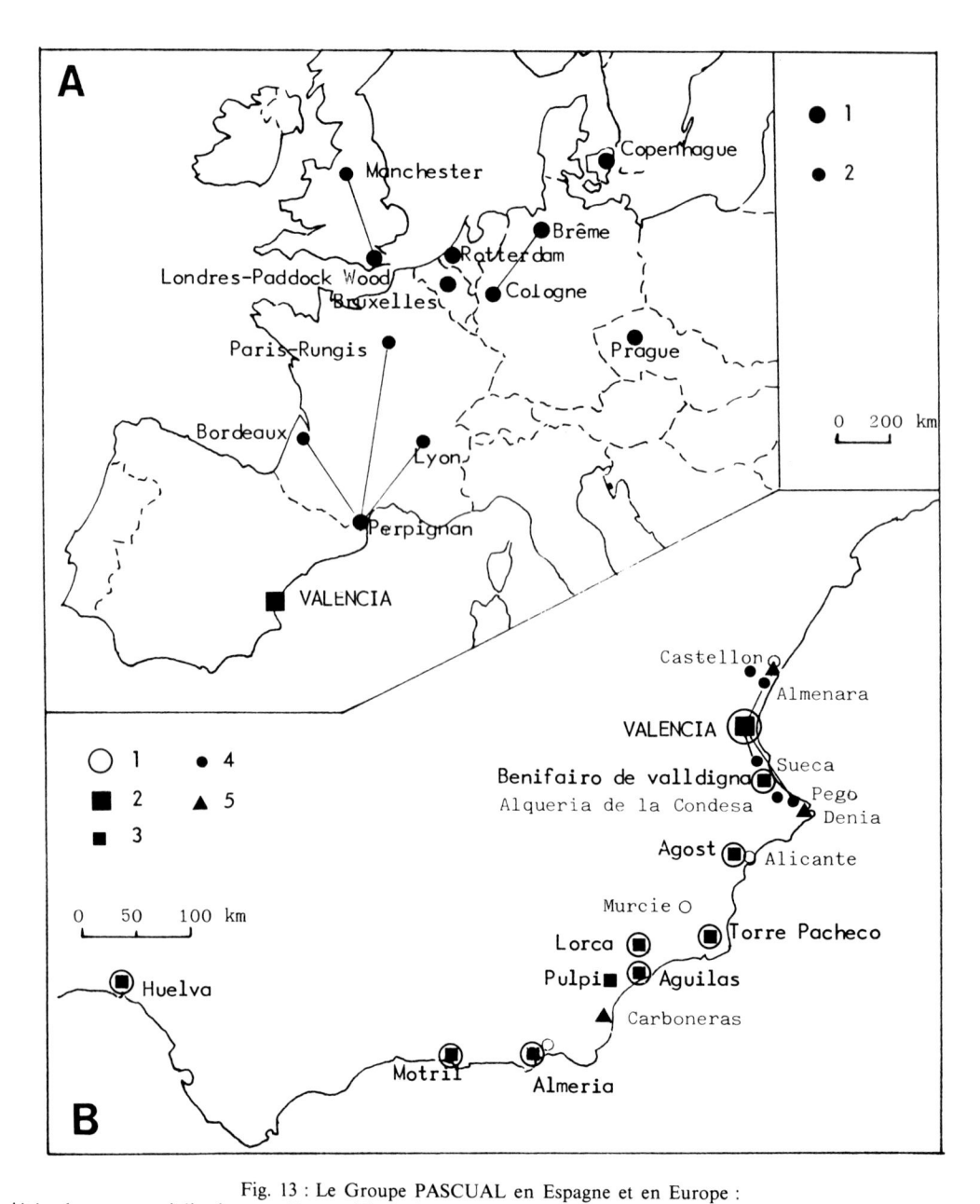

Fig. 13 : Le Groupe PASCUAL en Espagne et en Europe :
A. Les sociétés de commercialisation en Europe (1) et leurs centres de distribution (2). B. Les activités du groupe sur la côte méditerranéenne de l'Espagne : sociétés de production et de commercialisation (1); siège du holding (2); établissements de production et d'expédition (3); d'expédition (4); de production (5)

Les activités de la firme n'ont donc cessé de se développer spatialement et économiquement : le déplacement des établissements de production et de commercialisation vers le sud permet de produire tout l'éventail des fruits et légumes tempérés, méditerranéens et semi-tropicaux, et d'occuper les créneaux du marché les plus intéressants. En même temps, elle n'a cessé d'intégrer et de développer les activités de service nécessaires à cette commercialisation, en créant ses propres filiales : transport routier, gestion informatique, recherche agro-alimentaire, marketing... Cette organisation lui permet de pénétrer sur les autres marchés : fruits secs, huiles, vins, épices.

Sur les marchés étrangers, la firme a fondé des succursales aux points névralgiques : Perpignan, Bordeaux, Rungis, Bruxelles, Cologne, Rotterdam, Londres, Copenhague, Prague. Les principaux clients sont ainsi atteints par une politique commerciale dynamique. « Pascual Hermanos » s'est installé dès leur création sur les nouveaux marchés-gares qui servent de portes d'entrée des fruits et légumes espagnols dans le Marché Commun : Perpignan-Saint-Charles, à la frontière française du Perthus, Paddok-Wood à proximité de l'agglomération londonienne. La firme ne se contente pas d'y commercialiser ses propres exportations, mais aussi ce qu'elle vend en consignation ou qu'elle conditionne sur place, comme à Châteaurenard (BdR) ou à Lectoure (Gers). Les bureaux centraux sont situés à Valencia, avec le centre de gestion et de calcul, mais l'organisation internationale est faite de sociétés filiales dans chacun des principaux pays importateurs. L'antenne madrilène se conçoit pour les besoins du marché national et pour les contacts avec les nouveaux marchés de l'Europe de l'Est, traités officiellement à l'échelle des gouvernements.

Nous sommes donc en présence d'une firme très dynamique, dont la croissance n'a pas cessé depuis la petite société d'expédition de Pego des années 1950. Depuis 1981 c'est un holding qui coiffe 11 sociétés de production et d'exportation en Espagne, 11 sociétés et succursales de commercialisation en Europe, et 7 sociétés de services, dans lesquelles travaillent plus de 5 000 personnes au total. Cette véritable multinationale de l'agro-alimentaire a donc mis à profit le système de commercialisation à l'exportation pour intégrer au maximum les plus-values qu'il est susceptible d'engendrer, en intervenant à toutes les étapes de la chaîne, comme exportateur en Espagne et comme importateur dans les pays européens, où les niveaux de vie et de consommation engendrent les plus-values les plus intéressantes.

e. Les relations avec l'étranger

L'activité exportatrice actuelle est fortement enracinée dans le milieu humain et économique régional. Si l'exportation valencienne était sous la tutelle des importateurs étrangers dans la première moitié du siècle, aujourd'hui les firmes régionales sont les plus nombreuses, sinon les plus grandes, et leur financement est fortement soutenu par des banques à caractère régional, le « Banco de Valencia » ou le « Banco de la Exportación ». Il y a d'ailleurs une continuité familiale dans de nombreuses firmes, de véritables dynasties d'exportateurs, dont les patronymes se suivent depuis un siècle, et dont les enfants ont fait et font encore leur apprentissage du métier dans les réseaux de commercialisation européens, chez les correspondants ou les clients étrangers. Il y a ainsi une mini-diaspora valencienne dans les principales places européennes d'importation des agrumes, renforcée parfois par le fait que certains y ont créé leur propre firme. De la même façon, en ce qui concerne la diffusion des agrumes et la recherche sur leur culture, les valenciens ont toujours été présents au plan national comme au plan méditerranéen.

La présence du capital étranger dans l'exportation des agrumes reste cependant un fait patent, sous plusieurs formes :
— une firme étrangère peut créer une filiale espagnole ou s'associer avec un exportateur local, qui est son fournisseur exclusif : elle pratique ainsi une intégration remontante, qui peut aller jusqu'à l'exploitation de vergers d'agrumes ;
— une société d'importation étrangère crée une simple agence dans un centre de production ou à Valencia, pour faciliter ses contacts et ses commandes aux exportateurs régionaux. Ce n'est alors qu'un élément du réseau de la firme, et les exemples en sont nombreux : « Nordisck Andelsforbund » (Fédération de coopératives des pays scandinaves), « Fyffes-Omer Decugis » (France), « Pomona » (France) entretiennent des délégations à Valencia. Le volume d'achat de fruits et légumes d'une firme comme « Pomona » dans la région valencienne la situerait dans les 5 ou 6 premiers exportateurs espagnols ;
— création d'une société mixte, dont le capital est apporté par le participant étranger : elle sert d'intermédiaire entre les exportateurs espagnols et les acheteurs européens. C'est une activité de services, indépendante mais rémunératrice, qui s'est développée dans les dix dernières années : « Medex » pour la Suisse, « Directa S.A. » pour la Suisse, l'Allemagne du Sud et l'Autriche à Castellón, « Hit International » pour la Gande Bretagne à Burriana.

4. *Les coopératives*

Actuellement, les coopératives de commercialisation des fruits et légumes sont au nombre de 40 dans la province de Valencia et de 22 dans celle de Castellón, pour l'essentiel localisées dans le *regadío*. Elles regroupent plus de 20 000 agriculteurs et commercialisent à peu près 10 % de la production total de légumes et fruits irrigués des deux provinces. Leur part est plus importante dans la commercialisation des agrumes, dont elles traitent environ 1/5 de la production et de l'exportation : elles sont pratiquement toutes polyvalentes, mais les agrumes forment l'essentiel de leur activité, qui est plus orientée vers le marché intérieur que celle des firmes privées.

a. *Des structures contrastées*

La taille des coopératives est extrêmement variée quant au nombre de participants et aux volumes de production manipulés, car elles sont représentatives des communes où elles sont implantées : dans la province de Valencia, une douzaine de coopératives de plus de 1 000 membres, situées dans les centres agricoles et les gros bourgs (Algemesí, Alginet, Carcagente, Alcira, Gandía), rassemblent 80 % des coopérateurs. A Castellón, leur taille est plus réduite et leur place dans le commerce moins grande : certaines d'entre elles abritent plusieurs sociétés d'exportation, formées de petits groupes d'agriculteurs ayant des exploitations considérables. De ce fait, la répartition des coopératives selon le volume d'agrumes exportés est assez semblable à celle des firmes d'exportation en général. En 1982/83, 57 sur 69 ont exporté moins de 3 000 t chacune, et ensemble moins du tiers du total des coopératives : par contre 3 d'entre elles ont exporté à elles seules plus de la moitié de ce tonnage total. Cela tient au fait que seules les grandes coopératives sont capables d'avoir une production suffisamment importante et suffisamment variée pour couvrir la majeure partie de la campagne. La première d'entre elles, la « Cooperativa Agrícola Sagrado Corazón de Jesús » d'Algemesí, figurait en 1980 au 110e rang des firmes espanoles de l'alimentation, avec un chiffre d'affaires de 1 625 millions de pesetas (97,5 millions de F), réalisé avec 65 000 tonnes d'agrumes, 5 200 de légumes et 2 500 de riz.

Les petites coopératives (ou les différentes sociétés d'exportation d'une même coopérative), limitées dans les variétés et dans le calendrier de production par le verger de leurs membres, ont été les principales intéressées par la création, sous l'égide de l'Union Territoriale des Coopératives de Valencia, d'une coopérative d'exportation de deuxième degré en 1975, ANECOOP : dès la première campagne, elle regroupait 31 coopératives agrumicoles sur 87 et exportait 12 000 t d'agrumes. En 1980, avec 56 coopératives associées, elle exportait 50 000 tonnes de fruits, en particulier vers les pays de l'Europe de l'Est, ce qui la plaçait au 3e rang des exportateurs de la campagne. Elle se diversifie à son tour et dès 1978/79 exporte 3 000 t de fruits et légumes divers.

b. *Un rôle positif croissant*

Le mouvement coopératif agricole est ancien dans la région valencienne : il trouve son origine dans les mouvements d'entraide d'origine catholique à la fin du XIXe siècle et dans la « ley de sindicatos » de 1906. Mais il n'a affecté que tardivement la commercialisation des agrumes, alors que les coopératives vinicoles s'étaient développées dans l'intérieur provincial dès la première guerre mondiale et l'entre-deux-guerres. Les coopératives offraient surtout des services à la production : machines, consommations intermédiaires (engrais en particulier), afin de concentrer la demande et de mieux résister au commerce de distribution. Les activités de commercialisation se sont développées seulement après 1960, lorsque la crise de l'exportation des agrumes, en pesant très fortement sur les prix à la production, a obligé les petits producteurs à chercher ailleurs que dans le commerce privé une solution à la baisse de leurs revenus. D'une dizaine en 1960, les coopératives de commercialisation des fruits et légumes sont passées à 62 en 1978. Les investissements principaux concernant les entrepôts ont été aidés par les organismes officiels (« Banco de Crédito Agrícola »), mais surtout par l'argent des coopérateurs déposé dans les sections de crédit des coopératives ou « cajas rurales ».

Les coopératives ont donc pris une place grandissante dans l'activité économique liée à l'agriculture irriguée. Elles ont conquis assez rapidement une place sur le marché de la commercialisation des agrumes : bien implantées sur le marché intérieur, elles sont passées de 3 % de l'exportation en volume en 1965 à 11 % en 1970, pour se stabiliser aujourd'hui autour de 18 %. Au plan local, elles interviennent en fonction de leur taille et de leur dynamisme :

— au stade de la production, en fournissant un éventail de plus en plus grand de services à l'agriculteur (consommations intermédiaires, machines, travaux à façon) et en favorisant l'essor de productions fruitières et légumières variées, destinées à élargir leur gamme commerciale et la durée annuelle de leur temps d'activité ;

— au stade de la commercialisation, en achetant toute la production du coopérateur à des prix aussi intéressants, sinon plus, que ceux du commerce traditionnel ;

— dans les circuits financiers, en drainant l'épargne agricole et en la réinjectant dans l'agriculture sous forme d'autofinancement et de crédits de campagne.

Cela a donc réduit relativement le travail des intermédiaires, supprimé même certains d'entre eux, et diminué le drainage de l'épargne apricole par les banques. En contrepartie, le petit producteur a été libéré des soucis de la commercialisation et même d'une partie de ceux de la production. Les coopératives dynamiques et bien gérées sont devenues le pôle d'emploi et d'animation de certaines bourgades, développant souvent des activités sociales et culturelles.

5. *Exportation et économie régionale*

A la grande variété de taille des firmes exportatrices répond une grande dispersion géographique : dans les deux provinces, sur 215 communes agrumicoles, 85 abritent au moins une firme, soit plus d'une sur trois. Mais bon nombre d'entre elles n'abritent que de petites unités : les 50 premières firmes par le tonnage exporté se dispersent dans une vingtaine de communes. Mais si de grandes firmes peuvent se localiser dans de petites agglomérations bien situées au cœur des zones de production, et si tous les bourgs de quelque importance dans la zone agrumicole ont leurs commerçants exportateurs, une certaine hiérarchie existe : la capitale régionale l'emporte de très loin, non tant par le nombre que par la taille des firmes, qui commercialisent 2/5 des agrumes exportés par les deux provinces, et qui comptent 5 des 10 premières. Au-dessous, une quinzaine de centres traitent de 20 à 100 000 t d'agrumes à l'exportation, soit environ la moitié du tonnage total. On y trouve en tête les villes-centres du verger, celles qui bénéficient des meilleurs équipements de transport et sont les principaux ports, gares et stations routières d'expédition : Burriana, Villareal, Sagunto, Alcira, Gandía.

Dans la province de Valencia on comptait, en 1964, 575 entrepôts et 33 000 emplois; en 1971, 279 entrepôts et 27 500 emplois. Le nombre des magasins et de l'emploi global a donc fortement diminué, mais leur capacité et la productivité par emploi ont augmenté avec la modernisation et la mécanisation généralisée des processus de conditionnement. Jusque dans les années 1960, la présence d'une main-d'œuvre féminine rurale sous-employée et mal rétribuée avait dispensé les expéditeurs de faire des investissements en capital dans leurs entrepôts. La croissance des tonnages exportés, les exigences plus grandes du marché extérieur quant à la qualité et à la présentation des fruits, et la hausse des coûts de la main-d'œuvre, ont obligé les exportateurs à investir dans la modernisation ou la création de nouveaux entrepôts : pour la période de 1969 à 1972 on relevait, dans la rubrique des investissements industriels supérieurs à un million de pesetas publiée par la revue « Economía Industrial », 19 créations d'entrepôts dans notre région d'étude, pour un total de 51,3 millions de pts et 900 emplois nouveaux.

On est ainsi passé de l'*almacén* traditionnel à la *central hortofrutícola*, capable de traiter plusieurs centaines de tonnes par jour, équipée de chaîne de conditionnement assistées électroniquement, de chambres froides et de mûrissement, et dotée d'embranchements ferroviaires particuliers quant la localisation le permet. Dans les bourgs agrumicoles, ces énormes établissements sont devenus, par les salaires de récolte pour les hommes et par ceux du conditionnement pour les femmes, les premiers employeurs et les premières sources de revenus dans la commune : « Antonio Muñoz y Cía » à Cárcer, « Sanz S.L. » à Chilches, « Pascual Hermanos » à Sueca. Ce dernier établissement compte 35 emplois permanents, mais 350 à 400 femmes et 150 hommes pendant la campagne d'exportation : il a exporté 45 000 t d'agrumes pendant la campagne 1978/79, versé en salaires 157 millions de pesetas pour la récolte et 100 millions pour le conditionnement, et acheté pour plus de 600 millions de pts de fruits dans un rayon de 100 km autour de Sueca.

Cette mutation s'est accompagnée d'une certaine redistribution géographique: l'ancienne localisation à proximité des gares d'expédition n'a plus le même caractère d'obligation. Le boom du transport routier a favorisé les implantations en rase campagne, sur les grands axes de circulation, au cœur des zones de production, mais à proximité des agglomérations susceptibles de fournir la main-d'œuvre saisonnière nécessaire. Il n'y a donc pas corrélation étroite avec la carte des sièges des firmes exportatrices : les huits premiers centres de conditionnement rassemblent encore la moitié des entrepôts et de l'emploi afférent dans les deux provinces, et les firmes valenciennes, qui possèdent des entrepôts disséminés dans toute la zone de production, en dirigent à peu près le quart.

L'*almacén* est au centre des relations intersectorielles car c'est le lieu privilégié des relations avec les autres branches d'activité. Le prix de revient, avant expédition, d'un kilo d'oranges « navel » ou de clémentines pour un exportateur expédiant environ 2 000 t par an, se décompose ainsi : le prix d'achat au producteur en représente la moitié, les salaires de récolte 10 à 15 %, ceux de *l'almacén* 7 à 8 %, les achats de biens intermédiaires à l'industrie 8 à 11 % (en particulier les emballages), les frais de transport 3 %, et les frais généraux 10 % (tab. 13). Cela signifie qu'une part importante des salaires agricoles régionaux est représentée par la récolte des agrumes : celle-ci représente 10 à 20 % de l'ensemble des salaires agricoles de la province de Valencia, mais peut atteindre jusqu'à 50 % dans les zones de monoculture. De la même façon, une part non négligeable des salaires du commerce est versée par les expéditeurs : près de 10 % dans la province de Valencia.

Tab. 13 : Les coûts de commercialisation des agrumes pour l'exportateur
(prix de revient d'1 kg d'agrumes avant expédition en 1979)

	Clémentines		Oranges « navel »	
	pesetas	%	pesetas	%
Prix d'achat	21,9	58	12,5	50
Récolte	6,2	16,6	2,4	9,7
Transport *almacén*	0,4	1,1	0,4	1,7
Conditionnement	2,5	6,6	2,5	8,6
Emballage	3	7,9	2,7	11
Palettisation	0,7	1,8	0,7	2,8
Frais généraux	3	7,9	3	12
Total conditionnement	15,9	42	12,4	50
Prix de revient	37,7	100	24,9	100

Source: Ministère de l'Agriculture, Délégation Provinciale de Valencia (coûts moyens pour un exportateur de 2 000 t/an, ayant acheté à la production les clémentines à 28 pts la *arroba*, et les oranges à 160 pts).

B. L'évolution des systèmes de transport

Par les tonnages et le caractère périssable des denrées expédiées en frais, cette commercialisation demande des moyens de transport puissants et rapides: la demande de transport s'accumule sur des périodes assez courtes, pour des produits qui doivent arriver très rapidement sur les marchés de consommation. Au plan national, le camion en assure l'essentiel, après avoir presque totalement détrôné le chemin de fer. Au plan international, on a assisté à une double substitution : le bateau, qui assurait plus de 60 % des exportations d'agrumes au début des années 1950, a presque disparu en l'espace de 20 ans, tandis que le train qui se substituait à lui cédait à son tour la première place au camion. Le transport routier, qui commence à intervenir vers 1955, fait une percée très rapide de 1962 à 1966 et devient prépondérant en 1976. En fait, le camion a pris la place du train sur les distances moyennes, et le train celle du bateau sur les longues distances, vers l'Europe du nord et l'Europe orientale (fig. 14).

(*source*: Ministère de l'Agriculture, Service d'Inspection Phytosanitaire)

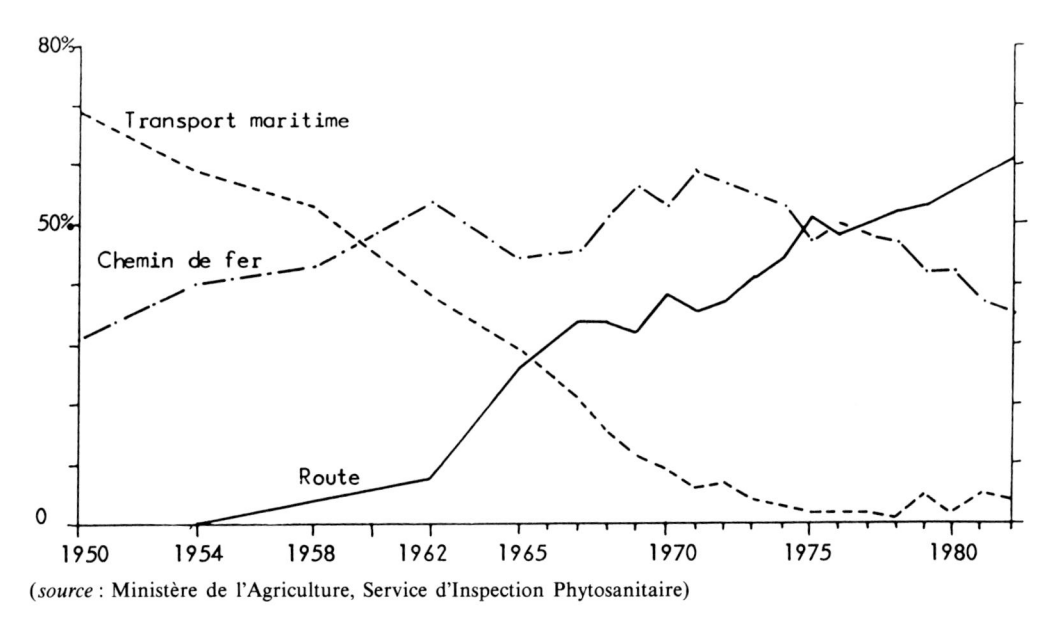

Fig. 14 : Evolution de la part des moyens de transport dans l'exportation des agrumes espagnols de 1950 à 1982 (en % du tonnage total exporté)

1. *Le déclin du transport maritime*

Dans les ports des deux provinces, la part du trafic qui est liée directement ou indirectement à l'activité agricole n'apparaît plus que comme secondaire. Peu facile à mesurer, elle a tendance encore à diminuer avec l'importance du trafic portuaire. En effet, si tous les ports ont participé et participent encore à l'économie agricole, celle-ci y tient une place très différente selon qu'il s'agit d'anciens ports spécialisés (Castellón, Burriana et Gandía) ou d'un grand port multifonctionnel (Valencia).

Les anciens ports de l'orange ont fondé l'essentiel de leur trafic sur l'exportation des agrumes et l'importation de biens intermédiaires pour l'agriculture : engrais, bois de caisserie et pâte à papier pour les emballages. Sauf pendant la crise économique de la première guerre mondiale, les agrumes n'ont jamais représenté moins de 60 % de leur trafic total : l'évolution de leur trafic traduisait fidèlement la conjoncture économique de l'agriculture des huertas et celle des exportations d'agrumes. Cette dépendance n'allait pas sans de sérieux inconvénients pour la vie même de ces organismes : activité saisonnière de novembre à mai, prépondérance écrasante des navires étrangers dans le trafic, les agences locales étant réduites au rôle de consignataires des compagnies étrangères, surtout britanniques. Lorsque le bateau a été supplanté après 1950 par les transports terrestres dans l'expédition des agrumes, les caractères originaux de ces trois ports leur ont fait décrire à partir de là des trajectoires différentes.

Burriana, port oranger par excellence, ne s'est pas relevé de la disparition de son trafic d'agrumes : la faiblesse de son arrière-pays, la proximité de Castellón lui enlèvent tout avenir. Le port de Gandía, plus à l'écart de la concurrence de Valencia, a vécu au rythme de son aire d'influence. La part des agrumes dans le trafic total était moins élevée qu'à Burriana, car les importations de matières premières et de biens intermédiaires pour son arrière-pays y étaient plus étoffées. Après la guerre civile, Gandía est devenu le premier port exportateur d'agrumes en Espagne, grâce à sa proximité des zones de production, à l'extension de son aire d'influence par l'essor du transport routier et à un coût moins élevé des services portuaires. Mais en même temps ses fonctions d'importation s'amenuisaient devant la concurrence du port de Valencia, dont l'aire d'influence s'étendait aussi grâce au camion. La chute du trafic oranger, brutale de 1967 à 1971, a entraîné un changement de fonction : il semble ici mieux réussir qu'à Burriana, car la situation de Gandía peut en faire un petit port multifonctionnel pour le sud de la province de Valencia et le nord de celle d'Alicante. La remontée du trafic après le creux de 1971 a été spectaculaire. La fonction portuaire de Castellón a été, pour sa Plana et jusqu'à la guerre civile, assez semblable à celle du port de Gandía pour sa Huerta. Mais, après le creux très prononcé de 1945, les agrumes ne retrouvent qu'un trafic passager (50 000 t en 1957) avant de disparaître en 1963. A ce moment-là l'installation d'une raffinerie de pétrole et l'industrialisation de la Plana transforment Castellón en un port industriel et pétrolier, dont le trafic dépasse en tonnage celui du port de Valencia.

Le port de Valencia n'a pas ressenti comme les trois précédents la disparition des exportations maritimes d'agrumes. Port de la métropole régionale, il avait déjà un trafic suffisamment diversifié pour en amortir les conséquences. Depuis la fin du XIXe siècle, l'activité portuaire était dominée par le trafic d'exportation, qui en représentait toujours plus du tiers en volume et plus de la moitié en valeur. La fonction portuaire était fortement liée à l'activité agricole de sa province : elle en exportait les produits de *regadío* (fruits, légumes, riz) et de *secano* (vins), et importait les biens intermédiaires (engrais), l'énergie (charbon) et les machines nécessaires à la production agricole. La courbe du trafic total était sous la dépendance des exportations, dont elle épousait les variations : accidents climatiques, guerres, crises économiques. Valencia est, dans la première moitié du siècle, le premier port exportateur de fruits et légumes d'Espagne : ses relations se font essentiellement avec les ports européens qui reçoivent les produits agricoles et expédient les biens importés, et le trafic péninsulaire de cabotage ne dépasse jamais 30 % du volume total. Mais cette situation évolue progressivement : aux besoins de l'agriculture irriguée s'ajoutent ceux d'une agglomération commerçante et industrielle en pleine croissance : c'est à partir de 1950 que les courbes des entrées et des sorties divergent, sous le poids sans cesse grandissant des importations de matières premières industrielles et des entrées en cabotage des produits énergétiques, le charbon étant relayé par les produits pétroliers. Les exportations agricoles sont progressivement supplantées par les exportations industrielles, et le commerce international, dont les importations dépassent en valeur les exportations, est rattrapé en volume par le cabotage. Le port n'est donc plus le reflet d'un arrière-pays agricole, mais d'un espace de plus en plus urbanisé et industriel [38].

Le bilan du transport maritime est donc mitigé. D'une part, il est évident que, sans l'essor de la navigation à vapeur, les marchés européens n'auraient pas été aussi rapidement accessibles aux denrées périssables de l'agriculture valencienne irriguée, et que le développement de son économie d'exportation en aurait été considérablement ralenti : ce n'est qu'après 1920 que commence véritablement l'exportation par voie terrestre.

---

(38) Martínez Roda F. (1980) : « El puerto de Valencia (estudio geográfico 1950-1978) », Depto de Geografía, Universidad de Valencia, 229 p.

De plus, les exportateurs valenciens ont tissé le long de ces voies maritimes un réseau de relations qui font encore de Rotterdam, Londres, Brême, Hambourg ou Stockolm des places de référence du marché des fruits et légumes espagnols exportés.

D'autre part, les aspects négatifs ne sont pas minces. Les compagnies étrangères de navigation ont exercé jusqu'à la guerre civile un véritable monopole de transport, qui leur a permis d'intervenir dans le circuit commercial par des prêts aux exportateurs et *corredores* espagnols chargés de leur préparer la marchandise à embarquer. Leur puissance économique, face à une demande de transport pléthorique et inorganisée, a rarement favorisé leurs partenaires valenciens et par contrecoup les producteurs d'agrumes : elle leur a permis de prélever une grande partie des bénéfices commerciaux liés au transport, qui échappaient ainsi à l'économie régionale. Les companies espagnoles ne sont devenues prépondérantes dans ce trafic qu'après 1945, c'est-à-dire au moment où le bateau allait perdre rapidement sa place au bénéfice des transports terrestres. De plus, pendant longtemps, peu d'efforts ont été faits pour améliorer les conditions de ce transport. Les navires, inadaptés à ce genre de marchandises délicates, prenaient les agrumes comme fret de retour et les ont longtemps chargés dans des conditions peu économiques : au moyen de gabarres dans le port de Valencia ou même de barques sur la plage de Burriana. Ce trafic a été un des stimulants de la modernisation quasi générale des ports valenciens dans la seconde moitié du XIXe siècle, mais seul il n'aurait pas suffi : à Burriana, il faut attendre les embarquements records de 1921/22 pour qu'un nouveau port soit créé, tandis qu'à Gandía on n'a fait que profiter d'une création portuaire liée à un trafic charbonnier. Malgré son importance économique considérable, ce trafic n'a été doté de conditions techniques correctes qu'au moment où la concurrence des moyens de transport terrestres allait lui ravir la première place et le réduire à peu de chose.

2. *Les faiblesses congénitales du chemin de fer*

C'est dans le trafic ferroviaire que la part relative des produits agricoles est la plus élevée : les fruits et légumes frais représentent plus de la moitié du trafic des gares des provinces de Valencia et de Castellón (et plus de 90 % pour les gares qui expédient des fruits et légumes sous le régime « Iberiatarif »). Mais cela ne l'a pas empêché de reculer devant le camion, car il souffre de trois faiblesses:
— le handicap général du chemin de fer face à la route pour le transport des denrées périssables de forte valeur unitaire;
— le handicap espagnol d'un chemin de fer longtemps sous-équipé et insuffisamment performant;
— le handicap originel de l'écartement des voies différent du reste de l'Europe (1,672 m contre 1,44), qui oblige à de coûteux transbordements à la frontière, et qui n'est surmonté que pour les trains et les messageries rapides.

a. *Les gares d'expédition*

Le réseau ferré de la région valencienne dessine une étoile de voies au départ de Valencia, dont l'axe principal est représenté par la ligne Valencia-Barcelone, chemin de la frontière française. En seconde position vient la ligne Valencia-Játiva-Almansa, vers Alicante et Madrid, qui draine la partie centrale des huertas. Le sud, vers Gandía, est desservi par une voie prolongée récemment à partir de Cullera (1973) : cette ouverture a provoqué un désenclavement bénéfique, et suscité immédiatement un courant d'exportation d'agrumes. La disposition longitudinale des huertas a donc favorisé un véritable porte-à-porte du chemin de fer qui, en se greffant sur le réseau urbain existant, a multiplié les gares d'expédition de Castellón à Játiva ou à Gandía. Celles-ci, souvent proches les unes des autres, ont des fonctions et des tonnages voisins : les trois gares de la Ribera Alta, Algemesí, Alcira et Carcagente, échelonnées sur 13 km seulement, expédient chacune environ 100 000 tonnes d'agrumes par an. Il y a donc juxtaposition d'organismes identiques proches, dont le trafic est en outre limité, déséquilibré et saisonnier, ce qui ne favorise pas la concentration des moyens et des investissements sur quelques points privilégiés.

b. *Chemin de fer et économie agricole*

Sans jouer un rôle aussi prépondérant que le P.L.M. puis la S.N.C.F. dans l'expédition des fruits et légumes des plaines du Bas-Rhône en France, le chemin de fer a largement compté dans l'histoire des huertas : lors de la création du réseau ferroviaire, la région de Valencia ne fut pas défavorisée par rapport au reste de la Péninsule, et les premières lignes y apparurent aussi tôt qu'à Madrid ou à Barcelone (Valencia-Játiva en 1854). L'essentiel du réseau fut mis en place dans la seconde moitié du XIXe siècle : Valencia fut relié à Madrid et Alicante en 1858, à Barcelone et à la frontière française en 1868, à Saragosse enfin en 1902. Cet axe essentiel du Pays Valencien, vers le nord et vers Madrid par Almansa, fut complété par une série de bretelles locales, à voie large ou étroite, qui dessinaient une vaste étoile autour de la métropole. Ce réseau allait jouer, pendant la première moitié du XXe siècle, un double rôle au plan régional, comme mode d'expédition des produits agricoles irrigués et comme source d'approvisionnement de l'agriculture en moyens de production.

Ce n'est qu'après la première guerre mondiale que le chemin de fer commence à intervenir modestement dans les exportations d'agrumes alors qu'il s'était révélé incapable de prendre le relais de l'exportation maritime lors du blocus allemand de 1917. Les exportations commencent à partir de 1923 vers la France uniquement, mais se développent lentement à cause de l'obstacle majeur de la frontière et des insuffisances techniques du réseau. Tout en étant le seul acteur sur le marché national, il ne joue qu'un rôle de second plan à l'exportation, dont il n'assure que le tiers environ avant 1936 (Liniger-Goumaz, 1962). L'évolution de l'économie des transports espagnols dans les années 1950 et 1960 bouleverse rapidement la situation: le chemin de fer est rapidement dépossédé par le camion de sa fonction régionale d'importation et de redistribution, ainsi que de sa fonction d'expédition vers le marché national. Il gagne en échange, en s'équipant et en se spécialisant, une fonction d'expédition internationale : des firmes privées développent le parc des wagons spécialisés pour le transport des fruits et légumes (INTERFRIGO, TRANSFESA) et la RENFE améliore tardivement la vitesse commerciale de ses trains, en électrifiant la ligne Valencia-Cerbère, actuellement en cours de doublement.

3. *La révolution des transports routiers*

Dernier venu, le camion s'est rapidement taillé une place de premier plan dans le transport régional et l'expédition des produits agricoles, par suite de sa souplesse et de sa rapidité d'une part, et des carences du chemin de fer d'autre part. Il a rapidement accaparé le trafic régional avant 1936, puis l'essentiel du trafic national de 1950 à 1960 et pris la première place du trafic international depuis 1976.

a. *Les différents trafics*

Au plan provincial, le camion est destiné au ramassage des récoltes et à leur transport vers les marchés d'expédition et les centres de conditionnement. A cette échelle, il n'a pas entraîné une concentration des expéditeurs dans quelques centres privilégiés : l'absence de grands marchés d'expédition et le système de vente des agrumes à la production en sont les raisons principales. Il a quand même étendu le rayon de collecte des exportateurs, et favorisé concentration et hiérarchisation au sein de la profession, d'où se sont dégagées assez tôt de grandes firmes, valenciennes en particulier.

Au plan national, ce n'est qu'après 1950 que se situe la véritable révolution du camion, dans les transports liés à l'agriculture comme dans l'économie espagnole en général. Les importations d'abord, la constitution d'une industrie nationale du poids lourd ensuite, fournissent des engins de plus en plus puissants et rapides. En moins de 10 ans le camion devient le maître du trafic intérieur des fruits et légumes, où il supplante presque totalement le chemin de fer. En 1969[39] les fruits et légumes représentent 30 % des expéditions interprovinciales par route au départ de la province de Valencia, et 24 % au départ de celle de Castellón. Ce trafic interprovincial approvisionne les principaux marchés nationaux : Catalogne, Pays Basque (Alava, Guipuzcoa et Vizcaya) et Madrid. Les expéditions vers le sud et l'Andalousie sont très faibles, par suite de la production locale, et pour le reste on remarquera une certaine complémentarité entre les expéditions valenciennes et castellonnaises, qui ont tendance à se compléter sur le marché national.

Au départ des deux provinces, les fruits et légumes sont expédiés sur le marché international de deux façons différentes. La première consiste à transporter les produits jusqu'à la frontière française : là ils sont, soit vendus et réexpédiés par le marché de gros de Perpignan, soit directement chargés à la station du Boulou sur les wagons de la S.N.C.F. pour des expéditions plus lointaines. Ce système permet de pallier les insuffisances de l'expédition ferroviaire directe, surtout en période de forte demande de transport, lorsque les récoltes se « télescopent » dans les zones de production. La seconde manière est l'expédition directe par camions gros porteurs, en régime T.I.R. (Transports Internationaux Routiers) vers les clients européens. Favorisée par l'absence de transbordement à la frontière et par la généralisation des car-ferries pour franchir les détroits vers la Grande-Bretagne et les Pays Scandinaves, cette forme d'expédition n'a cessé de se développer. Mais elle est limitée par les contingents T.I.R., les autorisations de passage à travers la France, et le coûts élevé des carburants : elle est d'autant moins importante que les pays de destination sont plus éloignés, et le chemin de fer conserve encore l'avantage dans les exportations vers les Pays Scandinaves et ceux de l'Europe de l'Est.

b. *Les outils*

L'économie du transport routier a donc été considérablement stimulée par cette demande d'expéditions rapides de denrées périssables. La courbe des immatriculations de camions a cru rapidement dans les provinces de Valencia et de Castellón et une partie de cette croissance est bien dûe aux besoins de l'économie agricole, comme le montre la répartition du parc de camions. Si la majeure partie d'entre eux se situent à Valencia et dans les villes de la plaine littorale, ce n'est pas dans la capitale que la densité de camions pour 1 000 habitants est la plus forte (2,4), mais à Gandía (4,5), Alcira ou Sueca (4,4), qui sont les principaux centres d'expédition des produits de l'agriculture irriguée.

Cette branche d'activité présente des firmes d'une taille très variée, mais souvent très petite, réduite même à l'artisan indépendant propriétaire de son camion. L'essor rapide du transport routier a favorisé ce genre d'entreprise individuelle, qui représente plus de la moitié du transport routier en général, le reste étant le fait de quelques entreprises moyennes ou grandes, pouvant avoir plusieurs dizaines de camions. Cette accumulation de petites entreprises ne va pas sans une âpre concurrence, ni surexploitation des capacités du matériel et surtout des hommes.

Pour les fruits et légumes, la nature des firmes expéditrices varie selon qu'il s'agit de transports intra- ou interprovinciaux (et internationaux). Dans le premier cas, le draînage des récoltes vers les centres d'expédition ou la livraison sur les marchés de gros sont assurés pour un tiers par les firmes commerciales elles-mêmes. Dans le second cas, cette proportion tombe à moins de 10 % et ce sont les firmes de transport qui en assument la majeure partie. Au plan national, les transporteurs valenciens sont en concurrence avec ceux des régions de Barcelone, de Madrid ou du Pays Basque qui, venus livrer des produits industriels dans

---
[39] Courtot R. (1972) : « Une enquête sur les transports routiers de marchandises en Espagne », note, MEDITERRANEE, n° 2, pp. 73-82.

la Région Valencienne, prennent des fruits et légumes en fret de retour vers les marchés urbains de consommation. De même, les camionneurs des provinces voisines viennent chercher du fret au moment des pointes de récolte : les semaines précédant Noël dans le cas des agrumes. Au plan international, une bonne partie du trafic est assurée par des firmes spécialisées d'origine régionale, souvent importantes, qui entretiennent un réseau d'agents aux frontières et dans les principaux marchés européens.

Les stations d'inspection des zones de production ne contrôlent pas la totalité des exportations, car celles-ci peuvent être contrôlées à la frontière. Mais l'évolution des tonnages qu'elles traitent, et la localisation des nouvelles créations, montrent là encore la rapide désaffection des ports et la concurrence très vive de la route et du chemin de fer. Dans la Huerta de Gandía, alors que la station maritime, seule en 1965 (227 000 t d'agrumes inspectées), ne cesse de décroître, une station routière est créée en 1968 à Jaraco et une station ferroviaire en 1974 à Gandía, lors de l'ouverture de la voie ferrée Silla-Gandía. Celle-ci prend rapidement la première place des centres d'expédition, devant Castellón qui draine sa Plana, Sagunto le Bajo Palancia et Silla la Ribera du Júcar.

Cet essor du transport routier a profité des améliorations apportées au réseau routier tant local que national : celles-ci ont affecté tout particulièrement les provinces de la Région Valencienne, où l'économie régionale et le tourisme international se sont conjugués pour provoquer un gonflement rapide des trafics routiers.

Les cartes anciennes montrent déjà un réseau nettement déséquilibré au profit de la zone littorale et des huertas : un maillage dense s'y développe, tandis que vers l'intérieur les pénétrantes sont plus rares et se terminent parfois en cul-de-sac. Jusqu'aux années soixante, l'état des routes était très variable et peu dépendant de leur classification officielle : d'après la carte Michelin de 1965, les routes « locales » de la plaine côtière sont pavées ou déjà goudronnées, alors que les routes « comarcales » de l'intérieur sont encore simplement empierrées.

A partir du « Plan General de Carreteras » de 1962, l'effort d'investissement routier a d'abord porté sur les grandes liaisons nationales et sur les relations avec l'extérieur. Le plan R.E.D.I.A. de 1967 (« Red de Itinerarios Asfálticos ») a transformé la radiale Valencia-Madrid et l'axe littoral Alicante-la Junquera. Celui-ci est en effet un des deux axes de pénétration du flux touristique européen dans la péninsule par la route, en même temps que le principal moyen d'accès routier des fruits et légumes de l'Espagne méditerranéenne au marché européen. C'est d'ailleurs, dans le « Plan de Autopistas Nacionales Españolas » (P.A.N.E.), celui qui a bénéficié du maximum d'investissements et qui offre depuis peu l'axe autoroutier le plus long d'Espagne: Alicante-La Junquera, 680 km. La mise en service très échelonnée des différents tronçons, qui ont progressé du nord vers le sud de 1970 à 1985 (Valencia étant directement liée à la frontière française seulement en 1978), et la cherté des péages n'ont cependant pas facilité le transfert de trafic vers l'autoroute, qui ne prend que très lentement une fonction régionale.

Condition nécessaire de l'accès des produits de l'agriculture irriguée au marché européen, le système de transport a joué un rôle nuancé dans l'évolution de la localisation des pôles d'expédition. Le bâteau et le train ont eu un effet assez semblable, par la mise en place d'un chapelet d'organismes concurrents, ports le long du littoral, gares le long de l'axe ferroviaire nord-sud. Le camion a favorisé, au contraire, la diffusion des points d'expédition dans toute la zone irriguée : ceux-ci ne sont plus forcément liés aux villes, mais aux établissements des grandes firmes d'expédition.

C. Les activités industrielles liées à l'agriculture

Par ses besoins amont et aval, l'agriculture irriguée valencienne est un client obligé et important du secteur industriel : la valeur des entrées industrielles nécessaires à l'agriculture représente à peu près un tiers de la production brute agricole. En outre, l'activité de commercialisation de ses produits est aussi grosse consommatrice de biens intermédiaires. Mais la situation des firmes industrielles qui satisfont cette demande est très diverse : on y rencontre des petites entreprises d'origine régionale et des grandes sociétés nationales ou multinationales; certaines se sont implantées dans la région avec la croissance ancienne de l'agriculture d'exportation, d'autres sont nées avec le boom industriel des années soixante (tab. 14).

Tab. 14 : Les établissements industriels liés à l'agriculture irriguée
dans les provinces de Valencia et de Castellón

Branches	Nombre Etablissements	dont + de 100 emplois	Total emplois	% Branche concernée
Machines agricoles	100	3	1 443	3 (ind. mécanique)
Chimie agricole	35	5	1 485	20 (chimie)
Conserves et jus de fruits	69	12	6 071	20 (alimentation)
Emballages	195	2	3 183	8 (bois)
Total	399	22	12 182	9,6

Source : Recensement industriel 1978, Ministère de l'Industrie et I.N.E.

1. *La chimie agricole*

Les activités industrielles situées à l'amont de la production agricole sont les plus tardives à se mettre en place, car le développement de l'agriculture d'exportation coïncide avec la pénétration des produits industriels étrangers, dans une Espagne du XIXe siècle incapable de les produire : la chimie et la mécanique agricole sont des activités qui supposent un environnement industriel évolué, que la Région Valencienne ne connaîtra qu'au milieu du XXe siècle.

L'approvisionnement de cet important marché a été pendant longtemps assuré par des importations : mais on est passé progressivement de l'importation du produit fini à celle des produits de base destinés à l'industrie nationale ou régionale. Toutes les branches ne sont pas parvenues à ce stade de substitution des importations.

a. *Les engrais : des importations à l'autosuffisance*

La province de Valencia fut parmi les premières d'Espagne à importer des engrais de l'extérieur pour les besoins de son agriculture : les importations du guano péruvien, commencées au milieu du XIXe siècle, n'ont cessé de se développer jusqu'à la fin du siècle, à partir de laquelle elles furent progressivement remplacées par les engrais minéraux. Les engrais importés par le port de Valencia ont suivi jusqu'à une date récente les hauts et les bas de l'économie agricole. Mais, après être passées par un maximum dans les années soixante, avec une nette prédominance des engrais étrangers, ces entrées ont diminué à partir de 1970, et les engrais proviennent maintenant pour les 2/3 du marché national. Ceci est le résultat de la création d'une industrie chimique nationale, capable d'alimenter son propre marché, et même d'être excédentaire pour quelques produits.

La chimie des engrais est ancienne à Valencia, avec la création, par une société barcelonaise, de l'usine « Cros » au Grao pour produire de l'acide sulfurique et des superphosphates, à partir de phosphates importés et de pyrites de fer espagnoles. Elle fut suivie par d'autres usines de moindre importance : « Abonos Medem » à Silla, « Industrias Químicas Canarias » à Valencia. Mais c'est surtout depuis une quinzaine d'années que de grosses unités de chimie de base pour les engrais et de production d'engrais composés ont été créées à Valencia et à Castellón. Autour de la raffinerie et de la centrale thermique de la zone industrialo-portuaire du Serrallo, au Grao de Castellón, s'est constitué un important complexe chimique : « Fertiberia » (engrais composés), « Unión Explosivos Río Tinto » (nitrate d'ammoniac), « Productos Químicos del Mediterráneo » (sulfate d'ammoniac), « Industrias Químicas Canarias » (superphosphates). Leur capacité tranche nettement sur celle des usines plus anciennes : l'établissement de « Unión Explosivos » de Castellón est la plus importante unité du groupe industriel (qui en compte 21 en Espagne), et peut produire 300 000 t d'engrais composés par an.

La localisation portuaire reste nécessaire pour l'importation des matières premières ou des produits intermédiaires, mais les firmes recherchent de plus en plus de bonnes communications avec le marché national et surtout celui de la façade méditerranéenne. Car il s'agit pour l'essentiel de firmes extérieures à la région, dont la stratégie économique est avant tout nationale : les usines d'engrais valenciennes dépendent de sociétés et de groupes industriels nationaux dominés par les banques et plus ou moins liés au capital étranger.

b. *La chimie de protection : une forte dépendance technologique*

Il n'en va pas de même pour les produits phytosanitaires, dont la mise au point et la production sont encore le fait des grands groupes industriels multinationaux. Pendant longtemps, les moyens de lutte sanitaire des agriculteurs du *regadío* furent réduits et souvent artisanaux. L'emploi massif des produits modernes ne remonte pas au-delà des années cinquante, lorsque l'ouverture de l'Espagne aux échanges internationaux a permis l'importation de produits étrangers ou leur fabrication sur place sous licence. Un certain nombre d'établissements de taille modeste sont alors apparus, où les initiatives régionales (« Trigo », « Serpiol », « Argos », « Afrasa ») voisinent avec les initiatives nationales et internationales: « Decco Ibérica » (Cuart de Poblet) est une filiale de « Pennwalt International » et « Food Machinery Española » (Valencia) appartient à une firme de Chicago.

Les firmes étrangères sont partout présentes, soit directement par des filiales industrielles ou commerciales, soit indirectement par des licences de fabrication ou de commercialisation de leurs produits par des firmes valenciennes: « Serpiol » exploite des licences italiennes, « Abonos Medem » des licences allemandes de « Hoescht ». La dépendance est ici très étroite vis-à-vis de l'étranger : les firmes espagnoles ne font donc souvent que conditionner des mélanges chimiques dont les matières premières et les formules leur sont fournies de l'extérieur. Les firmes étrangères sont en effet plus intéressées à vendre leurs propres produits qu'à développer une industrie espagnole autonome : en Espagne, les importations de pesticides sont passées de 100 à 600 millions de pesetas de 1961 à 1970, alors que la production nationale avait tendance à stagner. Valencia est d'ailleurs le premier centre d'importation de ces produits en Espagne, et la presse agricole y est le véhicule d'un véritable « matraquage » publicitaire.

On retiendra donc qu'il n'y a plus, comme par le passé, de goulot d'étranglement en ce qui concerne l'approvisionnement du marché régional par les produits de la chimie agricole. Mais cela n'a pas arrêté pour autant les importations et la dépendance étrangère est toujours présente, qui risque de croître avec l'intégration de l'Espagne dans le Marché Commun. Moins directe que lorsque la fertilisation du *regadío* valencien dépendait du guano et des nitrates déchargés dans ses ports, elle n'en reste pas moins réelle.

2. *Le matériel agricole*

La place de l'industrie valencienne dans le secteur des machines agricoles se résume à quelques fabriques de petit matériel (motoculteurs, pulvérisateurs, remorques), qui dépassent rarement la centaine d'employés, et à une foule de petits ateliers dont la réparation est le travail essentiel. Seules les sociétés « Ideal » (Valencia), firme régionale spécialisée dans le secteur des pompes d'irrigation, et IMCASA (« Industrias Metalúrgicas de Castellón, S.A. », filiale de « Laminaciones de Lesaca », du groupe des « Altos Hornos de Vizcaya »), dans celui des structures métalliques pour l'agriculture (serres), ont su se tailler, par leur spécialisation, une place sur le marché national et même accéder au marché international.

Mais la Région Valencienne n'a accueilli aucune des industries récentes de tracteurs et de machines agricoles qui se sont développées en Espagne depuis deux décennies. Les filiales de firmes étrangères ou les sociétés espagnoles utilisant des licences étrangères ont fixé leurs établissements de production dans les grands centres susceptibles de fournir d'importantes économies externes : « John Deere Ibérica » s'est installé à Getafe, dans la banlieue de Madrid, et « Motor Ibérica » (36 % du capital à « Massey-Fergusson » puis à « Nissan Motors ») à Barcelone. Ces deux firmes approvisionnent l'essentiel du marché national des tracteurs et du gros matériel agricole.

Cependant les firmes productrices de petit matériel, de motoculteurs en particulier, sont bien intégrées dans l'économie régionale, parce qu'elles sont la plupart du temps nées d'initiatives locales et qu'elles ont trouvé sur place un marché important. Elles sont localisées dans les villes-centres des huertas, avec une tendance au groupement dans quelques agglomérations, dont Villareal, proche de Castellón, est une bonne illustration. Cette ville compte aujourd'hui trois fabriques de motoculteurs (« Macaper », « Cavasola » et « Truss ») et trois de pompes et de matériel de pulvérisation (« Cabedo », « Carvill » et « Mavi »). Il s'agit pour la plupart d'anciens ateliers de mécanique et de réparation automobile nés au bord de la route nationale 3 et au milieu d'un espace irrigué par des puits et des pompes. La symbiose y est forte avec le secteur agricole : les employés sont souvent petits propriétaires et les patrons ont parfois investi dans le commerce d'exportation des agrumes.

3. *Les industries agro-alimentaires*

Bien qu'elle soit toujours la première province d'Espagne par la valeur de sa production agricole, Valencia n'en est que la quatrième par celle de son industrie alimentaire. Alors qu'elle fournit 14 % de la production espagnole de fruits et légumes, elle ne réunit que 10 % de l'emploi national dans les conserveries de fruits et légumes, contre 45 % à la province de Murcie et 14 % à celle de Navarre : cette proportion est identique à celle de toute son industrie alimentaire, qui par ailleurs tient une place non négligeable dans l'emploi industriel provincial, par les activités liées au marché de consommation et aux importations de produits extérieurs (céréales, produits tropicaux). Ceci tient, nous l'avons vu, à la faible industrialisation des produits de son agriculture irriguée, essentiellement vendus en frais, en particulier le premier d'entre eux, les agrumes.

a. *Les firmes*

D'après le Recensement industriel de 1978, les provinces de Valencia et de Castellón comptaient 69 établissements dans la branche agro-alimentaire des fruits et légumes. Leur localisation est en gros calquée sur les zones de production : Huerta de Gandía, Ribera Alta, Huerta de Valencia et Plana de Castellón pour les jus de fruits et les extraits d'agrumes, proximité des agglomérations de Valencia et de Castellón pour les conserveries, Valencia abritant d'ailleurs un certain nombre de sièges sociaux.

Ils regroupent quelques 6 000 emplois, qui sont en partie des emplois saisonniers et féminins : l'emploi total, qui est à 80 % occupé par des femmes, varie du simple au double selon les périodes de l'année et on estime à 100-130 jours par an le temps moyen de travail. La taille des établissements varie fortement, de quelques emplois à plusieurs centaines, et beaucoup de petits établissements n'ont pas encore atteint le seuil de rentabilité, qui se situe à 4 000-5 000 tonnes de capacité annuelle de transformation. A l'inverse, un petit nombre de grands établissements assurent une part importante de la production : dans l'industrie des jus et concentrés d'agrumes, 5 entreprises sur 22 assurent 70 % de la production totale. La production agricole traitée par cette industrie présente des volumes variables d'une année à l'autre, mais qui sont actuellement de l'ordre de 300 000 à 350 000 tonnes de fruits et légumes par an. Ils reflètent en gros la structure de la production régionale de l'agriculture irriguée : les agrumes en représentent l'essentiel (80 %), tandis que le reste se partage dans l'ordre entre les tomates, les abricots, les raisins, les poivrons, les haricots verts et les artichauts. Les firmes traitant les agrumes sont donc les plus nombreuses et les plus importantes, et plus de la moitié des établissements n'ont que cette activité. Les conserveries polyvalentes sont moins nombreuses et de taille plus modeste.

b. *Une matière première insuffisante*

L'industrie agro-alimentaire liée à l'économie agricole irriguée a été traditionnellement considérée comme une activité marginale, destinée à absorber les produits excédentaires ou de qualité insuffisante pour l'exportation. Dans le cas des agrumes, la production n'est orientée ni par ses variétés ni par ses prix de revient vers l'industrialisation. Les variétés les plus aptes à la production de jus de fruits, « blancas » et « sanguinas », moins appréciées du consommateur, ont vu leur superficie diminuer jusqu'à n'occuper que 13 % du verger d'agrumes des provinces de Valencia et de Castellón (1979). Leur part dans la production de ce verger est tombée de 64 % en 1960/61 à 28 % en 1972/73 et à 9 % en 1982/83, alors que cette production totale augmentait dans le même temps de 70 %. Leurs plantations ne sont pas renouvelées et leur verger vieillit de plus en plus : les vergers improductifs (moins de 5 ans) n'en représentent que 5 %, alors que la moyenne générale est de 10 %. Seules les « blancas selectas » résistent un peu mieux, car d'importantes plantations de « salustianas », variété industrialisable, ont eu lieu dans la période 1950-1970.

La production de fruits et légumes est donc rarement organisée en vue d'un approvisionnement industriel : les cultures sous contrat n'ont fait jusqu'ici qu'une apparition timide et récente dans le *regadío* valencien. En 1973, elles ne représentaient que 7 % du total des fruits et légumes transformés par l'industrie (agrumes non compris). Elles concernent surtout les tomates et les haricots verts, pour des livraisons faibles et morcelées : la même année les contrats de tomates concernaient 380 hectares plantés et 1 100 agriculteurs, pour 9 000 tonnes récoltées, soit une moyenne de 8 tonnes par producteur. Les industriels se trouvent donc dans une situation difficile : pour acheter leur matière première, ils sont en concurrence avec le commerce d'expédition et ne peuvent rivaliser au plan des prix d'achat. Ils doivent donc se contenter des fruits de rebut, des fruits atteints par les gelées, ou des fruits dont le retrait du marché est subventionné par le Fond d'Orientation des Prix des Produits Agricoles (F.O.R.P.P.A.). Aucune programmation économique efficace ne peut être mise en œuvre dans une telle situation.

c. *Un marché difficile*

Comme les fruits et légumes frais, la production des industries agro-alimentaires du *regadío* valencien s'est orientée aussi vers le marché extérieur, faute d'un marché intérieur suffisamment développé : près de 70 % de la production des jus de fruits sont exportés, car ils sont concurrencés sur le marché intérieur par des boissons moins coûteuses, qui intègrent une faible proportion de jus de fruit. Ces exportations n'ont cessé de croître en tonnage et en valeur, en même temps que celles des conserves de fruits et légumes, dont elles représentent environ 10 %. Mais la concurrence internationale est vive : sur le marché nord-européen, et le Marché Commun en particulier, l'Espagne est concurrencée par les autres pays méditerranéens (Italie, Grèce,

Maroc) et par le Brésil, dont les jus d'oranges sont exportés à bas prix. En outre, dans le cas des dérivés des agrumes, les jus de fruits ont été longtemps exportés à l'état brut et réélaborés dans les pays de destination de telle sorte qu'une partie des plus-values intéressantes échappaient à l'industriel valencien : un effort a été fait dans la production de jus réfrigérés, congelés, concentrés, mais ce n'est pas encore suffisant.

d. *L'évolution récente*

La période qui va de 1960 à aujourd'hui a été marquée par deux évolutions de sens contraire. Tout d'abord ce fut un renouveau, une croissance des établissements et de l'emploi. A cela plusieurs causes :

— la croissance de la production agricole en général, l'apparition de nouveaux produits (les quartiers de « satsumas » en conserve), la levée progressive des obstacles techniques à la transformation industrielle des autres variétés d'oranges (« navel » en particulier);

— les difficultés progressives de la commercialisation en frais des agrumes, et les prix souvent peu rémunérateurs des marchés extérieurs, qui ont conduit les organismes officiels de régulation des marchés, FORPPA et Comité de Gestion, à intervenir dans la campagne pour subventionner certaines variétés et les orienter vers l'industrie : ces interventions ont concerné plus de 200 000 tonnes d'agrumes dans les campagnes de 1972 à 1978, et porté la part transformée de la récolte à près de 10 %;

— les incitations publiques et privées à l'investissement industriel dans un créneau dont le marché se développait rapidement, qui ont entraîné la branche de l'industrie des fruits et légumes dans le courant de croissance industrielle de la Région Valencienne.

Si on ne retient que les investissements industriels dont le capital fixe dépassait le million de pesetas (80 000 F), on relève dans la province de Valencia, de 1969 à 1974, l'agrandissement de 23 établissements (680 emplois supplémentaires) et la création de 11 nouveaux (près de 1 000 emplois). Parmi ceux-ci, 5 unités modernes de production de conserves de « satsumas », qui traitent plus de 60 000 tonnes de fruits par an. Pour les deux provinces, les surfaces plantées en « satsumas » ont en effet augmenté de 16 % entre 1971 et 1979 et la production de 28 % entre 1973 et 1976. Cette forte progression a relevé de deux types d'initiatives : des initiatives d'origine extérieure à la région, comme celle de « Trinaranjus », lié à « Gallina Blanca », dont 50 % du capital appartient au groupe américain « Borden », et des initiatives régionales. Parmi celles-ci, on relève des firmes déjà installées, qui accroissent leur potentiel, comme « Interfruit » à Oliva, et des exportateurs d'agrumes qui pratiquent une intégration remontante avec l'appui des banques régionales : apparition en 1972 d'une industrie de la conserve de mandarines, créée par des exportateurs valenciens avec l'appui du « Banco de la Exportación ».

Mais la fin des années 1970 voit un renversement de cette tendance et un ralentissement de l'activité des industries agro-alimentaires, surtout de celles qui traitent les agrumes. Les prix remontent sur les marchés extérieurs, donc à la production, les rebuts et les retraits suventionnés par le F.O.R.P.P.A. diminuent : le marché extérieur stagne ou régresse et le marché intérieur devient le plus important. L'industrie alimentaire des fruits et légumes n'est certes plus aussi « microfundiaire, marginale et sous-utilisée »[40] mais ses goulots d'étranglement subsistent, le premier étant celui de l'approvisionnement en matière première. Un approvisionnement régulier à des prix compétitifs supposerait, dans le cas des agrumes, une composition variétale différente, des plantations moins denses, plus mécanisables, des prix de revient moins élevés, en un mot une agriculture moins intensive dans des exploitations plus vastes : c'est-à-dire un changement profond des structures sociales et économiques du *regadío* valencien, ce qui n'est actuellement pas le cas.

---

(40) Romero Villafranca R., Carles Genoves J. (1973) : « Ideas para una industrialización de los cítricos », in « Problemática actual de la Naranja », Joven Cámara de Valencia, pp. 107-118.

4. *Les activités liées au commerce d'expédition*

Dans la Région Valencienne, trois branches industrielles ont connu de ce fait un certain développement, soit qu'il s'agisse d'industries traditionnelles stimulées par ce nouveau marché, comme c'est le cas de la papeterie, soit qu'il s'agisse d'activités nouvelles, comme celle des emballages ou des machines de conditionnement des produits agricoles.

a. *Papier fin et impression*

La papeterie est une activité ancienne dans le pays Valencien, puisque Játiva fut le premier foyer connu de cette activité en Europe, dès le haut Moyen Age. Elle s'est développée sur des localisations qui correspondent au modèle d'industrialisation des régions montagneuses, pauvres en ressources naturelles, mais riches en hommes, en eau, et en initiatives. Les centres principaux étaient alors Alcoy, Onteniente et Játiva.

Cette activité, déjà orientée vers les papiers fins (papier à cigarette en particulier), a dû sa survie, après la grave crise économique des années 1880, à l'introduction des machines à papier continu et à l'essor du papier de soie destiné à emballer les oranges exportées. Cette demande s'est donc fortement accrue au XXe siècle, lors des périodes de croissance des exportations d'agrumes, et des firmes se sont alors installées dans les centres d'expédition pour profiter de ce marché : Villalonga, Villanueva de Castellón, Alcira, Burriana, Villareal [41]. Cette nouvelle localisation était facilitée par le fait que ces papiers fins sont fabriqués à partir de pâtes de paille (riz, céréales) et surtout de vieux papiers et chiffons, dont la transformation ne nécessite pas les puissants équipements des papeteries travaillant la cellulose du bois.

A quelques exceptions près, il s'agit de petites entreprises d'origine et de capital régional. Quelques phénomènes de concentration apparaissent cependant dans cette branche. A l'échelle régionale, les « Papeleras reunidas » d'Alcoy sont le groupe le plus important : issu de la réunion d'un certain nombre d'entreprises anciennes et d'un capitalisme local modeste mais entreprenant, il possède trois établissements dans la province d'Alicante (deux à Alcoy, un à Cocentaina) et un à Villalonga (141 emplois) dans la Huerta de Gandía. Beaucoup plus modeste, la « Clariana del Palancia » possède deux établissements, à Villareal (62 emplois) et à Valencia (98 emplois). Deux sociétés d'origine basque, principal centre de l'industrie du papier en Espagne, ont créé des établissements dans la Région Valencienne : la « Papelera Española » première firme espagnole de la branche, possède un établissement de 130 emplois à Villanueva de Castellón, et la « Papelera del Mijares » à Burriana est une filiale de la « Papelera del Norte » dont le siège est à Hernani (Guipuzcoa).

La protection douanière et les hauts prix dont a bénéficié l'industrie papetière espagnole se sont combinés avec un créneau de production très particulier pour expliquer le maintien de ces petits établissements industriels. Il s'agit en effet d'un marché bien spécialisé, dont le Pays Valencien est le principal fournisseur et consommateur : alors qu'il produit 15 % du papier national, très loin derrière le Pays Basque et la Catalogne, il produit plus de la moitié des papiers fins et plus du quart des papiers chiffons.

A l'aval de ces papeteries se sont installés des ateliers d'impression pour les emballages d'exportation, car ceux-ci, qui étaient au départ un moyen de protéger les fruits du pourrissement pendant le long et pénible voyage par mer, sont devenus ensuite des supports publicitaires intéressants pour les exportateurs. Chaque ville-centre possède au moins un ou deux ateliers spécialisés : à Alcira, la « Papelera de Exportadores de Naranja » (PAPENSA) couvre l'ensemble du processus en produisant le papier fin et en l'imprimant à la demande. Mais aujourd'hui cette activité se distingue de moins en moins de l'activité graphique en général, fortement développée dans la province de Valencia, en particulier dans la capitale.

Ces activités fondées sur le papier ont donc beaucoup progressé dans les années 1960, et certaines firmes en ont profité pour s'équiper et moderniser leurs équipements, dont le vieillissement était une faiblesse. Mais

---

[41] Botella Gómez A. (1981) : « La industria papelera : su localización en el País Valenciano », CG VALENCIA, n° 29, pp. 177-194.

leur activité aujourd'hui plafonne en même temps que plafonne la production agricole, et certains établissements sont en difficulté. En outre elle subit la concurrence des nouvelles étiquettes auto-adhésives sur les fruits, dont plusieurs fabriques sont rapidement apparues dans les centres d'exportation : Sueca (PLACOFE, ETIVAL) et Alcira. Ce marché a d'ailleurs tendance à se déplacer vers le sud, le long du littoral méditerranéen, avec les nouvelles zones d'agriculture d'exportation du Sureste et de l'Andalousie méditerranéenne.

b. *L'industrie des emballages*

Pour beaucoup, il s'agit encore de caisserie en bois, mais le carton, jugé plus fragile au départ, a fait sa percée sur le marché du conditionnement des fruits et légumes grâce à la création d'un certain nombre d'établissements spécialisés : « Ibero-Americana de Cartonajes » à Murcie, « Cartonajes Unión » à Gandía (1967), « Cartonajes Suñer » à Alcira, et à la création d'une foire-exposition annuelle des emballages à Alicante (ALIPACK). Les produits ont en effet considérablement évolué : les lourdes caisses de bois du début du siècle, de 50 à 70 kg (« bultos », « cajas » ou « medias »), propres à supporter les aléas d'un transport maritime peu délicat, sont devenues après 1945 les « américaines standard » de 25 kg, pour être progressivement remplacées par des caisses et des plateaux plus légers et plus maniables, rigides ou pliables, de 10-15 kg.

Dans le cas de la caisserie de bois, la faiblesse du niveau technique et de la valeur ajoutée d'une industrie surtout fondée sur la main-d'œuvre et sur une demande géographiquement diffuse, ont multiplié les établissements dans tout le *regadío*, avec des concentrations dans les principaux centres d'exportation : on en compte près de 170 dans la province de Valencia, qui regroupent 5 100 emplois, soit une moyenne de 30 par établissement. Il s'agit le plus souvent de petites entreprises d'origine familiale, autofinancées pour la plupart, et dont beaucoup d'entrepreneurs sont d'anciens ouvriers sortis du rang ou venus des autres industries du bois, scierie ou meuble. L'essentiel de la matière première est fourni par les pinèdes de l'intérieur des provinces de Valencia et de Castellón, où se trouvent les scieries, ou des provinces voisines et montagneuses de Cuenca et de Teruel. L'essor récent du contreplaqué au détriment du bois scié se traduit par des achats de bois de peuplier dans les régions plus humides de l'Espagne septentrionale.

La production couvre très largement les besoins du commerce d'expédition, et l'activité comme les prix suivent une courbe à peu près parallèle à celle de la campagne des agrumes. En été, la baisse d'activité et le sous-emploi obligent les ouvriers à s'employer à l'extérieur, en particulier comme journaliers dans les travaux agricoles. La situation économique de cette branche, qui n'est en rien liée à l'industrie du meuble, plus importante et plus prospère, est donc assez instable, car les fortes capacités de production pèsent sur l'offre, tandis que la demande est saisonnière. En outre, de nouvelles formes d'emballage se développent : les sacs de mailles plastiques de 5 kg et les énormes box-palettes métalliques qui simplifient au maximum les opérations de manipulation des fruits puisqu'ils sont remplis dans l'*almacén* et installés tels quels dans le magasin de vente au détail à l'étranger.

Malgré cela, la croissance de la production agricole irriguée et l'évolution des conditions de transport des fruits, qui a vu disparaître totalement le transport en vrac, se sont traduites par des créations d'établissements et des investissements en machines : de 1969 à 1972, on avait relevé dans cette branche 23 créations d'établissements et 13 agrandissements dans la province de Valencia. Cette croissance est donc en partie responsable des surcapacités de production et certaines firmes, pour pallier la saturation du marché de la caisserie agricole, s'orientent vers l'emballage industriel en général, pour lequel la croissance de l'industrie valencienne depuis une vingtaine d'années offre de bons débouchés.

c. *Les équipements de conditionnement des produits agricoles*

Resté longtemps artisanal et beaucoup plus demandeur de main-d'œuvre que d'équipement industriel, le conditionnement des fruits et légumes utilisait un matériel assez rustique, que les ateliers locaux étaient capables de construire et de monter, encore que les modèles en aient été souvent importés de l'étranger. Mais la pression des coûts de conditionnement, en particulier la hausse des salaires, a provoqué le renouvellement des équipements et la création de nouvelles *centrales hortofrutícolas;* cette substitution du capital au travail a suscité un regain d'activité industrielle, en même temps que l'augmentation rapide de la consommation des produits intermédiaires nécessaires au conditionnement des fruits et légumes.

Cette demande a été satisfaite de deux façons différentes:

— Par extension des anciens ateliers locaux, qui accèdent au niveau industriel par autofinancement et en exploitant des licences étrangères. Ils restent de taille modeste, sans jamais dépasser la cinquantaine d'emplois, et se spécialisent souvent dans un maillon de la chaîne de conditionnement : calibreuses (« Ramos » à Burriana, « Tormo » et « Arcot », « García » à Villareal), bandes transporteuses (« Manufacturas de Precisión » à Valencia), machines à étiqueter (« Mecatronic » à Valencia), machines à ceinturer les emballages (« Mecánica la Plana » à Castellón, « Tamarit Falaguera » à Valencia). Si l'initiative et le financement sont d'origine locale, les produits sont souvent fabriqués sous licence étrangère (américaine en particulier), ce qui limite ces firmes au marché régional et national, et empêche d'accéder au marché international. Peu d'entre elles figurent au registre des exportateurs : seule IMAD (Valencia), dans le créneau bien particulier du traitement et du stockage du riz, a su accéder au rang international.

— Par intervention directe des firmes étrangères : elles profitent, après 1950, de l'ouverture du marché espagnol, sur lequel leur avance technologique et leurs capitaux les placent en position de force. La « Food Machinery Company », d'origine californienne, mais dont le siège est à Chicago, fonde en 1955 son premier établissement espagnol à Valencia avant de s'installer ensuite à Madrid et à Barcelone. Sa filiale « Food Machinery Española » (FOMESA) compte 120 emplois à Valencia et fournit l'équipement complet des chaînes de conditionnement, ainsi que les produits chimiques nécessaires : elle peut livrer à l'exportateur un *almacén* « clefs en main ». « Roda Ibérica », installée à Alcira (94 emplois) est une filiale d'une firme italienne, liée à « Decco Ibérica », émanation de « Penwalt international », société américaine spécialisée dans les produits chimiques de conservation des fruits.

Conclusion

A première vue, les industries liées à l'agriculture n'ont pas, dans le secteur secondaire, la place que pourrait leur conférer l'importance de la production agricole, si la demande de produits industriels, tant à l'amont qu'à l'aval, avait été exploitée au maximum. Aucune branche industrielle, à part l'alimentation, ne consacre le tiers de ses emplois à satisfaire les besoins agricoles ou induits par l'agriculture. En ce qui concerne la valeur de la production industrielle, cette proportion ne doit pas dépasser 10 % de l'ensemble des deux provinces.

Il est cependant incontestable que ces activités ont progressé en valeur absolue au cours des deux dernières décennies, et que la région est devenue autosuffisante et même exportatrice pour un certain nombre de produits et de biens d'équipement nécessaires à l'agriculture, à ses fournisseurs amont et à ses clients aval : en particulier engrais et produits phytosanitaires, machines et produits de conditionnement des fruits et légumes. Un gros effort d'investissement a été réalisé dans ces branches : on a vu l'équipement des *almacenes* et les techniques du conditionnement se renouveler complètement, et une industrie des jus de fruits et de la conserverie se mettre en place. Il en a été de même dans dans le secteur des produits chimiques agricoles et dans celui des emballages (bois, carton, plastique).

Ces branches industrielles restent cependant affectées d'un certain nombre de handicaps:

— le handicap général de l'industrie valencienne, de faible capacité financière et technologique, qui la place sous la tutelle des organismes bancaires et des patentes étrangères, et la rend très sensible à la conjoncture économique en général et agricole en particulier;

— le caractère saisonnier de certaines activités, qui entraîne suréquipement, sous-utilisation et sous-emploi.

En outre, dans les deux provinces, la part des investissements nouveaux dans ces branches ne correspond pas à leur place dans l'emploi et dans la production industrielle. A quelques exceptions près, ces industries liées à l'économie agricole se sont développées moins vite que la production industrielle globale.

Une faible partie du secteur secondaire régional est donc aujourd'hui liée à l'agriculture irriguée même si, parmi les branches concernées, certaines ont suivi la croissance générale de l'industrie valencienne et si quelques réussites ont vu le jour. Par contre le secteur tertiaire s'est fortement développé et restructuré dans ses relations avec l'économie agricole, aussi bien à l'amont qu'à l'aval de la production. Mais ce qui est une force au plan commercial, peut devenir un poids lorsque les prix augmentent peu et que les marges bénéficiaires se réduisent à la production. Ce suréquipement tertiaire, fortement lié aux marchés extérieurs, est confronté, lui aussi, au problème du déplacement des zones de cultures d'exportation vers le sud : les grandes firmes ont déjà pris pied dans ces nouveaux centres de production (Alicante, Murcie, Almeria), mais les petites firmes privées et les petites coopératives risquent de se trouver confrontées à des problèmes d'approvisionnement et de rentabilité.

Conclusion de la deuxième partie

Le poids énorme de l'agriculture irriguée pendant près d'un siècle (1850-1950) dans l'économie régionale est un élément essentiel de la compréhension de la dynamique passée et de la situation actuelle des formes d'organisation de l'espace littoral valencien. Ses conséquences ont été nombreuses.

Le zonage des paysages agraires

On assiste, de 1850 à 1950, à la mise en place d'un schéma général organisé selon un gradient littoral/intérieur, où se définit une série de bandes parallèles : *arenal, arrozal, marjal,* huerta *vieja,* huerta *nueva,* orangers, vergers en terrasses, cultures sèches. La figure 15 résume l'évolution séculaire de cette structure, par déplacement successif des zones dynamiques au détriment des autres : l'*arrozal* au détriment de la lagune, la huerta au détriment de l'*arrozal,* les agrumes au détriment de toutes les autres. Ces derniers se substituent vers le littoral aux cultures de huerta et à l'*arrozal,* et vers l'intérieur, aux cultures sèches (à la vigne et aux caroubiers). Il y a donc, à l'échelle locale et régionale cette fois, vérification du modèle de Von Thünen, si on tient compte du fait que ces « bandes » de cultures différentes sont fortement « déformées » par la localisation des centres d'expédition des produits agricoles et par la structure générale du réseau de communications.

L'évolution de la population régionale

L'accumulation des hommes dans les zones irriguées, déjà nette au XIXe siècle, ne fait que se renforcer pendant un siècle, en rapport direct avec la croissance de l'économie agricole irriguée. Voisines de 100 hab/km^2 en 1857, les densités moyennes dépassent déjà 200 en 1950. Les courbes d'évolution de la population des zones littorales sont nettement différentes de celles des zones intérieures : elles présentent une croissance à peu près continue, d'autant plus forte que les surfaces irriguées sont plus importantes et les centres urbains plus dynamiques.

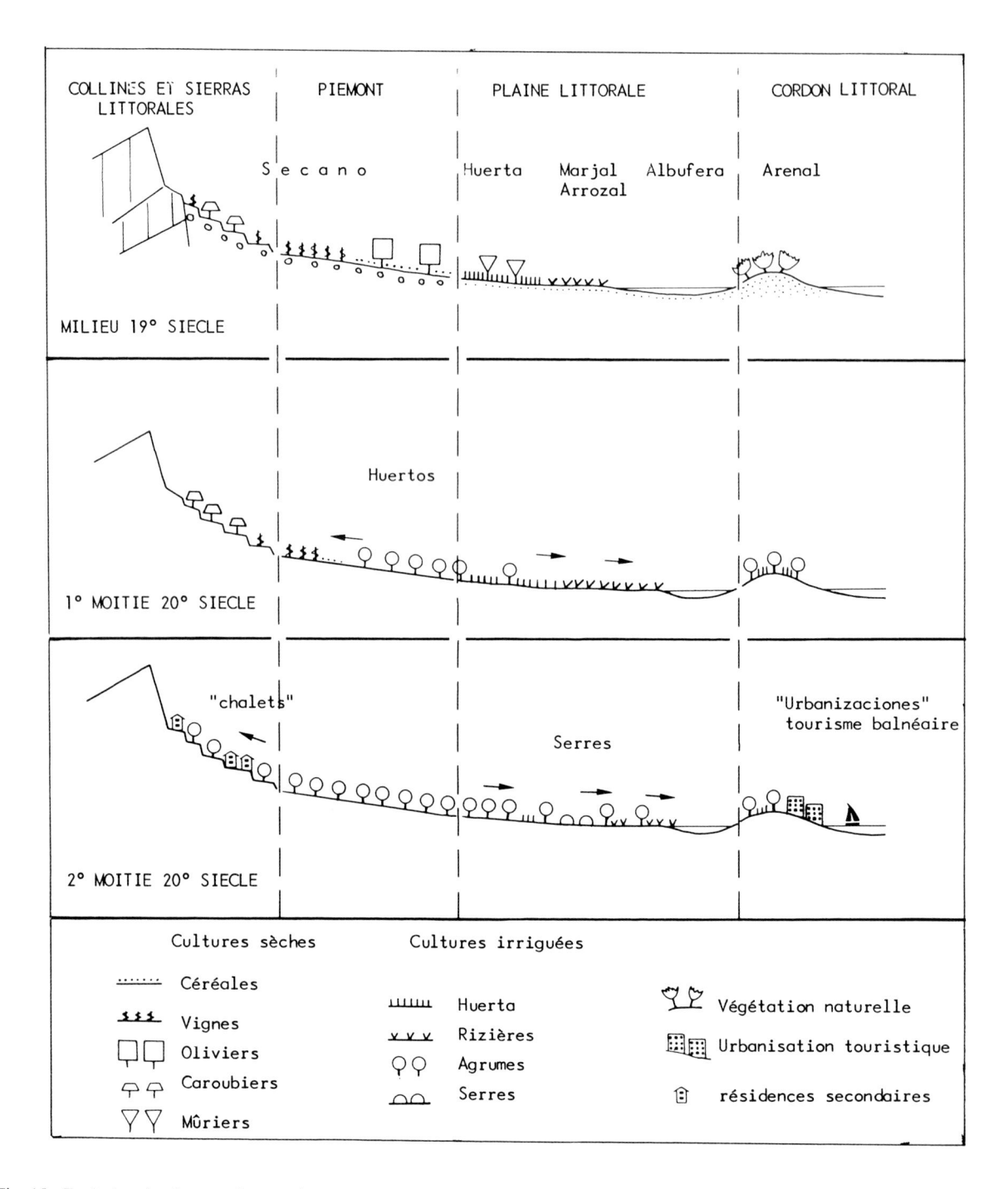

Fig. 15 : Evolution des formes d'occupation de l'espace rural dans la zone littorale des provinces de Valencia et de Castellón de 1850 à 1980 (aires métropolitaines non comprises)

L'étude graphique de l'évolution de la population des « partidos judiciales »* des deux provinces de 1900 à 1980 oppose les comportements démographiques des huertas et ceux des *secanos* (fig. 16). Dans les premières, on note une croissance à peu près continue : forte dans les zones urbaines et industrielles (Valencia, Torrente, Sagunto, Castellón), elle est moyenne dans les huertas anciennes et animées par des villes-centres (Gandía, Alcira, Nules) et faible dans les huertas plus intérieures ou d'extension plus récente (Carlet, Játiva, Alberique). Une stagnation suivie d'une croissance plus ou moins rapide caractérise les littoraux peu irrigués (Vinaroz au nord, Pego et Denia au sud) et les *secanos* qui associent cultures sèches et industrie (Albaida, Onteniente, Chiva, Liria). Par contre, les *secanos* intérieurs peu évolués et d'exode rural tardif (Enguerra, Ayora, Requena, Segorbe, Viver) sont affectés par une croissance lente suivie d'une décroissance rapide, tandis que l'intérieur montagneux du nord-est de la Région Valencienne (Chelva, Lucena, Albocácer, San Mateo et Morella) est marqué par une décroissance à peu près continue, par suite d'un exode rural très précoce. La distribution spatiale de ces comportements traduit à la fois le gradient littoral/intérieur et une disposition concentrique autour du pôle valencien, selon un modèle centre-périphérie assez évident.

L'analyse des composantes démographiques de cette évolution montre que le bilan naturel a été le facteur principal de cette croissance de la population des zones de *regadío* : souvent supérieur à la moyenne provinciale dans les communes rurales, il se caractérise par une baisse plus précoce de la natalité et de la mortalité que dans les régions intérieures. Il a pu être renforcé par un bilan migratoire variable. Celui-ci est positif dans les périodes de conjoncture économique favorable, lorsque la production agricole et les surfaces irriguées s'accroissent, de même que les activités urbaines induites. L'immigration est, dans cette première moitié du siècle, originaire des régions intérieures dont le bilan migratoire est très tôt négatif, et dont la population est attirée vers le littoral par les emplois et les salaires agricoles supérieurs.

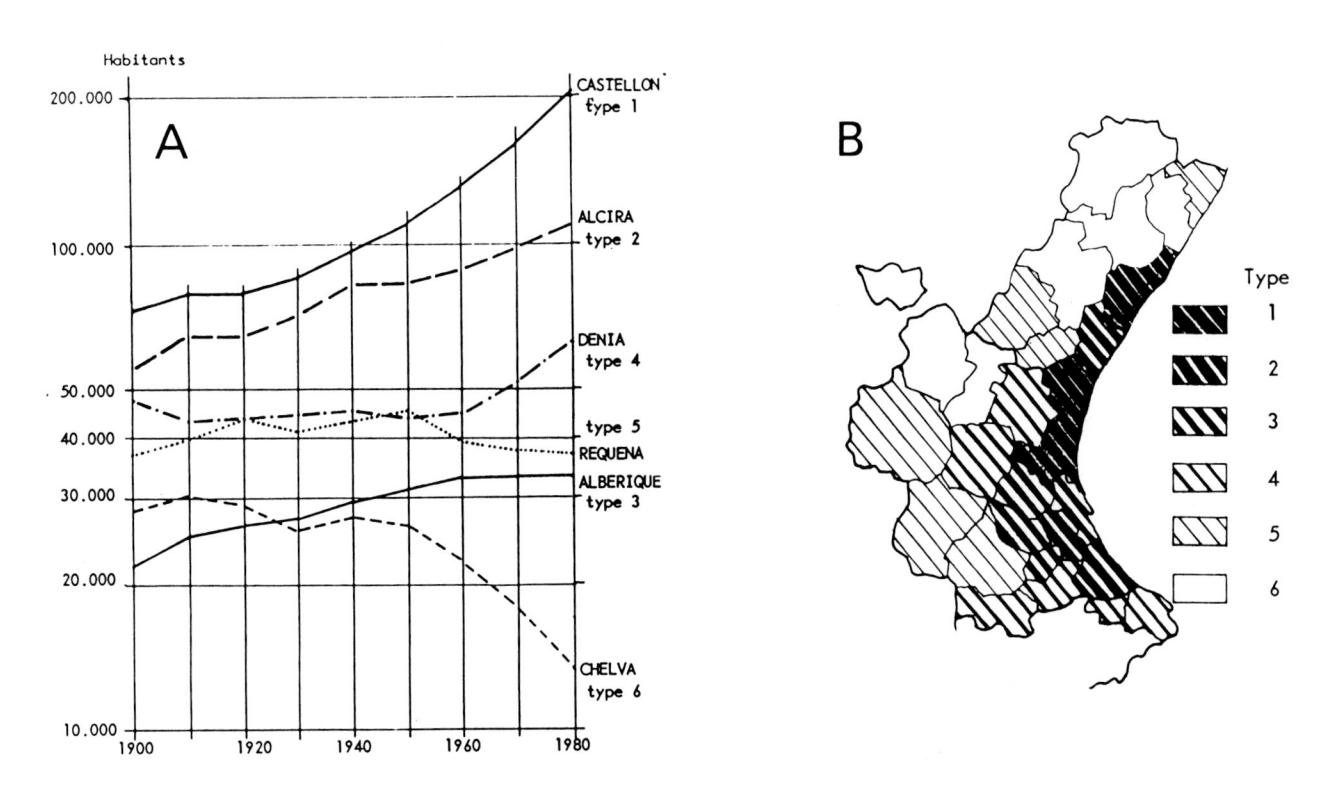

Fig. 16 : Evolution de la population des *partidos judiciales* dans les provinces de Valencia et de Castellón de 1900 à 1980
A : Courbes chronologiques de l'évolution de la population de 6 *partidos* représentatifs des différents comportements démographiques
B : Carte des comportements démographiques des *partidos* : croissance continue et accélérée (1); croissance continue mais heurtée (2); croissance ralentie (3); stagnation puis croissance accélérée (4); croissance lente puis décroissance (5); décroissance accélérée (6)

Ce bilan migratoire a été nul ou même négatif durant les crises de l'agriculture d'exportation : celle de la première guerre mondiale est suffisamment forte pour faire diminuer la population de certaines communes agrumicoles (en particulier les gros bourgs les plus spécialisés) par suite d'un bilan migratoire fortement négatif, et retentir même sur l'évolution de la population provinciale, nettement plus faible que la moyenne nationale entre 1910 et 1920. L'émigration, quand elle se produit, se fait vers l'agglomération valencienne, la Catalogne industrielle, ou déjà la France méditerranéenne.

La structure de la base économique régionale

Un des thèmes d'histoire économique qui a connu un grand succès et suscité de nombreux travaux parmi les chercheurs valenciens a été celui du relatif échec de la révolution industrielle au XIXe siècle dans la Région Valencienne, où la base agricole de l'économie s'est renforcée et où la véritable révolution industrielle a été reportée en quelque sorte à la seconde moitié du XXe siècle (Tomas Carpi, 1978). Cette situation n'est d'ailleurs par originale en Espagne, où la révolution industrielle n'a affecté au XIXe siècle qu'un petit nombre de régions, qu'on peut qualifier aujourd'hui de « vieilles régions industrielles » : la Catalogne, le Pays Basque et les Asturies.

Dans le cas valencien, on peut y voir une évolution de type bas-languedocien, telle que R. Dugrand (1963) l'a décrite pour le vignoble de masse français : les investissements citadins dans la terre et dans le commerce d'expédition des produits agricoles depuis un siècle ont pesé lourdement sur l'économie régionale et favorisé la constitution d'un système spatial fondé sur les cultures irriguées d'exportation, au sens où F. Auriac (1983) parle du système viticole bas-languedocien. Il façonnait en même temps une image « agricole » et prospère des huertas valenciennes (« Levante feliz »). Les orangers à Valencia auraient donc joué le même rôle que la vigne en Bas-Languedoc, mais dans une structure agraire un peu différente, de type plus « Comtadín » que « Bas-Languedocien », par l'importance de la petite paysannerie et la faiblesse relative des grands domaines ; de même, les villes ont été à la fois rentières du sol comme en Bas-Languedoc, mais aussi centres d'expédition et d'activités induites par l'économie agricole irriguée, comme en Comtat vauclusien. Gandía, Alcira, Burriana, rappellent par bien des aspects et des fonctions Carpentras, Cavaillon ou Châteaurenard.

E. Bono[42], qui insiste sur la situation dominée de l'économie valencienne vis-à-vis des marchés extérieurs, et sur le rôle des économies étrangères (anglaise en particulier) dans l'essor des cultures d'exportation, va jusqu'à parler de croissance extravertie (« crecimiento hacia afuera ») et à comparer l'économie valencienne à certaines économies sud-américaines, comme celle de l'Uruguay ou de l'Argentine. On a pu parler effectivement de « cycles » dans les productions agricoles de marché du *regadío* valencien : A. López Gómez (1957) en a étudié la traduction spatiale dans la Plana de Castellón et J. Piqueras (1985) en a décrit le commerce d'exportation. Mais si les produits changent, le système irrigué se maintient et se développe : c'est une réponse des agriculteurs irrigants à l'évolution de leurs marchés. Si les capitaux et les firmes étrangères ont participé et participent toujours aux activités du *regadío*, celui-ci ne s'est pas trouvé en situation « coloniale », même s'il a été, et est encore par certains aspects, « dominé ». La part autochtone des activités, des initiatives, des financements et des résultats est telle que le système est fortement « enraciné » et relativement « indépendant ».

Il est vrai que l'industrie valencienne s'est développée à l'écart de l'activité agricole selon un schéma propre (« La via valenciana » de E. Lluch, 1976) et que les branches qui y sont liées ne représentent qu'une faible part de la production totale. Il y a là deux systèmes économiques qui se sont plus ou moins ignorés et qui ont cohabité dans le même espace ; les achats industriels de l'agriculture sont bien réels et ont soutenu

---

(42) Bono E. (1973) : : « El País Valenciano : un crecimiento hacia afuera », Comunicación presentada al Seminario Internacional de Economía Regional, Servicio de Estudios del Banco Urquijo, Barcelona.

une activité non négligeable, mais le *regadío* valencien a été surtout client de l'industrie étrangère puis nationale, et les transferts de capitaux de l'agriculture vers l'industrie ont été peu importants, tandis que les cas de transferts de sens contraire ne sont pas rares.

L'agriculture irriguée a été par contre la base de développement du commerce d'expédition et des activités tertiaires, et ses infrastructures, sa population active et ses marchés ont été des facteurs favorables au déclenchement du boom industriel des années soixante et soixante-dix, qui a correspondu d'ailleurs à une période de mutation profonde et de crise de l'agriculture irriguée. C'est la thèse de J. Tomás Carpi, pour lequel l'essor séculaire de l'agriculture n'a pas été un obstacle à l'industrialisation, mais a favorisé au contraire l'émergence lente d'une activité industrielle qui « explosera » dans la deuxième moitié du XXe siècle. C'est cette mutation de la base économique régionale et ses répercussions dans l'espace irrigué qui constituent la troisième partie de notre propos.

Troisième partie
ESPACE URBANISÉ ET SYSTÈME AGRICOLE IRRIGUÉ

L'économie valencienne a connu, comme l'ensemble de l'économie espagnole, une croissance rapide dans les années 1960 et 1970, avant d'être atteinte, mais plus tardivement que le reste du pays, par le renversement de conjoncture. Les raisons de cette mutation, qui a fait de l'Espagne une puissance industrielle, sont largement connues par ailleurs : nous nous intéresserons aux faits proprement valenciens, qui en sont une traduction originale. Notre région d'étude est devenue en effet la quatrième région industrielle de l'Espagne, après la Catalogne, le Pays Basque et Madrid. La croissance du produit brut et de l'emploi industriels a été nettement supérieure à celle des autres régions espagnoles, en particulier des autres régions industrielles (tab. 15). Cette industrialisation, enracinée par de nombreux aspects dans le tissu économique régional, en partie « autochtone », a été le moteur essentiel des transformations économiques et sociales et des mutations dans l'organisation de l'espace étudié. Elle a été accompagnée par un puissant processus d'urbanisation, élément essentiel de la rapide croissance démographique du littoral valencien. Cette mutation profonde de la base économique régionale bouleverse l'espace agricole irrigué qui a été en général le lieu privilégié de ces transformations : évolution de ses systèmes de production, de ses marchés et de l'organisation régionale de l'espace, dans laquelle l'agriculture voit sa place économique diminuer fortement au profit des activités industrielles et tertiaires.

Tab. 15 : Croissance de l'emploi et du produit industriels (valeur ajoutée brute) dans les provinces de Valencia et Castellón

Provinces	Emploi industriel		produit industriel (pesetas courantes)	
	1962-1971	1971-1981	1962-1971	1971-1981
Valencia	+ 43 %	− 5 %	× 4,2	× 6,8
Castellón	+ 6,7	+ 6	× 4,2	× 8
Barcelone	+ 25 %	− 21	× 3,3	× 5,5
Madrid	+ 35 %	− 17	× 3,9	× 6
Vizcaya	+ 17 %	− 20	× 3,3	× 4
Espagne	+ 20 %	− 15	× 3,6	× 6

Source : Banco de Bilbao (La Renta nacional de España).

Chapitre I

LE SYSTÈME URBAIN ET INDUSTRIEL DOMINANT

L'ÉCONOMIE industrielle et tertiaire valencienne était bien liée à l'activité agricole dans la première moitié du siècle, mais cette relation n'était pas exclusive. Dès cette période, une bourgeoisie financière et industrielle commence à se substituer à la bourgeoisie marchande liée à l'agriculture d'exportation [43]. Après la première guerre mondiale, qui avait favorisé l'industrie plus que l'agriculture, la « decada dorada de los cítricos » (1920-1930) empêche cette substitution au niveau des couches dirigeantes de la société ; mais la crise agricole des années trente n'entraîne pas de crise industrielle, et le « Banco de Valencia », qui était né d'intérêts financiers liés au riz, passe en 1927 aux mains d'intérêts qui ne sont ni rizicoles, ni citricoles. La croissance industrielle de la seconde moitié du siècle ne se développe donc pas sur un terrain vierge ; mais tout se passe comme si elle avait été retardée par la puissance du « système oranger ».

A. L'évolution industrielle de l'économie valencienne

De 1950 à 1980, la population active de la zone littorale absorbe l'essentiel de la croissance de l'emploi dans les deux provinces (+ 13 % de 1955 à 1975) alors que l'intérieur se dépeuple par la crise économique de l'agriculture de *secano*. En même temps, la structure sectorielle de l'économie connaît une rapide mutation : la population active du secteur primaire s'effondre en valeur absolue comme en valeur relative, tandis que celle du secondaire et du tertiaire s'accroît rapidement. Tout se passe comme si la Région Valencienne accueillait, avec un siècle de retard, la révolution industrielle. Pendant la décennie 1960-70, les actifs du secondaire augmentent même plus rapidement que ceux du tertiaire, jusqu'à représenter 42 % des actifs dans la province de Valencia. Ce n'est qu'après 1970 que le secteur tertiaire prend le pas sur le secondaire dans l'emploi, pour en atteindre la moitié en 1980, alors que le primaire n'en représente plus que 12 %.

1. *Industries de main-d'œuvre et avantages de localisation*

Cette croissance industrielle a été inégale selon les branches, mais presque toujours plus forte que la moyenne espagnole : une analyse de la croissance différentielle (analyse de « shift and share ») appliquée aux branches industrielles dans le cadre de la province de Valencia, pour la période 1962-1971, a montré que

---
[43] Martínez Serrano J.A., Reig I Martínez E., Soler I Marco V. (1976) : « Análisis de la Economía Valenciana (1886-1972) a través del indicador de la constitución de sociedades », PANORAMA BURSATIL, Valencia, n° 2, pp. 27-70.

l'emploi industriel s'y est développé deux fois plus vite que la moyenne nationale et que la composante de localisation, c'est-à-dire celle qui traduit les économies externes liées à la situation géographique, représente la moitié de cette croissance. Ce ne sont pas les branches industrielles les plus dynamiques au plan national qui ont le mieux soutenu la croissance régionale : les industries de biens de consommation (agro-alimentaire, textile, cuir, confection, bois et meuble) représentent toujours plus de la moitié des emplois et certaines d'entre elles ont fourni plus de la moitié des emplois nouveaux (bois, confection, cuir), suivies par les biens d'équipement (machines, automobiles) et la chimie. Cette prédominance des industries de main-d'œuvre dans la structure et dans la croissance se traduit par un taux d'investissement par emploi nouveau un peu plus faible que la moyenne nationale, et par un type d'établissements industriels où la substitution du capital au travail ne s'est faite que lentement, par suite de l'abondance de la main-d'œuvre disponible, élément important de la composante locale.

2. *La composante locale*

Cette composante locale est faite d'un certain nombre de facteurs propres à la structure économique existante et aux avantages externes que fournissait l'espace régional.

Le milieu industriel régional s'est révélé dynamique et entreprenant : les petites et moyenne entreprises, nombreuses dans les industries de biens de consommation, ont pu se développer avec une faible capitalisation, des moyens financiers réduits (autofinancement important), et une main-d'œuvre à bon marché, dont le réservoir a été largement alimenté par la croissance démographique régionale, les transferts d'emplois du secteur agricole et l'immigration des régions méridionales de la Péninsule. Elles ont su profiter de la croissance générale de la consommation intérieure avec la hausse rapide du niveau de vie espagnol dans les années 1960 et 1970, ainsi que de l'ouverture des marchés extérieurs.

Déjà existantes grâce à l'économie agricole d'exportation, les économies externes ont été renforcées par l'essor économique régional et l'action des pouvoirs publics. Le réseau urbain dense offre des services de niveau élevé aux entreprises; le système de communications a été sans cesse développé et amélioré, surtout en ce qui concerne les ports et les autoroutes. L'économie est depuis longtemps ouverte sur l'extérieur par l'agriculture d'exportation : la province de Valencia est un des points de contact de la Péninsule avec le marché mondial et ses douanes traitent un dixième des exportations nationales, après Madrid et Barcelone. Enfin la main-d'œuvre était abondante, bon marché et peu revendicative. Cela tenait autant à la structure politique de l'Espagne durant cette période qu'à la structure des établissements (dominante de petites et moyennes entreprises) et à l'origine rurale et semi-rurale d'une partie des ouvriers, plus ou moins liés à la terre par la double activité.

Cet ensemble d'économies externes se comprend mieux si on replace le littoral valencien dans le champ méditerranéen de la croissance économique de l'Espagne : peu affecté par la politique officielle des pôles de développement, le littoral de Gérone à Alicante a été un des axes majeurs de cette croissance. C'est la façade méditerranéenne de l'Espagne « utile » de R. Ferras (1985, p. 55), où s'est accumulée une bonne partie des investissements productifs nationaux depuis vingt ans[44]. S'appuyant sur des données de 1960 et 1970, E. Juillard situait schématiquement, parmi ses types d'organisation régionale en Europe occidentale, la région de Valencia dans le « modèle périphérique au stade 1 » : « industrialisation encore faible et réseau de transport peu modernisé... capitales régionales relativement modestes »[45]. En fait, on peut déjà lui appliquer la définition du même modèle au stade 2 : « divers facteurs (industrie spécialisée, activités portuaires, tourisme) viennent créer une richesse nouvelle.., la capitale voit sa population augmenter rapidement... On verra ainsi se constituer des régions de plus en plus solidement intégrées...au long des principaux axes de communica-

---

[44] Courtot R. (1978) : « Géographie des investissements industriels récents en Espagne », note, MEDITERRANEE, 34, n° 4, pp. 55-62.

tion »⁽⁴⁵⁾. Voilà qui convient mieux à la description de la Région Valencienne, et A. Reynaud fait, un peu plus tard, du littoral entre l'Ebre et le Segura une « périphérie comptant sur ses propres forces en cours d'intégration »⁽⁴⁶⁾. Périphérie en cours d'intégration dans un ensemble littoral méditerranéen dynamique, allant de la Catalogne à Murcie; périphérie comptant sur ses propres forces, car il y relève les caractères suivants : le rôle-clé de l'industrialisation, l'esprit d'entreprise, l'enracinement régional, la légèreté des structures, la très grande souplesse, l'ouverture sur le monde et le contrôle sur place des capitaux, en même temps que l'appel à l'épargne ou aux capitaux du centre. En effet, deux systèmes économiques industriels s'y juxtaposent, l'un autochtone plus ancien, l'autre exogène plus récent⁽⁴⁷⁾.

3. *Petites firmes et grands établissements*

La répartition des établissements selon le nombre d'emplois fait apparaître une structure assez nettement dualiste de l'industrie valencienne. D'un côté, un grand nombre de petites et moyennes entreprises (moins de 500 emplois), regroupent 4/5 de l'emploi industriel; de l'autre, un petit nombre de grands établissements (26 de plus de 500 emplois dans la province de Valencia) en absorbent le 1/5 restant. Quelques-uns, de plus de 1 000 emplois, pèsent lourdement dans l'emploi régional : « Ford España » à Almusafes (10 264 emplois), « Altos Hornos del Mediterráneo » à Sagunto (5 804), « Unión Naval de Levante » au Grao de Valencia (2 500), MACOSA à Albuixech (1 200).

La localisation des industries privilégie les aires métropolitaines de Valencia et de Castellón, qui abritent déja deux tiers des emplois industriels des deux provinces : les espaces urbains déja industriels continuent à attirer une grande partie des nouveaux établissements. Cependant la proportion de zones industrielles nouvelles y est sensiblement moindre, car leurs périphéries, autant dans la zone littorale que dans leur arrière-pays, sont à leur tour des espaces attractifs, selon une dialectique spatiale entre le centre et la périphérie du centre. L'Alcalaten (industrie céramique autochtone d'Alcora), le Campo de Liria et la Hoya de Buñol (redéversement de l'industrie valencienne), la Ribera Baja (implantation de « Ford » à Almusafes) deviennent de nouveaux espaces industriels, où cette activité entre en compétition spatiale et sociale avec l'agriculture irriguée.

a. *La mutation industrielle du Campo del Turia*

Les travaux de J.M. Jordan Galduf⁽⁴⁸⁾ fournissent un bon exemple du premier type de croissance industrielle, celui qui a été le fait de petites et moyennes entreprises locales ou de firmes valenciennes qui s'implantaient dans la périphérie du centre régional, selon un effet diffuseur classique autour d'un pôle de développement. Cette *comarca,* située au nord-ouest de la capitale, au contact immédiat de son aire métropolitaine, s'étend sur le piémont sec, traversé par la moyenne vallée du Turia et par plusieurs routes qui s'éloignent en éventail de Valencia vers l'intérieur montagneux. Peuplée de gros bourgs agricoles dans les zones irriguées proches du Turia, et de petits villages dans les zones les plus sèches et les plus éloignées, elle a connu une profonde mutation économique dans la période 1960-1980, sous l'effet d'une industrialisation croissante et d'une intégration progressive dans le champ de l'exurbarnisation valencienne.

---

(45) Juillard E. (1976) : « Pour une logique des divisions régionales en Europe occidentale », REVUE DE GEOGRAPHIE DE L'EST, 16, n° 3-4, pp. 103-120.
(46) Reynaud A. (1981) : « Société, espace et justice », PUF, Coll. Espace et Liberté, Paris, p. 186.
(47) Courtot R. (1978) « Les investissements industriels dans la province de Valence (Espagne) : autonomie ou succursalisme », VILLES EN PARALLELE, Paris X-Nanterre, n° 2, pp. 81-89.
(48) Jordan Galduf J.M. (1977) « Llíria i la comarca Camp de Túria : les transformaciones económiques cap a l'interior del País Valenciá », Lindes, Quaderns d'Assaig, Valenciá, 67 p.

A partir de 1960, les établissements industriels s'y sont multipliés, soit par agrandissement d'entreprises artisanales déjà existantes, soit par investissement de firmes valenciennes qui sont sorties de l'agglomération pour plusieurs raisons:

— faible prix du sol industriel (c'est, semble-t-il, la raison principale) et absence de contraintes réglementaires quant aux rejets industriels polluants,

— présence d'une main-d'œuvre abondante, en particulier féminine, libérée par le sous-emploi et la crise de l'agriculture de *secano*, et qui présente une mentalité « rurale » peu revendicatrice,

— proximité du centre régional (communications faciles par l'axe routier de la C-234).

Les établissements petits et moyens sont les plus nombreux et les branches des industries de consommation y ont une prépondérance écrasante : le textile est largement en tête, suivi de loin par le secteur du bois, car quelques firmes valenciennes de la confection, de rang national et même international, y ont implanté d'importants établissements de production. La firme « Saez Merino », en particulier, crée en 1974 un établissement de 900 emplois à Benaguacil : c'est le deuxième groupe espagnol du secteur de la confection par le chiffre d'affaires, et le quatrième producteur mondial de « jeans » (marque « Loís »).

Les communes les plus industrielles sont les plus proches de la Huerta et de l'axe principal de communication avec Valencia : au plan démographique cette industrialisation a été, avec les migrations pendulaires vers Valencia (la majeure partie de la population de la *comarca* se trouve à moins de 30 km du centre de cette ville), le moteur principal d'une croissance soutenue de 1960 à 1980. La population a augmenté de 32 % en vingt ans, après une longue période de croissance lente depuis le début du siècle (+ 31 % de 1900 à 1950). Les records de croissance de la période 1960-1980 se situent dans les communes les plus industrielles, qui sont aussi les plus proches du centre : la Eliana (+ 217 %), Ribarroja del Turia (+ 39 %), Puebla de Vallbona (+ 44 %). En 1977, IBM crée un établissement de 400 emplois pour la fabrication de composants électroniques dans une zone industrielle de cette dernière commune. C'est sous une forme modeste la manifestation d'un autre système industriel.

b. *Les créations nouvelles du secteur dominant*

Jusqu'au début des années 1970, le littoral valencien comptait peu de firmes industrielles importantes et peu de grands établissements : en 1970, aucune société industrielle valencienne parmi les cent premières espagnoles, et seulement 5 établissements de plus de 1 000 emplois. Comparativement aux autres régions industrielles, le capital étranger, qui a fortement participé à l'industrialisation du pays, était relativement peu représenté (Pico, 1974). Des firmes espagnoles ou étrangères occupaient déjà des positions intéressantes dans certains secteurs-clefs des biens intermédiaires et d'équipement (chimie et machines agricoles, constructions navales, sidérurgie) : à part « Segarra », firme autochtone de l'industrie de la chaussure, les établissements de plus de 1 000 emplois étaient dirigés par le capital madrilène, basque ou catalan.

A partir de 1965, le panorama change avec l'installation de plusieurs grands établissements par des firmes du secteur dominant, d'origine nationale et internationale.

Près du Grao de Castellón, une zone industrialo-portuaire à dominante pétrochimique (« polígono industrial del Serrallo ») a pour point de départ en 1967 l'installation d'une raffinerie de pétrole de 4 millions de tonnes de capacité, financée par le « Banco Español de Crédito » et par « Exxon », réunis au sein de « Petróleos del Mediterráneo » (PETROMED). Sur cette plateforme se greffent une usine de liquéfaction de gaz (« Butano SA »), une usine de produits chimiques en 1971 (« Productos Químicos del Mediterráneo ») et une centrale thermique au fuel en 1972 (« Hidroeléctrica Española »). Au total, sur une surface de 200 ha, plus de 20 milliards de pesetas d'investissements et environ 600 emplois directs. Cette zone industrielle a surtout pour fonction de fournir de l'énergie et des biens intermédiaires à l'industrie chimique et à l'agriculture (engrais) de Castellon. Elle a continué à se développer dans ce sens : la centrale thermique fournit l'essentiel de l'électricité provinciale, la capacité de la raffinerie a été portée à 6 millions de tonnes en 1976 (un cracking catalytique est en projet) et le gaz de raffinage est conduit par un gazoduc à Onda et Alcora, pour y alimenter les fours de l'industrie de la céramique.

En 1965, le gouvernement espagnol décide de créer une usine sidérurgique intégrale sur l'eau en utilisant le site existant de Sagunto, selon une opération assez semblable à celle de Fos-sur-Mer. La finalité est triple : il s'agit d'abord de rénover une vieille sidérurgie créée de 1917 à 1923 pour utiliser le minerai de fer aragonais de Ojos Negros (province de Teruel) exporté par le port de Sagunto depuis 1907. On veut en même temps créer une unité sidérurgique capable de produire 6 millions de tonnes d'acier (2 hauts-fourneaux, une aciérie et un laminoir à froid) et d'engendrer un processus de développement industriel induit susceptible de créer un véritable pôle régional. Enfin on vise l'alimentation du marché intérieur de l'acier avec un outil moderne et concurrentiel, en même temps que la pénétration du marché extérieur, méditerranéen en particulier. Le programme prévoyait d'investir 125 milliards de pts, en 3 phases, de 1975 à 81, de créer 6 000 emplois directs et 20 000 emplois induits, et les urbanistes planifiaient la croissance de Sagunto pour 200 000 habitants à l'horizon 2 000.

L'usine sidérurgique de Sagunto est en pleine crise : la première phase (laminoir à froid) est entrée en fonction en 1977, mais l'effondrement du marché de l'acier a provoqué l'arrêt du programme, le retrait des capitaux privés et l'application par la puissance publique d'un plan de restructuration de la sidérurgie (1983) qui prévoit la fermeture des hauts fourneaux et de l'aciérie, et la réduction de moitié du nombre d'emplois. Pour toutes ces raisons, l'emploi sur le site n'a cessé ensuite de décroître et l'usine sidérurgique n'a pas eu les effets d'entraînement attendus : après une forte croissance pendant la période du chantier (+ 36 % de 1970 à 1980), la population de Sagunto régresse sous l'effet d'un solde migratoire négatif.

En 1971, « Ford » décide l'installation d'une usine de construction d'automobiles de tourisme, d'une capacité de 240 000 véhicules par an, afin de prendre pied sur le marché espagnol et européen de la petite voiture. La multinationale américaine porte son choix en 1973 sur la commune d'Almusafes, dans la plaine littorale, à 20 km au sud de Valencia, afin de bénéficier des avantages externes fournis par cet espace : infrastructure de communications existante, proximité de la métropole régionale et du port pour l'exportation, importance de la main-d'œuvre existante et de l'urbanisation qui déchargent l'entreprise des problèmes de personnel et de logement. L'usine « Ford » a connu un bien meilleur sort que la sidérurgie de Sagunto : construite rapidement, elle commence à produire à la fin de 1976 et atteint vite son niveau de croisière grâce à la bonne pénétration de son modèle « fiesta » sur le marché espagnol et européen (156 000 véhicules exportés dès 1977, plus de 10 000 emplois en 1978). La situation du marché de l'automobile entraîne un ralentissement des ventes et une légère réduction de l'emploi à partir de 1980, mais l'activité de l'établissement n'est pas mise en cause. Malgré sa taille, l'impact local a été relativement faible, sauf pour quelques communes avoisinantes qui ont vu leur population augmenter rapidement entre 1970 et 1980: Silla (+ 60 %), Almusafes (+ 35 %), Picasent (+ 23 %). L'aire de recrutement du personnel porte en effet sur toute la partie sud de l'aire métropolitaine valencienne. Les achats de biens intermédiaires à l'industrie régionale ne sont pas très développés, car la majeure partie des industries auxiliaires de l'automobile sont déjà fixées en Catalogne et au Pays Basque.

Ces opérations présentent donc un certain nombre de caractères communs :
— capital extra-régional, national ou étranger, qui enlève aux centres de décision régionaux l'essentiel de l'initiative : le pouvoir de décision procède d'une stratégie nationale (« Altos Hornos del Mediterráneo ») ou internationale (« Ford »);
— énormes investissements, soutenus par l'aide publique au plus haut niveau pour le crédit et les infrastructures. Le « Banco de Crédito Industrial » a été fortement sollicité dans les cas de Sagunto et de « Ford ». L'aménagement du port de Sagunto et son recreusement pour accroître le tirant d'eau des navires, la création d'un quai d'embarquement des automobiles sur le port de Valencia, ont été réalisés par des crédits publics;
— importants problèmes d'insertion de ces monstres (à l'échelle valencienne) dans les structures industrielles existantes et dans l'organisation de l'espace.

Cette nouvelle géographie industrielle est fortement marquée par la recherche des avantages externes fournis par l'espace régional et par la politique d'aménagement des nouvelles infrastructures : en particulier les autoroutes et les zones industrielles. Depuis 1975, l'« Instituto de Promoción Industrial » (I.P.I.), émanation de la Chambre de Commerce et d'Industrie de Valencia a développé une politique active de création et de promotion de zones industrielles : il s'agissait d'offrir des terrains aux nouveaux établissements en dehors des espaces déjà urbanisés et de désenclaver les établissements localisés dans les centres urbains. Près de 10 000 ha ont été ainsi recensés dans les deux provinces, la plupart d'entre eux dans la Huerta de Valencia et dans la zone littorale : 1 000 ha environ étaient occupés en 1978. Cependant les zones industrielles périurbaines de Valencia sont fortement colonisées par les activités de commerce, de services et d'entrepôt, et les activités de production sont mieux représentées dans les zones plus éloignées de la capitale ou liées aux centres urbains secondaires.

B. La croissance urbaine

Cette industrialisation s'accompagne d'une tertiarisation progressive de l'économie régionale : d'un quart de l'emploi total en 1955, le secteur tertiaire passe à la moitié en 1980. Cette évolution a été en partie soutenue par la croissance de la production agricole et l'essor du commerce lié à celle-ci, mais surtout par l'industrialisation, la croissance démographique et l'urbanisation, enfin par le tourisme. En même temps sa structure change : les commmerces et services banaux se développent au rythme conjugué de la croissance de la population et de son niveau de vie, tandis que le tertiaire de base prend une place nouvelle dans l'économie et l'emploi régional. D'abord lié à la production et au commerce des produits agricoles, il est de plus en plus lié à l'activité industrielle, et les services aux entreprises en particulier se développent rapidement. En même temps, la ville de Valencia devient un pôle économique majeur : ville de foires et de congrès, c'est le centre économique d'une nouvelle région industrielle et urbaine, et enfin la nouvelle capitale d'une région autonome, le « País Valencià », formée des provinces de Valencia, Castellón et Alicante, pour laquelle se met en place une nouvelle administration régional.

1. *Le troisième pôle d'attraction de la population espagnole*

Depuis 1960, la croissance globale de la population des deux provinces de Valencia et de Castellón est nettement supérieure à la moyenne nationale (tab. 16), grâce à un solde migratoire très fortement positif. Celui-ci est essentiellement alimenté par les migrations intérieures de la Péninsule, car le solde avec l'étranger a varié : négatif dans un premier temps, puis positif avec les retours des migrants vers l'Europe à partir de

Tab. 16 : Les composantes de la croissance démographique des provinces de Valencia et de Castellón de 1950 à 1980

	Valencia			Castellón			Espagne		
	EV	BN	SM	EV	BN	SM	EV	BN	SM
1950-1960	+ 6	+ 8,3	− 2,3	+ 4,3	+ 4,3	0	+ 8,7	+ 11,3	− 2,6
1960-1970	+ 23	+ 11,5	+ 12,1	+ 13,7	+ 6,4	+ 7,3	+ 11,1	+ 12,8	− 1,7
1970-1980	+ 16,9	+ 10,5	+ 6,4	+ 11,9	+ 6,5	+ 5,4	+ 11,2	+ 10	+ 1,2

EV = Evolution Totale; BN = Bilan Naturel; SM = Solde Migratoire (en %).
Source : I.N.E., Recensements de population.

1975. La province de Valencia, avec ses deux voisines de Castellón et d'Alicante, a constitué dans la période 1960-1980 le 3e pôle d'attraction des migrations interprovinciales en Espagne, après Madrid et Barcelone, mais avant les Provinces Basques.

L'effet de proximité jouant, cette immigration est d'abord le fait des provinces voisines : celles qui sont limitrophes, Teruel, Cuenca, Albacete, ont fourni un tiers des arrivants. Mais elle est aussi et surtout le fait des provinces de la moitié sud de la Péninsule, qui ont été les grandes pourvoyeuses de ce formidable mouvement de population qui a touché toute l'Espagne depuis 30 ans. La Nouvelle Castille et l'Andalousie sont donc, ici comme à Madrid ou Barcelone, au premier plan en fournissant plus de la moitié des arrivants : les plus nombreux proviennent des provinces d'Albacete, de Cuenca, de Jaen et de Ciudad Real. Cette immigration a été rarement contrebalancée par des courants de départ, sauf vers les deux provinces de Madrid et de Barcelone, avec lesquelles les soldes migratoires sont négatifs : attraction administrative dans le premier cas, économique dans le second.

La population immigrante, attirée à Valencia par la croissance économique, est en général active, jeune et prolifique : elle a donc soutenu la croissance démographique des deux provinces, en particulier le bilan naturel qui reste supérieur à la moyenne nationale, en leur conservant une pyramide des âges relativement jeune. La situation globale de la province de Castellón est oblitérée par le poids des régions intérieures dépeuplées et vieillies. Car s'il y a eu, dans la province de Valencia en particulier, une immigration de proximité dans les zones intérieures (Requena-Utiel) ou une immigration vers les communes rurales de la part des journaliers andalous et castillans, le gros des arrivants s'est dirigé vers les zones urbaines et périurbaines et vers les campagnes irriguées du littoral.

2. *Les villes accaparent l'essentiel de la croissance démographique*

Ce phénomène n'est pas original : les villes ont toujours crû plus rapidement que les campagnes dans l'espace irrigué, mais la différence s'est accentuée depuis 1950. La population des communes de plus de 10 000 habitants représente maintenant près des 4/5 de la population provinciale à Valencia, et elles se situent presque toutes dans l'espace étudié (sauf 3 sur 39). Le pôle majeur de cette urbanisation est l'aire métropolitaine de Valencia : telle qu'elle a été définie par les géographes valenciens (Cuadernos de Geografía, 1981), dans des limites qui correspondent à peu près à la *comarca* de la Huerta, elle comprend 1 200 000 habitants en 1981, 60 % de la population provinciale. De la même façon, les communes urbaines de la Plana de Castellón rassemblent plus de la moitié de la population provinciale, et la capitale le quart à elle seule.

Ces agglomérations ont été en effet le réceptacle principal de l'immigration provinciale et interrégionale. A Castellón, de 1968 à 1973, 3/4 des mouvements de population recensés à l'arrivée se sont faits vers des communes de plus de 10 000 habitants, pour la plupart dans la Plana : la seule capitale en a reçu 38 %. L'étude du Département de Géographie de l'Université de Valencia sur l'immigration dans l'Aire Métropolitaine de Valencia (Cuadernos de Geografia, 1981) a montré que celle-ci a absorbé la majeure partie des migrations provinciales et interprovinciales.

Cette immigration à forte proportion d'actifs jeunes a eu pour effet de changer la structure par âge de la population urbaine en la rajeunissant par rapport aux campagnes, et de leur conférer le taux de croissance naturelle le plus élevé, par un renversement de tendance caractéristique de l'évolution démographique des pays développés. En 1950, la situation n'est pas très différente de ce qu'elle était au début du siècle : la population urbaine présente un déficit de jeunes (moins de 15 ans) et de vieux (plus de 65 ans), et un excédent d'adultes par rapport à la population rurale. En 1980, la situation est tranchée différemment : la population urbaine est excédentaire pour les hommes jusqu'à 35 ans, pour les femmes jusqu'à 50 ans, déficitaire au-delà. Cette différence selon le sexe s'explique en partie par le fait que l'exode rural a plus frappé la population féminine que la population masculine : dans la province de Valencia, les communes de l'intérieur ont une population plus masculine que celle des communes littorales et irriguées, où les femmes sont plus nombreuses.

La dynamique naturelle est donc maintenant le fait des villes : le taux de natalité y est plus fort, le taux de mortalité plus faible que dans les communes rurales. Dans la province de Valencia, le bilan naturel est deux fois plus élevé dans les premières (+ 1,1 % par an) que dans les secondes (+ 0,7 %) : il est donc alimenté à 84 % par les premières. La commune de Valencia pèse lourdement dans ce bilan (elle en fournit les 2/5) mais les villes petites et moyennes ont un bilan relatif légèrement supérieur. Dans la province de Castellón, la situation est un peu différente : c'est la capitale qui présente le bilan naturel le plus fort (+ 1,15 %) alors que les communes rurales ont globalement un bilan négatif, par suite du poids des régions intérieures en crise.

3. *Changements fonctionnels et croissance différentielle des villes*

Alors que les Recensements de 1950 et 1960 montraient encore une forte proportion d'agriculteurs dans les villes des espaces irrigués et une faible proportion d'actifs du secondaire, les données statistiques de l'« Instituto Nacional de Estadística » portant sur la profession des conjoints à la date du mariage dans les communes de plus de 10 000 habitants, à partir de 1975, a permis de mettre en relief une évolution très nette de ces villes vers l'industrie et vers le tertiaire. Deux d'entre elles seulement, Benifayó et Alginet, présentent plus de 30 % d'agriculteurs parmi les conjoints : ce sont des bourgs ruraux plus que des villes. Beaucoup d'autres présentent plus de 50 % d'ouvriers. Le secteur tertiaire est dominant dans la capitale régionale (Valencia) et dans les centres sous-régionaux (Castellón, Gandía) ou dans les villes fortement transformées par le tourisme (Cullera, Denia, Jávea, Benicarló).

Cette mutation fonctionnelle et la situation des agglomérations ont induit des croissances et des comportements démographiques différents pour la période 1960-1980.

— Les croissances les plus fortes (+ 100 %) sont enregistrées par les communes urbaines de l'agglomération valencienne, dont certains satellites ont vu leur population multipliée par 3 ou 4 en vingt ans, et par les deux centres sous-régionaux de Castellón et de Gandía. Le processus d'aire métropolitaine se met en place et l'accumulation est très forte : elle a tendance à diminuer avec l'éloignement du centre, mais les rythmes de croissance se déplacent avec le temps du centre vers la périphérie de l'agglomération;

— les croissances fortes (60-100 %) regroupent encore des communes de l'agglomération valencienne, plus éloignées du centre (Catarroja, Puzol, Picasent) et des villes où le phénomène touristique est dominant (Denia, Jávea);

— les croissances moyennes (40-60 %) sont le fait des aggglomérations industrielles isolées (céramique de Onda et Alcora, textile de Canals, chaussure de Vall d'Uxó, chimie de Vinaroz) et des villes-centres agricoles. Dans ce dernier cas, les fonctions industrielles et tertiaires induites s'y sont fortement développées dans une situation favorable (centre sous-régional ou satellite de l'aire métropolitaine de Castellón) : Alcira, Villareal, Almazora.

— Les croissances faibles (20-40 %) et très faibles (moins de 20 %) concernent les agglomérations dont la mutation vers le système industriel et tertiaire a été moins prononcée : la corrélation entre la faiblesse de la croissance et l'importance des emplois agricoles est évidente. On passe ainsi de Carlet ou Alginet, où l'évolution de l'économie agricole irriguée a soutenu une croissance démographique de 37 et 35 %, à Sueca ou Pego, où le caractère d'agglomération agricole reste très affirmé, dans des systèmes de production moins dynamiques (riziculture à Sueca).

Pendant cette période, la trajectoire des différentes catégories de villes n'a pas été uniforme : la trajectoire générale a été celle d'une croissance lente dans les années cinquante, puis rapide dans les années soixante, suivie d'un ralentissement à la fin des années soixante-dix. L'agglomération valencienne et les centres sous-régionaux suivent la tendance générale, alors que la croissance des centres industriels ralentit dans la deuxième partie de la période et que l'effet touristique accélère le rythme de croissance des agglomérations qu'il touche.

4. *Une croissance touristique originale*

Dans la succession de « costas » qui se mettent en place sur le littoral méditerranéen de l'Espagne dans les années soixante, sous la poussée du tourisme européen, le littoral valencien tient une place un peu à part. Le tourisme s'y développe plus tardivement que dans les provinces de Barcelone (« Costa Brava »), d'Alicante (« Costa Blanca ») et de Malaga (« Costa del Sol »).

D'une part, la côte basse et lagunaire n'attire dans un premier temps ni les investissements ni les touristes étrangers. Elle est en outre appropriée et mise en valeur par une agriculture intensive, plus résistante aux concurrences spatiales que l'agriculture sèche des côtes rocheuses, alors en pleine crise. Les premiers pôles à se développer sont d'ailleurs « accrochés » à des sites rocheux : Denia et Jávea au sud, prolongement septentrional de la Costa Blanca alicantine, Cullera au centre, au pied de sa « muntanya », Benicasim au nord. D'autre part, c'est un tourisme essentiellement régional et national, qui se développe surtout après 1965, lorsque l'évolution du niveau de vie et des mentalités tourne les citadins vers les plages et que l'épargne rurale et urbaine s'oriente vers les appartements et les villas (*chalets*) du bord de mer (Miranda Montero, 1985).

Il présente donc des caractères particuliers : les promoteurs ont été des firmes locales et régionales (Valencia), plus rarement nationales (Madrid et Barcelone) pour les opérations les plus importantes. Les investissements étrangers sont rares, sauf dans la province d'Alicante où c'est une constante du tourisme dans la Costa Blanca. Les constructions sont surtout des immeubles collectifs d'appartements, achetés par une clientèle locale et régionale, pour le tourisme de fin de semaine et la location estivale. A la plage de Tabernes de Valldigna, petite ville agro-industrielle de 15 000 habitants, F. Arroyo Ilera relève en 1978 qu'un tiers des acheteurs d'appartements réside dans la commune, un autre tiers à Madrid, 17 % dans la Ribera Alta du Júcar (intérieur proche), et seulement 5 % à l'étranger. A Benicasim, 4/5 des propriétaires d'appartements ou de villas sont originaires de Castellón [49].

Il ne s'agit pas d'une « costa » à proprement parler, mais d'une succession de « playas », qui ont été développées séparément, sans plan d'ensemble, selon les initiatives privées ou municipales. On a pu voir s'élever des blocs isolés, créations ex nihilo qui constituent une sorte de front de mer par coalescence (le cordon de l'Albufera au sud du Perelló); des *urbanizaciones* accrochées à un grau, à une plage traditionnelle de *chalets* ou à un port, qui entassent de grands blocs d'appartements entre la plage et la *marjal* (photo 8); même des « marinas ». L'aménagement programmé de la plage du Saler a conduit à la disparition d'une bonne partie de la pinède naturelle (la « Dehesa ») et à la création, par des promoteurs espagnols et étrangers, d'un quartier de résidence d'été pour la bourgeoisie valencienne : on est à 10 minutes du centre ville par l'autoroute tracée à travers la huerta et les rizières du nord de l'Albufera.

Chaque agglomération sublittorale de quelque importance (n'oublions pas que les agglomérations sont toutes situées en arrière du littoral) présente un appendice touristique, sa « playa » : Puebla de Farnals, El Saler pour Valencia, Tabernes de Valldigna, Gandía, etc. Seule la partie sud, qui est en fait la terminaison nord de la Costa Blanca, présente des caractères propres à cette dernière : démarrage plus précoce, plus grande importance des investissements et de la clientèle étrangère, proportion plus forte d'hôtels et de lotissements pavillonnaires (Costa Mas, 1977).

Ce tourisme plus autochtone a été aussi un des moteurs du boom de la construction. Alors qu'il représentait moins de 5 % des emplois dans la province de Valencia en 1955, ce secteur d'activité arrive à en représenter près de 10 % en 1975, pour retomber à 7 % en 1980 avec la crise conjoncturelle. Il rejoint à ce titre la croissance urbaine.

---

[49] Quereda Sala J. (1979) : « Benicasim y la espectacular transformación de su paisaje », Diputación provincial de Castellón, 60 p.

(cliché de l'auteur, 1967)

Photo 8 : *Arenal* cultivé et immeubles touristiques au Perellonet, sur le cordon littoral de l'Albufera de Valencia

Cultures délicates au premier plan, selon les techniques traditionnelles, autour d'une vieille *barraca*; immeubles d'appartements tout récemment construits au second plan, sur le bord de la mer

(cliché de l'auteur, 1977)

Photo 9 : Campanar, ancien hameau agricole de la Huerta de Valencia

Au nord-est de la ville, à 800 m des ponts du Turia, l'ancien hameau agricole est progressivement « phagocyté » par les immeubles collectifs de résidence populaire de la banlieue valencienne

C. Les conséquences spatiales pour l'agriculture irriguées

1. *La compétition pour le sol*

Devant la croissance urbaine, le recul des surfaces irriguées n'a pas été aussi fort qu'on pourrait le croire au premier abord, car les foyers d'urbanisation intense, à grande échelle, sont rares en dehors des deux aires métropolitaines de Valencia et de Castellón; en outre la croissance urbaine, devant le prix élevé des terres de *regadío,* s'est faite, soit sous la forme d'un urbanisme en hauteur économe de l'espace, soit en se reportant, chaque fois que cela était possible, sur des terres de *secano* proches.

L'évolution des surfaces irriguées par *comarcas,* entre 1970 et 1980, différencie nettement trois grands types spatiaux:

— les zones de marges, de fronts pionniers, où la croissance dépasse 10 % (Campo de Liria, Hoya de Buñol, Bajo Marquesado), alors que dans les *secanos* plus intérieurs la crise agricole et l'exode rural aboutissent à un recul des terres irriguées, d'ailleurs au départ peu étendues;

— les zones depuis longtemps irriguées, où les possibilités d'extension des surfaces sont de plus en plus réduites : l'évolution se situe entre 0 et +10 % pour la Ribera Alta du Júcar, la Costera de Játiva et la Huerta de Gandía;

— les espaces fortement périurbanisés, où les usages non agricoles de la terre ne cessent de se développer : Huerta de Valencia, Plana de Castellón, Bajo Palancia.

L'impact de la croissance urbaine s'est surtout fait sentir dans les périphéries des agglomérations qui sont devenues le domaine d'ensembles d'habitat collectif d'une densité et d'un entassement peu communs. Mais la rénovation des vieux noyaux s'est faite elle aussi par des immeubles en hauteur qui ont purement et simplement pris la place des anciens immeubles bas, sans en changer le parcellaire, avec des résultats parfois ahurissants. Le profil urbain des villes-centres de huertas a été totalement remodelé, en l'espace d'une vingtaine d'années, par l'apparition d'immeubles de grande hauteur (jusqu'à 10-12 étages), aussi bien dans le vieux noyau que sur les marges de croissance.

Le prix du sol a donc été un frein à l'étalement urbain et les villes ont accru fortement leurs densités sans s'agrandir à proportion de l'augmentation de leur population. Chaque fois que cela a été possible, la croissance a été reportée sur les terres de *secano* moins chères : ainsi les communes de l'agglomération valencienne qui se situent sur le rebord ouest de la Huerta se sont développées plus rapidement que celles de la plaine, surtout au nord-ouest (Paterna, Burjasot, Moncada). C'est aussi une des causes de la relative rareté de l'habitat pavillonnaire individuel: celui-ci n'a pu touver sa place dans la périphérie immédiate des villes de huerta, et ne s'est développé que sur les terrains moins chers des collines sèches plus ou moins éloignées des agglomérations. Peut-être faut-il y trouver aussi la raison de la relative rareté de l'habitat précaire (« chabolisme ») dans la croissance d'une agglomération millionnaire comme Valencia : cette forme d'habitat, faute de pouvoir se développer à la périphérie urbaine sur les terrains de huerta, a été remplacée, pour les immigrants pauvres du sud de l'Espagne, par l'entassement dans les quartiers les plus anciens du centre ou dans les noyaux agricoles anciens, vidés de leur substance, des villages devenus les banlieues-dortoirs de la capitale.

Dans la Huerta de Valencia le recul des terres irriguées est important dans la commune même et dans la première couronne périphérique, où la croissance démographique a été la plus forte, au détriment des vieux périmètres des *acequias.* Au nord du Turia, l'*acequia* de Mestalla a perdu le tiers de sa superficie irriguée entre 1962 et 1974, celle de Moncada le cinquième. Au sud, la croissance urbaine a été plus précoce et fortement relancée par les transformations liées à la création d'un nouveau cours du Turia au sud de la ville (« Plan Sur »). Cet aménagement a consommé directement près de 400 ha de huerta et favorisé l'urbanisation dans la zone qu'il enserre autour de la ville. Dans ce secteur, les périmètres les plus menacés sont ceux des *acequias*

(cliché Aeropost-CYS-Ministère des Travaux Publics, avril 1972)

Photo 10 : La croissance urbaine entre Valencia et son Grao

Entre la ville à l'ouest, dont on distingue l'*ensanche* caractéristique, et le port à l'est, l'avenue du Grao a servi de support à une croissance industrielle au sud, résidentielle au nord. Cette dernière occupe rapidement l'espace agricole où on distingue encore les petites fermes isolées, et comble la zone située entre le quartier de l'Alameda à l'ouest et le Grao-Cabañal à l'est. Au sud du Turia, l'espace agricole irrigué (micro-parcelles caractéristiques) plus longtemps préservé, est à son tour menacé. A la date de la photo, deux opérations sont en cours : une vaste opération d'urbanisme entre la ville et le petit noyau extra-urbain de la Fuente San Luis au sud, et la construction de l'autoroute du Saler, vers l'Albufera et les plages de Rovella, Mislata et Favara (photo 10). Les axes de sortie traditionnels de la ville, vers Barcelone au nord, Madrid à l'ouest et Alicante au sud, avaient fixé d'anciens noyaux agricoles qui se sont rapidement urbanisés. Les accès routiers plus récents, créés à partir de 1963 pour décongestionner l'agglomération et faciliter le trafic de transit, ont été tracés au travers des terrains rizicoles, pour éviter les périmètres de huerta. Mais ils ont été rapidement mis à profit par l'urbanisation commerciale et industrielle et sont devenus les principaux axes de localisation des grandes surfaces de vente ou des nouveaux établissements industriels. Enfin les anciens hameaux agricoles de la huerta, Campanar, Castellar, Oliveral,... dont les parcellaires et les réseaux d'irrigation ont été largement perturbés, ont été littéralement « phagocytés » par les constructions nouvelles (photo 9). Cela donne lieu à des juxtapositions de parcelles de huerta et de vieilles *barracas* à proximité ou au milieu des quartiers nouveaux d'immeubles en hauteur dont les équipements et les infrastructures sont souvent insuffisants. Cela s'accompagne de nuisances considérables pour l'agriculteur en ce qui concerne l'air et surtout l'eau : les *acequias* se transforment en véritables égouts à ciel ouvert et charrient des eaux de moins en moins propres à l'irrigation.

Cette situation concerne encore plusieurs milliers d'exploitants propriétaires et de salariés agricoles, et elle risque de s'aggraver sans qu'il y ait de possibilité de résistance sérieuse. Les communautés d'irrigation ont bien obtenu du Ministère des Travaux Publics qu'il rétablisse, par de coûteux et complexes travaux d'hydraulique, la distribution traditionnelle des eaux du Turia perturbée par le « Plan Sur », mais leurs périmètres sont réduits, leurs eaux sont polluées sans qu'elles puissent en contrôler efficacement la situation. Les nouveaux syndicats agricoles essaient de s'organiser, mais les plans d'occupation des sols élaborés sous le régime franquiste ont fait bon marché des sols agricoles devant l'urbanisation et se sont plus préoccupés d'accompagner cette dernière que de sauvegarder les premiers. Le problème principal est qu'ici les exploitants agricoles sont intégrés dans un système agricole et de relations économiques avec la ville qu'ils risquent de ne pas pouvoir maintenir s'ils vont reconstituer plus loin leur exploitation : encore faut-il que les indemnités d'expropriation le leur permettent. Le sort des anciens colons est dans ce cas scellé, car les indemnités qu'ils touchent sont faibles et toute expropriation conduit à les expulser de la terre et de l'agriculture.

Cette disparition progressive de la huerta a été fréquemment dénoncée par les géographes (depuis Houston, 1951), comme étant une atteinte à une des bases économiques de la cité. En fait, ce n'est plus le cas aujourd'hui car dès 1973 le secteur primaire ne représentait dans la Huerta que 5 % de la population active et 3 % du produit économique net. L'essentiel des relations ville-campagne dépassait largement le cadre de la Huerta pour s'établir au plan provincial et régional. La Huerta traditionnelle est donc à terme condamnée dans le périmètre de l'agglomération valencienne, sauf à être maintenue à bout de bras par les plans d'occupation des sols : Elle présente encore des formes traditionnelles de production alors que les formes modernes (serres, cultures délicates) apparaissent dans une périphérie plus lointaine et moins marquée par les anciennes structures du *regadío*.

2. *Les infrastructures : autoroutes et zones industrielles*

Parmi les infrastructures, la plus conquérante a été certainement l'autoroute de la Méditerranée, qui court sur 235 km à travers les provinces de Valencia et de Castellón. A raison d'une emprise moyenne de 5 hectares au kilomètre (y compris les aires de service et les échangeurs), cela représente environ 1 200 ha, dont les deux tiers environ ont été pris sur des terres irriguées. Le tracé adopté a suivi le plus souvent possible la solution de facilité qui consiste à emprunter la plaine littorale : les expropriations y sont d'un coût élevé, mais les terrassements sont moins importants, et l'autoroute colle étroitement à l'accumulation côtière des hommes et des activités, susceptible de lui fournir une clientèle permanente.

Très illustratif de cette situation est le cas du dernier tronçon de l'autoroute à sa traversée de la Huerta de Gandía, pour relier le tracé valencien au tracé alicantin. Il a fallu une longue bataille entre la société concessionnaire d'un côté et les municipalités concernées, le Conseil Régional et les services du Ministère des

Travaux Publics de l'autre, pour que le tracé dans la plaine littorale soit abandonné au profit d'un tracé en rocade sur le piémont de l'amphithéâtre de collines de la Safor. Les expropriations ont quand même touché 265 ha cultivés, à des prix moyens de 4,2 millions de pesetas (240 000 F) l'hectare, et de 6 à 7 millions (350 000 à 420 000 F) pour les agrumes [50]. Ceci explique que le coût de construction de l'autoroute de la Méditerranée est un des plus élevés d'Espagne pour les tracés en rase campagne.

La croissance industrielle a eu pour conséquence spatiale de faire sortir les établissements industriels des périmètres urbains où ils étaient souvent enclavés, et de développer des zones industrielles dans les périphéries plus ou moins proches, même en rase campagne. Dans la mesure du possible, on a recherché des sols non irrigués, mais les cartes publiées par l'I.P.I. montrent que les industriels ont recherché avant tout des avantages de situation (proximité des agglomérations et des infrastructures de communication), le site (zone sèche ou irriguée) n'intervenant qu'en second lieu. Les grandes zones industrielles se trouvent bien dans la plaine littorale, accrochées aux ports (Serrallo à Castellón, sidérurgie à Sagunto) ou à l'autoroute et à la voie ferrée (« Polígono del Mediterráneo » dans la Huerta nord de Valencia, « Ford » à Almusafes). Dans une ville moyenne comme Alcira, les nouveaux établissements industriels s'installent entre la ville et la bretelle autoroutière, autant sur les terres irriguées que sèches. A Valencia, les zones industrielles se développent sur le *secano* (Paterna), mais aussi dans la huerta traditionnelle, en relation avec le nouveau plan d'occupation des sols issu du « Plan Sur ». On peut estimer à plus de 5 000 ha les terres irriguées absorbées par la croissance industrielle dans les deux provinces : certaines communes ont pu y perdre une grande partie de leur terroir cultivé. A Beniparrell, dans la Huerta sud de Valencia, E. Arnalte parle d'une « irruption industrielle » à partir de 1964 (1980, p. 186), qui fait reculer les cultures irriguées de moitié et transforme un tiers des exploitants agricoles restants en ouvriers-paysans.

3. *Tourisme et résidences secondaires*

Les aménagements touristiques, essentiellement faits par des valenciens pour des valenciens, ont eu deux conséquences sur l'agriculture irriguée:

— Ils ont absorbé une partie de l'épargne locale et régionale : d'une certaine façon, l'investissement dans l'immobilier littoral a pris le relais de l'investissement dans les vergers d'agrumes pour les capitaux citadins à la recherche de rentabilité : à Cullera les immeubles de la « bahia de los naranjos » sont souvent construits à la place d'anciens vergers d'orangers, achetés à prix d'or : on cite le cas, en 1977, d'un *huerto* vendu près de cette plage à « cuatro millones de pesetas la hanegada » (240 F le m^2).

— Cette production d'espace touristique et de loisirs, accompagnée d'infrastructures importantes (routières en particulier), s'est faite dans un espace agricole ou naturel fragile, sans aucune précaution particulière. De telle sorte qu'au nord et au sud de Valencia, là où la pression touristique est la plus forte, l'espace littoral est devenu l'espace de loisirs de la capitale. Les anciennes formes d'occupation du sol (agriculture) et d'utilisation de l'espace lagunaire (pêche) ont été presque totalement gommées par l'impact de la société urbaine de loisirs : les cas les plus représentatifs sont ceux des hameaux de pêcheurs riziculteurs de l'Albufera et de son cordon littoral. El Palmar, pris par V. Blasco Ibanez comme cadre de son roman « Cañas y Barro » (« Roseaux et Boue ») publié en 1902, est devenu un hameau de restaurants où les valenciens viennent manger la traditionnelle « paella » le dimanche à midi. Les emplois urbains pour les adultes jeunes et la restauration de fin de semaine représentent maintenant les sources principales de revenus de la communauté. La riziculture et la pêche, qui étaient les deux ressources traditionnelles, ne sont plus que des appoints ou ne concernent que les personnes âgées [51].

---

(50) Sanchis Deusa C. (1984) : « L'acabament de l'autopista A7 i els problems de comunication pendents a la Safor », Crónica valenciana, CG VALENCIA, n° 35, pp. 238-240.

(51) San Martín Arce R. (1978) : « El cambio social en una communidad rural (El Palmar, Valencia) », in « La problemática regional agaria en España », CSIC, Dilagro, Lerida, pp. 241-258.

4. *La compétition pour l'air et l'eau*

Les foyers de pollution atmosphérique susceptibles de mettre en danger les cultures ne sont pas encore nombreux. Les gros établissements d'industries de biens intermédiaires sont encore rares dans le tissu industriel valencien. Les premiers cas sont en effet liés à l'installation de la plate-forme pétrochimique de la zone industrielle du Serallo, près du port de Castellón. Mais beaucoup plus importants sont les problèmes liés à l'eau.

C'est d'abord un problème de qualité : la croissance des déversements industriels et urbains dans les *acequias* périurbaines entraîne une dégradation rapide de la qualité des eaux d'arrosage à partir des canaux transformés en égouts.

Des cas de contamination chimique violente ont fait leur apparition à Picaña, où l'Acequia de Benatcher et Faitanar reçoit les rejets des industries métallurgiques et du cuir d'Alacuas. Certains agriculteurs préfèrent alors forer un puits pour obtenir une eau plus sûre.

Au plan des quantités, nous touchons là un thème polémique des huertas traditionnelles, qui n'est d'ailleurs pas propre à celles de Valencia et de Castellón. Les communautés d'irrigation refusent absolument la remise en cause des droits coutumiers qu'elles possèdent sur les eaux de surface, alors que la croissance des besoins urbains et industriels incline les autorités à détourner une partie de cette eau, qui n'est plus rare au plan agricole, au bénéfice des autres utilisateurs. Mais si les réseaux traditionnels sont en situation moyenne souvent suralimentés, l'incapacité des barrages-réservoirs d'amont à régulariser une partie des ressources des bassins hydrographiques peut entraîner, soit des inondations catastrophiques (Júcar, 1982), soit des pénuries en période de sécheresse prolongée (1984). La faible cohérence des plans d'hydraulique décidés à l'échelon national est une autre source de gaspillage et de retard dans les infrastructures, et les agriculteurs se sont donc fermement opposés aux tentatives d'alimenter les nouveaux établissements industriels géants (« Ford » et A.H.M.) avec l'eau des canaux existants.

En fait le problème de l'eau n'est pas ici, comme dans le Sureste, une question de quantités disponibles, mais de meilleure gestion des ressources existantes : comme le montre le livre blanc récent sur le bassin du Júcar (I.G.M.E., 1975), le volume régularisé des eaux superficielles n'atteint que 73 % des apports naturels, et le volume effectivement utilisé par l'irrigation, la moitié des eaux dérivées. D'autant qu'on ne peut toucher à un élément du système sans modifier les autres, en particulier le pompage dans les nappes souterraines de la plaine littorale. Dans la région de Moncófar (littoral sud de Castellón), autour des anciennes lagunes, l'irrigation par puits entraîne une salinisation accentuée de l'eau d'irrigation et des sols en été, car elle n'est pas compensée par une recharge équivalente des nappes phréatiques par les eaux de surface.

5. *L'impact sur les mentalités paysannes*

L'irruption de la société urbaine et industrielle et les mutations de l'économie agricole ont fortement transformé la société paysanne, tout en maintenant certaines valeurs traditionnelles : les anthropologues et les sociologues valenciens ont bien étudié ces phénomènes.

La hiérarchie sociale a été considérablement bouleversée : d'une structure fondée sur la propriété foncière agricole, source essentielle de revenu, on est passé à une structure fondée sur la capacité de travail, agricole ou non, et sur la capacité d'innover, de maîtriser les nouvelles techniques et les machines. Le petit propriétaire, on l'a vu, gagne moins d'argent sur son hectare d'agrumes qu'en allant s'employer sur les propriétés d'autrui, et moins d'argent que le spécialiste de la taille ou du greffage des arbres. Le grand propriétaire foncier, qui ne vit que de la terre, a un revenu plus faible que le garagiste qui vend et entretient les machines agricoles pour tout le village. Les « rics d'abans » (les riches d'avant) sont nettement distingués, dans la conscience collective, des « rics d'avui » (les riches d'aujourd'hui) (Mira, 1978 et Cucó, 1982). Ces derniers sont d'ailleurs moins distants du reste de la population, car la généralisation du travail salarié a entraîné un nivellement relatif des revenus dans les communautés agricoles. La structure sociale est plus simple : la distinction entre popriétaires et journaliers, autrefois essentielle, est fortement atténuée à partir du moment où la majeure partie des premiers est obligée de travailler *a jornal,* et où les seconds accèdent à la propriété (petite) grâce à la hausse des salaires ou aux revenus de l'émigration temporaire. Dans les villages, les familles agricoles sont donc constituées d'un petit nombre de propriétaires moyens, vivant de leur exploitation qu'ils travaillent en famille, et d'un grand nombre de salariés agricoles et para-agricoles qui sont, le plus souvent, à la fois propriétaires et journaliers.

Les modes de vie ont été profondément transformés : on est passé d'une économie de subsistance et d'épargne à une économie de consommation. Jusqu'au début des années cinquante, la condition des travailleurs agricoles dans les huertas était rien moins que brillante, par suite des difficultés de l'agriculture d'exportation et du blocage des salaires à un niveau très bas. Les témoignages ne manquent pas d'une période où les revenus, pour beaucoup de journaliers, permettaient tout juste de subsister, à la limite du minimum vital : le prix de vente d'une *arroba* d'oranges équivalait alors au salaire journalier d'un travailleur agricole. Avec l'essor et les mutations de l'économie, l'agriculteur valencien n'a pas hésité à profiter de la prospérité nouvelle, à doter son exploitation et son habitation des moyens modernes d'équipement. On a déja noté le niveau d'équipement tertiaire des petites villes en ce qui concerne les services, tant aux entreprises qu'aux particuliers. Les enquêtes sur le niveau d'équipement des ménages ont souvent montré que les actifs agricoles n'avaient rien à envier aux ouvriers ou aux employés urbains, et que de façon générale les habitants des huertas valenciennes et castellonnaises avaient des standards de vie supérieurs à ceux de la moyenne des campagnes espagnoles.

> « Pourquoi les gens travaillent-ils aujourd'hui ? Eh bien écoute, je vais te le dire : pour vivre mieux, pour avoir tout le confort et bien vivre. Pour avoir de tout et ne manquer de rien. La terre ? zéro ! rien ! Et je crois qu'ils ont bien raison. » (Interview d'un vieil agriculteur du littoral castellonnais par l'anthropologue J. Mira, 1978, p. 185).

Mais cela n'empêche pas de conserver un certain nombre de valeurs traditionnelles, même si elles sont transformées. D'abord la terre n'est pas totalement dévalorisée, tant s'en faut. L'accès à la propriété ou l'extension de la terre possédée restent encore un but pour un grand nombre d'agriculteurs. Plus qu'une source de revenus, même faibles, c'est un élément de fixation dans des communautés paysannes encore fortement enracinées et liées à la terre et à l'eau par des structures de pensée et des rapports économiques bien vivants : sa valeur sociale reste donc forte dans le travail et dans la famille (dans le cas des mariages par exemple). C'est aussi un élément important d'épargne et d'investissement dans un capital qui ne peut que se valoriser par suite de l'énorme pression démographique et économique qui pèse sur le foncier dans les zones irriguées du littoral.

Le travail acquiert une dimension nouvelle. La valeur du travail bien fait avait toujours existé, mais elle peut être source de conflit, dans les équipes de journaliers, entre les salariés purs et les petits propriétaires, accusés par les premiers d'épouser systématiquement les intérêts de l'employeur (Cucó, 1982). La situation dualiste de nombreux agriculteurs, alternativement patrons sur leur exploitation et salariés sur celles des autres, n'a pas facilité la constitution et la tâche des syndicats agricoles libres qui se sont mis en place à partir de 1976, lors de la disparition des syndicats verticaux nés sous le régime franquiste. Le travail devient donc pour beaucoup d'agriculteurs la principale source de richesse : les familles qui ont le plus de ressources ne sont pas forcément celles qui ont le plus de terre, mais celles qui ont le plus de bras.

Par contrecoup, la hiérarchie familiale a été remise en cause dans la mesure où les jeunes, qui font des études plus longues et qui apprennent à maîtriser les machines et les techniques nouvelles, à comprendre les mécanismes de l'économie moderne, voient leur place revalorisée dans la structure familiale et sociale des communautés rurales.

Conclusion

Une croissance industrielle rapide a donc complètement transformé les base de l'économie régionale valencienne, selon des processus qui rappellent à bien des égards l'industrialisation de l'Italie moyenne : un tissu de petites et moyennes entreprises relativement autochtones, qui créent de nombreux emplois nouveaux et qui se diffusent plus ou moins dans les villes et dans l'espace rural. Quelques grandes unités industrielles, issues du capital national ou international, traduisent les avantages externes que le littoral valencien offre à l'économie nouvelle dans les années 1960-1980. Une nouvelle urbanisation se met en place, fortement alimentée par les courants migratoires interrégionaux déclenchés par les mutations économiques qui touchent toute l'Espagne.

Or c'est l'espace irrigué qui est au premier chef confronté à ces bouleversements : au plan de l'emploi, au plan des terrains, au plan de l'eau, l'agriculture y est placée en position inférieure face au système urbain et industriel conquérant. On peut compléter maintenant le croquis présenté à la fin de la deuxième partie (fig. 15), en y incluant l'irruption des formes d'occupation de l'espace engendrées par l'urbanisation, l'industrialisation et le développement de la société des loisirs. Des différentes zones distinguées sur cette figure, c'est certainement la bande littorale qui est la plus affectée. La plaine irriguée n'est directement menacée que par la croissance urbaine et par les infrastructures. Sur le piémont et les collines sèches, les lotissements pavillonnaires de résidences secondaires entrent en concurrence avec les nouveaux *regadíos* pour l'occupation du sol. Le changement de valeur des terres de *secano* y est considérable : après une première revalorisation par la plantation des agrumes dans les années soixante, c'est à une seconde revalorisation par l'habitat individuel et la résidence secondaire qu'on assiste dans les années soixante-dix. La première est donc « agricole », et la seconde « urbaine », mais toutes deux ont été impulsées, quant aux initiatives et aux capitaux, depuis la ville. A ces défis venus de l'extérieur s'ajoutent, pour l'agriculture irriguée, de redoutables problèmes propres.

Chapitre II

LA « CRISE » AGRICOLE

Si on peut parler, sauf pour la vigne et l'amandier, de crise pour l'agriculture sèche traditionnelle, dont les productions s'effondrent, dont les exploitations et les surfaces cultivées diminuent, dont les champs retournent à la friche et dont les agriculteurs s'en vont, dans les zones irriguées la situation est autre dans les années 1950-1980 : les surfaces et les productions augmentent globalement, le nombre des exploitations s'accroît et l'emploi agricole diminue faiblement. Il n'y a rien d'étonnant à ce que, dans une agriculture déjà fortement intégrée dans l'économie générale, la baisse des revenus unitaires se traduise par une forte substitution du capital au travail, une augmentation des productions et une croissance de l'agriculture à temps partiel. Mais il est apparemment plus paradoxal que l'activité salariale se généralise dans l'agriculture irriguée et que le nombre d'exploitations augmente, toutes choses qui vont à l'encontre des schémas communément admis de l'évolution de l'agriculture dans les pays industriels.

A. La diminution des revenus agricoles de la terre

La structure des rentes dans l'agriculture a considérablement changé, depuis une trentaine d'années, dans l'Espagne en général, mais particulièrement dans le littoral valencien : les revenus de l'exploitation (revenu de la terre et du travail de l'exploitant), qui représentaient dans la province de Valencia plus des trois quarts des rentes agricoles en 1955, n'en représentent plus que la moitié en 1975 (Banco de Bilbao, 1975). Ils ont augmenté lentement en pesetas courantes, alors que les revenus salariaux progressaient très rapidement : durant cette période, les premiers ont été multipliés par 4,3 en valeur courante, et les seconds par 12,5. Cette situation s'explique par la hausse des coûts de production et par la relative stagnation des prix agricoles.

1. *La hausse des coûts de production*

Cette hausse a porté sur tous les facteurs de production, mais plus particulièrement sur les salaires agricoles. Ces derniers sont passés de l'indice 100 en 1964 à l'indice 1407 en 1982, alors que les consommations intermédiaires n'atteignaient que l'indice 538. Restés longtemps bloqués par la politique autarcique de l'Espagne franquiste, les salaires ont été tirés vers le haut par la croissance économique, par la hausse des prix et du niveau de vie, et par la concurrence des salaires des autres secteurs en pleine expansion. De telle sorte que, afin de limiter la part des salaires dans l'exploitation agricole, les exploitants ont substitué dans la mesure du possible le capital au travail en accroissant la mécanisation et les consommations intermédiaires.

Cette mutation des coûts de production ne s'est pas faite de façon continue, mais par étapes : la première a été celle de la mécanisation pendant les années soixante, qui porte surtout sur les travaux de culture, de labours et de préparation des sols, mais aussi sur la récolte dans le cas du riz. Dans le verger d'agrumes, elle provoque un abaissement des coûts directs de production de l'ordre de 20 % par rapport à la culture non mécanisée.

La seconde étape est celle des consommations intermédiaires (produits phytosanitaires et désherbants), qui se développe surtout dans les années soixante-dix pour deux raisons essentielles :

— le développement de maladies dans les cultures irriguées et leur maîtrise de plus en plus difficile par les agriculteurs : le verger d'orangers est attaqué par la *tristeza,* qui obligera finalement les exploitants à substituer des pieds résistants au porte-greffe traditionnel d'oranger amer.

— la hausse des coûts des travaux agricoles, qui conduit les exploitants en nombre croissant à pratiquer le « semi-cultivo » et le « no-cultivo », c'est-à-dire à réduire les façons culturales et à les remplacer par des traitements chimiques. Dans ce cas, les consommations intermédiaires arrivent à représenter plus de la moitié des coûts de production directs.

La diminution du volume total de travail agricole n'a pas été aussi forte qu'on pourrait le penser dans l'agrumiculture et le maraîchage. D'abord elle a été limitée par la structure même des exploitations, dont le minifundisme dominant limite les économies d'échelle ; ensuite elle a été compensée en partie par la croissance importante des volumes de production alors que la récolte a connu de faibles gains de productivité. Elle est toujours réalisée à la main sur des parcelles petites, d'accès parfois difficile lorsqu'elles sont sur des pentes fortes. De même, l'emploi dans les *almacenes,* surtout féminin, a connu de fortes hausses de productivité avec la modernisation des chaînes de conditionnement, mais les volumes de récolte traités ont aussi fortement augmenté : ils ont doublé de 1958 à 1970. On comprend dans ce cas la combativité des syndicats agricoles, lors des négociations qui ont lieu tous les ans avant le début de la campagne, pour fixer avec les exportateurs les salaires de récolte et de conditionnement des agrumes, qui représentent une part de plus plus essentielle du revenu des ménages agricoles dans les communes de l'agrumeraie. Pour un indice 100 en 1964, le salaire moyen d'un journalier agricole espagnol se situait à 869 en 1978 (le salaire minimum étant à 833) et le salaire d'un cueilleur d'agrumes de la province de Valencia était à 1260, pour une journée d'ailleurs plus courte.

Le cas du riz est un peu à part, dans la mesure où la mécanisation de la majeure partie des façons culturales et la généralisation des traitements chimiques ont conduit à une réduction drastique de l'emploi agricole, qui a été, avec la crise du riz et la réduction des surfaces cultivées, la cause principale de la crise démographique des communes rizicoles dans les années 1950-1970.

Il y a donc eu deux mouvements importants dans la mutation des systèmes de production : un mouvement de substitution du capital (surtout circulant) au travail de la part des exploitants propriétaires, et un mouvement de déplacement du revenu agricole de la rente foncière vers le salariat (développement de l'agriculture à temps partiel et de l'activité salariale des petits propriétaires), par suite de la baisse des revenus de l'exploitation. Cette baisse est à mettre en rapport avec le comportement des prix agricoles.

2. *La stagnation des prix agricoles*

Les courbes des prix à la production pour les principaux produits du *regadío* valencien (agrumes, cultures maraîchères et fruitières, riz), exprimés en pesetas courantes, montrent une tendance assez voisine depuis le début des années cinquante : croissance lente jusqu'au début des années 1970, puis rattrapage assez rapide depuis 1975. En valeur constante, cette croissance est nettement diminuée par les dévaluations successives de la peseta et la forte inflation intérieure.

Dans le cas des agrumes, cela a signifié, pour les exploitants, un revenu intéressant dans la première période, lorsque les prix croissants allaient de pair avec des coûts de production relativement bas, surtout grâce au blocage des salaires. C'est cette période de bénéfices pour la production qui a déclenché et soutenu le mouvement de création de nouveaux vergers et d'investissements citadins dans la terre pendant la période 1955-1970. Mais la conjoncture économique commence à se renverser dès 1965 : alors que les prix stagnent en monnaie courante, donc régressent en valeur constante, les coûts de production commencent à grimper fortement et le bénéfice devient aléatoire, nul ou même négatif. A partir de 1975 la croissance des prix vient rétablir en partie l'équilibre : les deux courbes sont à peu près parallèles. Pour un indice 100 en 1976, le prix moyen des oranges à la production est à l'indice 256 et celui des mandarines à 209 en 1982, tandis que les moyens de production courants sont à l'indice 237 et le salaire agricole journalier à 268. Cette situation est un reflet fidèle des conditions du marché européen des agrumes, sur lequel la région (et l'Espagne en général) écoule l'essentiel de son exportation et les deux tiers de sa production.

Exprimé en dollars, donc en monnaie à peu près constante, le prix des agrumes espagnols sur les principaux marchés européens de référence reste à peu près identique de 1955 à 1970, puis commence à évoluer à la hausse à partir de 1975. Exprimé en devises locales, il est multiplié par 1,5 sur le marché allemand de 1975 à 1982, et par 2,5 sur le marché français. On peut en effet distinguer deux périodes dans la situation de l'exportation espagnole et du marché européen.

De 1950 à 1972, on assiste à une croissance rapide de la production et de l'exportation espagnole (fig. 17) : reprise très nette de la demande après 1945, dans une Europe en pleine reconstruction et ensuite

Fig. 17 : Production (1) et Exportation (2) des agrumes espagnols (oranges et mandarines) de 1950 à 1982
(*source* : Ministère de l'Agriculture, Résumés de campagne)

en plein essor économique. Mais l'Espagne n'est plus seule sur ce marché, dont elle avait le monopole avant la deuxième guerre mondiale : de nouveaux pays producteurs, le Maroc et Israël, accroissent encore plus rapidement leurs exportations. A partir de 1955-1960 les parts de marché sont à peu près fixées et varieront peu ensuite : l'Espagne représente, depuis plus de 20 ans, entre 40 et 45 % des exportations d'oranges et de mandarines du Bassin méditerranéen (tab. 17), où elle se heurte donc à une concurrence de plus en plus vive, souvent commercialement mieux organisée : un « citrus board » organise l'ensemble de l'exportation israélienne, face à l'individualisme des nombreux (trop nombreux) exportateurs valenciens. Celle-ci bénéficie en outre, à l'entrée dans le Marché Commun, de tarifs douaniers plus intéressants que les agrumes espagnols, taxés au prix fort. Sur un marché dont le taux de croissance ralentit dès 1960 pour stagner dans les années 1970, la situation des exportateurs se dégrade rapidement et on peut parler de crise des agrumes à partir de 1965, même si la production et l'exportation continuent de croire. En 1972 la situation devient franchement critique, et le gouvernement, avec l'accord de la profession, doit réorganiser par décret le secteur de l'exportation des agrumes, en créant en particulier un Comité de Gestion de l'Exportation des Agrumes chargé de surveiller le rythme des expéditions afin d'empêcher la chute des cours sur les marchés étrangers et l'application de taxes compensatoires de la part des pays importateurs du Marché Commun.

Tab. 17 : Les marchés extérieurs des agrumes espagnols
(oranges et mandarines, campagne 1982/1983)

	Exportation Espagne		Part dans l'importation d'agrumes de chaque pays
	(1 000 T)	%	
France	499,1	33,7	63,7 %
R.F.A.	423,9	28,6	59
Royaume Uni	145,8	9,8	42
Hollande	134,3	9	54,3
Belgique	101	6,8	80
Danemark	15,8	1	49
Total C.E.E.	1 320	89	58,5
Europe Est	118,4	8	?
Pays Scandinaves	45,1	3	22
Total	1 483,5	100	

Source : Ministère de l'Economie et du Commerce, Délégation de Valencia.

A partir de 1972, la production et l'exportation des agrumes espagnols, comme des autres pays du Bassin méditerranéen, plafonne donc, lorsque le marché de consommation se développe lentement : cela se traduit par une légère revalorisation des prix sur le marché extérieur, mais les prix à la production commencent à être influencés par les prix du marché intérieur, qui s'accroissent sous l'effet de l'inflation.

Dans le cadre d'organismes nationaux successifs, chargés de réglementer le marché des céréales, le marché du riz a toujours été étroitement surveillé depuis 1940. De 1940 à 1951, l'intervention est totale : l'agriculteur est obligé de livrer toute sa production. A partir de 1952, avec l'essor des nouvelles zones productrices du sud et l'apparition d'excédents, le problème se déplace. Afin de soustraire au marché les tonnages excédentaires et de maintenir les prix à un niveau acceptable pour l'agriculteur, deux formules sont successivement employées: livraisons obligatoires à un prix faible, facilement exportables, puis liberté du commerce, assortie d'un prix minimun de garantie et d'un prix maximum d'intervention à partir duquel des importations pouvaient être faites pour peser sur le marché intérieur (depuis 1965). Les prix de garantie ont toujours été fixés assez bas et n'ont augmenté que très lentement, afin de ne pas avoir d'effet incitateur à la hausse sur le marché intérieur, et de ne pas creuser d'écarts trop importants avec le marché international lors des exportations. Ils sont restés proches des prix de revient à la production et se sont éloignés des prix réels du marché : les agriculteurs ont donc livré de moins en moins de riz. Mais à partir de 1973, des tensions spéculatives sur le marché intérieur et l'augmentation des prix sur le marché international ont provoqué un rattrapage du prix intérieur du riz à la production : pour un indice 100 en 1964, il n'était qu'à 115 en 1970, mais à 243 en 1977 et à 456 en 1982. Sous la pression des riziculteurs, le gouvernement a relevé les prix de garantie pour suivre plus étroitement ceux du marché et financé la soupape des exportations.

Le marché intérieur espagnol absorbe donc actuellement environ 340 000 tonnes de riz paddy par an. Or la production oscille autour de 400 000 tonnes : elle dépasse donc les besoins nationaux de 60 à 80 000 t et l'excédent ne peut être résorbé que par des exportations pour lesquelles les autorités espagnoles comptent maintenant sur le Marché Commun, où le prix du riz est supérieur au prix espagnol.

B. Les conséquences

1. *Dans les modes d'utilisation agricole du sol*

a. *Le verger d'agrumes : croissance, stabilisation et vieillissement*

Durant ces trentes dernières années la production du verger d'agrumes valencien décrit une courbe qui passe par trois périodes (la production étant en gros décalée de 10 ans par rapport à l'évolution des surfaces) :
— croissance lente de 1945 à 1960, lorsque l'agrumiculture se relève des difficultés de la conjoncture économique internationale de la guerre, dans une ambiance économique intérieure d'autarcie;
— de 1960 à 1972, croissance rapide par suite de l'entrée en production des vergers replantés ou des nouveaux vergers gagnés sur le *secano;*
— à partir de 1972, stagnation des surfaces et de la production, mais énorme transformation interne de la structure du verger.

La composition du verger valencien a en effet évolué de deux façons, qui sont d'ailleurs en partie liées (tab. 18) :
— les oranges, qui formaient encore l'essentiel du verger en 1959, cèdent de la place aux mandarines, dont les prix sont plus élevés et dont la précocité diminue fortement le risque de gelées : celles-ci occupent maintenant plus de la moitié du verger à Castellón, et un tiers à Valencia;
— les variétés précoces (dont les mandarines) sont privilégiées au détriment de celles de milieu de saison et des tardives. Si le marché intérieur absorbe la production espagnole de façon assez régulière tout au long de la campagne, avec un maximum dans la deuxième période, de janvier à mars, l'exportation s'accumule sur la première période de la campagne, d'octobre à décembre : elle est alors pratiquement sans concurrence de

Tab. 18 : Evolution du verger d'agrumes dans les provinces de Valencia et de Castellón

	Valencia			Castellón			Total	% Espagne
	Total	Or	Md	Total	Or	Md		
1957/1958	47 900 ha	91 %	8 %	23 300 ha	85 %	15 %	71 200 ha	68
1971	85 600	74	24	31 100	64	36	116 700	60
1977	82 800	66	32	34 000	45,6	53	116 800	59

Or = oranges, Md = mandarines
Sources : Ministère de l'Agriculture, Annuaires statistiques et Recensements des agrumes 1971 et 1977.

la part des autres producteurs méditerranéens. Cette *primera temporada,* qui ne représentait qu'un tiers de l'exportation en 1959, en représente plus de la moitié dès 1970.

Cette accumulation de la production et de l'exportation sur un laps de temps assez court n'est pas sans effet sur l'économie régionale. La nécessité de rentabiliser les installations de conditionnement sur une saison assez brève conduit à la pratique de la location des *almacenes* pour d'autres conditionnements de produits agricoles ou, dans le cas des coopératives, à l'élargissement de l'éventail de la commercialisation : elles stimulent parmi leurs sociétaires la production des autres fruits et du maraîchage. La nécessité d'une main-d'œuvre abondante pendant des périodes courtes mais obligées pour les expéditeurs permet aux salariés d'obtenir une revalorisation des salaires journaliers, mais maintient en contrepartie un chômage saisonnier important dans les communes agrumicoles.

L'arrêt de la croissance des surfaces à partir de 1972 (le « Censo Citrícola » de 1977 révèle même un recul des surfaces dans la province de Valencia) conduit à une troisième évolution dans la composition du verger : celle de sa structure par âge, marquée par le vieillissement. De 1971 à 1977, la part des plantations de plus de 15 ans, c'est-à-dire en pleine production, passe de 45 à 55 % de la surface totale. Cette situation est différente selon les variétés : les mandariniers sont plus jeunes que les orangers, et les variétés précoces plus que les variétés tardives. Mais ce vieillissement voit ses effets limités en partie par deux pratiques caractéristiques du verger valencien : les plantations intercalaires et le surgreffage.

Les plantations intercalaires représentent en effet encore un quart de la surface des vergers. Elles ont légèrement régressé par rapport à 1972, mais c'est le résultat de deux tendances inverses. Le « doublage » des plantations nécessité par la *tristeza* a reculé en même temps que la maladie, mais le doublage pour changer rapidement de variété d'agrumes s'est accru avec l'évolution du marché. Les mandariniers sont plus souvent variété principale et les orangers variété intercalaire, les premiers prenant la place des seconds.

Le surgreffage est un moyen relativement rapide de changer la composition variétale du verger : il consiste à regreffer les branches maîtresses de chaque arbre afin d'obtenir rapidement une nouvelle production beaucoup plus importante que dans le cas d'une plantation nouvelle. C'est une pratique qui s'est développée dans les années soixante-dix, surtout dans la province de Castellón, en relation avec le succès des mandarines sur les marchés et la mise au point de nouvelles variétés commercialement intéressantes.

Les vergers de moins de 5 ans représentent donc une part à peu près identique aux deux recensements agrumicoles (10 % environ), mais cette relative stabilité des jeunes plantations est contredite en partie par la baisse actuelle du rythme des plantations : seul le verger des mandariniers continue à s'accroître. On est donc devant une situation de plafonnement du verger, qui se renouvelle tout juste et se transforme sans nouvelles extensions. Toutefois cette situation générale masque des mutations spatiales : les agrumes stagnent ou même reculent dans les zones traditionnelles (Huerta de Valencia, Ribera du Júcar, Plana de Castellón), où les formes d'occupation non agricoles du sol sont les plus dynamiques, et où les terrains transformables ont été a peu près totalement utilisés. Par contre ils continuent à progresser là où ils se développent aux dépens du *secano,* dans les zones de périmètres irrigués nouveaux dus à l'initiative publique ou privée : Campo de Liria, Hoya de Buñol, Vall d'Albaida, Canal de Navarrés, où les limitations sont souvent plus climatiques qu'économiques. Mais ce mouvement s'essouffle, comparativement à la vigueur qu'il a eue dans les années 1960-1975.

b. *Les rizières : recul rapide et stabilisation*

La courbe des surfaces plantées en riz sur le littoral valencien est en relation directe avec celle des prix à la production. Après un maximum lié à l'économie autarcique du régime franquiste en 1950 (27 000 ha), elle dessine un recul rapide et régulier jusqu'en 1973 (16 250 ha), pour se stabiliser ensuite entre 15 et 16 000 ha (15 800 en 1982). Les riziculteurs valenciens sont donc confrontés au problème du marché du riz, marqué par une longue période de réduction de la valeur constante de la production, et à celui de la concurrence des nouvelles zones productrices de la moitié sud de la Péninsule. De grands aménagements hydrauliques publics (Marismas du Guadalquivir, Plan Badajoz) y ont favorisé le développement de structures agraires modernes : les exploitations beaucoup plus vastes ont des coûts de production moins élevés. Le littoral valencien a donc perdu la première place dans la riziculture espagnole : de plus de la moitié de la production en 1950, sa part est tombée au quart, derrière les provinces de Séville et de Tarragone. Ce recul a frappé de façon inégale les zones de production : les rizières de faible extension ou proches des centres urbains ont rapidement disparu, soit sous l'action des propriétaires eux-mêmes, soit par des plans d'aménagement concertés. Les rizières de Castellón, de la Ribera Alta du Júcar, et de la Costera de Játiva ont pratiquement disparu dès 1970. Entre 1970 et 1980, celles de Puig-Puzol, de Tabernes de Valldigna et de Pego-Oliva sont drainées et remembrées par les services du Ministère de l'Agriculture. Dans la zone Albufera-Júcar, qui forme le dernier bloc de rizières, le recul a été rapide au nord, à proximité de l'agglomération de Valencia, et au sud du Júcar. A plus ou moins brève échéance, seules subsisteront les rizières périphériques de l'Albufera : d'une part la revalorisation du prix du riz leur a redonné un intérêt économique agricole non négligeable; d'autre part elles sont intégrées dans un système hydraulique à la fois naturel et aménagé par l'homme, dont les contraintes collectives et naturelles font que la disparition des rizières mettrait en cause l'équilibre de l'ensemble.

c. *Les cultures de huerta : recul et mutations*

Globalement les surfaces évoluent peu car, comme pour les agrumes, on assiste à une réduction dans les vieux périmètres irrigués (urbanisation ou remplacement par les agrumes), et à une croissance dans les nouveaux périmètres irrigués (Campo de Liria) ou drainés (Huerta nord et littoral de la Valldigna). Les productions elles-mêmes évoluent de façon cyclique, en fonction des prix du marché, mais de façon indépendante pour chaque produit. Les surfaces d'un même produit peuvent donc varier fortement d'une année à l'autre : Le développement de la commercialisation des produits maraîchers par les coopératives agrumicoles et l'apparition de firmes agro-alimentaires faisant travailler les agriculteurs sous contrat ont pu favoriser certaines productions d'écoulement plus facile.

Une double évolution coexiste dans les cultures de huerta : extensification globale du système de production d'une part, et intensification d'un certain nombre d'exploitations ou même de parcelles dans une exploitation d'autre part[52]. Considéré dans son ensemble, le rapport surface récoltée/surface cultivée, qui mesure le rythme des rotations de culture, et d'une certaine façon l'intensité du système agricole, diminue dans les huertas valenciennes : il passe de 1,5 à 1,3 de 1970 à 1980. Mais parallèlement les cultures protégées se développent; elles doublent en surface de 1974 à 1982 dans la province de Valencia, qui devient la deuxième d'Espagne sur ce plan, après celle d'Almeria : 5 100 ha de cultures sous plastique, 1 200 ha de tunnels et 440 ha de serres. Les productions qui profitent de ce forçage sont les grands produits maraîchers du marché national et international (poivrons, aubergines, tomates, concombres) ou les cultures délicates (fleurs et plantes en pots). Pour ce dernier marché, Valencia est la seconde région productrice d'Espagne, après la province de Barcelone, et abrite chaque année une foire nationale : IBERFLORA.

D'un côté, en particulier dans les zones périurbaines, les agriculteurs à temps partiel se tournent vers des productions annuelles (légumes de plein champ) moins coûteuses en temps et en investissement. De l'autre, les agriculteurs purs concentrent leur temps et leur argent sur une partie seulement de leur exploitation, en pratiquant aussi des cultures annuelles ou en plantant des orangers sur les autres parcelles. Cette intensification va jusqu'aux tunnels et aux serres. Ce processus n'est pas différent de celui qui a vu se répandre les serres dans les petites exploitations irriguées de la région de Châteaurenard, dans le Comtat des Bouches-du-Rhône, depuis une dizaine d'années. C'est pourquoi les serres se rencontrent essentiellement dans les zones de tradition maraîchère (Huerta de Valencia, *arenal* de Cullera, Ribera du Júcar); mais elles peuvent être détachées des *regadíos* traditionnels, lorsqu'il s'agit d'investissements d'origine extra-agricole qui préfèrent des zones « neuves », tant au plan des structures techniques que des structures sociales de l'irrigation. Elles s'installent dans les *secanos* transformables, sur les marges du *regadío* : exploitations capitalistes de Liria, fraisiculteurs de la Valldigna. On est en présence d'une localisation ponctuelle, caractéristique de formes d'évolution qui refusent les contraintes d'une organisation de l'espace depuis longtemps en place.

---
(52) Arnalte Alegre E. (1983) : « Transformaciones agrarias recientes en l'Horta de Valencia », I Col·loqui d'Història Agrària, Barcelona 1978, Col·lecció Politècnia, n° 11, Institució Alfons el Magnànim, Diputació Provincial de València, pp. 291-307.

2. *Dans l'emploi : recul des actifs, chômage et migrations saisonnières*

a. *La décroissance des actifs*

Après s'être maintenue à un niveau relativement élevé jusqu'à une date tardive (début des années soixante), dans le contexte de l'économie autarcique voulue par le régime franquiste, la population active agricole du *regadío,* comme celle du *secano,* amorce une diminution qui va en s'accélérant. Dans la province de Valencia, le recul de l'ensemble est de 16 % de 1960 à 1970, et de 37 % de 1970 à 1980. Mais dans le *regadío,* ce recul se singularise de deux façons. D'une part, il est moins rapide que dans les zones sèches, où la crise de l'économie traditionnelle entraîne un exode rural très prononcé et une véritable crise démographique. D'autre part, l'exode rural proprement dit n'est pas très important, car le changement d'activité s'est souvent accompli, dans les périmètres irrigués, sans changement de résidence : la relative diffusion de l'industrie dans la plaine littorale, la proximité des nouveaux centres d'emploi, l'essor des fonctions tertiaires et touristiques, la résidence déjà « urbaine » de nombreux agriculteurs, ont permis à un certain nombre d'entre eux (journaliers ou enfants d'agriculteurs), de changer d'activité sans se déplacer ou avec des migrations alternantes à court rayon.

Ce recul s'accompagne en outre d'une substitution progressive entre les deux catégories d'exploitants autonomes et de salariés. Tandis que la catégorie des premiers décline fortement, celle des seconds décline lentement et représente de ce fait une part relative de plus en plus grande de la population active agricole provinciale : de 35 % en 1962 à 83 % en 1981. Ce cas n'est pas propre à la province de Valencia, puisqu'on le retrouve dans les espaces méditerranéens irrigués voisins, dans les provinces d'Alicante et de Murcie. Mais il est ici en corrélation étroite avec la croissance de l'agriculture à temps partiel et le fait que de nombreux salariés sont en même temps exploitants.

Dans les 6 *comarcas* irriguées de la province de Valencia, le nombre des exploitations a augmenté de 16 % entre 1962 et 1982, alors qu'il stagnait dans les *secanos* intermédiaires et qu'il décroissait dans les *secanos* profonds. Alors que dans le *secano* on assiste à une évolution assez classique des exploitations par concentration des surfaces, dans le *regadío,* ce sont les exploitations de moins de 3 ha qui alimentent la progression, alors que toutes les classes supérieures diminuent en nombre. Le morcellement des exploitations continue sous l'effet de l'importance prise par l'agriculture à temps partiel. S'il y a de moins en moins d'exploitants « purs » dans les statistiques de population active, et de plus en plus d'exploitations dans les recensements agricoles, c'est qu'il y a eu de plus en plus de non-agriculteurs exploitants (investissements citadins et partages successoraux) et d'agriculteurs à temps partiel (propriétaires devenant journaliers, journaliers devenant propriétaires).

b. *Chômage et migrations saisonnières*

La forte pression démographique traditionnelle sur la terre cultivée des huertas, à laquelle s'est ajoutée brutalement l'évolution des systèmes de production, a aggravé le chômage agricole dans les années soixante, et transformé une tradition d'émigration séculaire en un flux migratoire bien particulier, puisqu'il n'a pas signifié rupture d'avec le système des huertas, mais adaptation pour s'y maintenir en trouvant des revenus complémentaires.

- *La permanence des migrations agricoles*

Les migrations saisonnières existaient déjà, en particulier dans le système de production spatialement le plus spécialisé, celui du riz : dans la Ribera Baja, son calendrier de culture laissait de longs mois de chômage durant l'hiver (à l'inverse de celui des agrumes). Mais les migrations de travail qui en découlaient s'effectuaient dans le cadre national, et vers les deux autres grandes régions rizicoles, grâce au décalage des calendriers agricoles : vers le delta de l'Ebre depuis le début du siècle, vers les Marismas du Guadalquivir, lors de leur transformation en rizières (Drain, 1977). D'ailleurs un certain nombre de riziculteurs valenciens se sont établis définitivement sur les terres nouvelles concédées par l'Instituto Nacional de Colonización dans la province de Séville.

En sens inverse, des andalous venaient participer à la moisson du riz dans la province de Valencia. Ces déplacements ont pratiquement disparu avec la mécanisation générale de la riziculture dans les années 1965-1970. Avec l'ouverture des frontières espagnoles, le relais a été pris rapidement par les migrations internationales, et une des premières migrations fut celle des riziculteurs qui allaient s'employer en Camargue au repiquage du riz : elle devait disparaître avec la généralisation du semis direct (1960).

De façon plus générale, le littoral valencien a participé au grand mouvement d'émigration des espagnols vers l'Europe industrielle qui s'étale sur une vingtaine d'années, de 1955 à 1975. Ce mouvement démarre lentement dans l'Espagne encore fermée des années cinquante, et se développe rapidement avec l'ouverture des frontières et l'appel des emplois européens à partir de 1960. Il atteint son maximum en 1970-1972 pour régresser ensuite sous l'effet de la crise européenne et de l'évolution interne de l'économie valencienne. Il est maintenant à peu près stabilisé depuis 1976, et la province de Valencia a perdu la première place qu'elle y occupait au bénéfice de la province de Grenade, dans un mouvement migratoire qui se réduit de plus en plus à des déplacements saisonniers, dans lesquels l'Andalousie a ravi la première place au Levant. Mais il se distingue de l'émigration andalouse, car il s'est toujours agi essentiellement d'une migration saisonnière d'agriculteurs pour des travaux agricoles, qui s'est faite avant tout vers la France.

● *Migration et systèmes spatiaux*

L'étude de la population migrante d'après les communes de départ et les structures socio-démographiques[53] met en lumière deux types de migration, correspondant à deux localisations différentes, c'est-à-dire à deux systèmes spatiaux différents :

— le premier associe le « peón »* (ouvrier manœuvre de l'industrie), souvent né dans une autre province (donc immigré à Valencia), demeurant dans une zone de forte croissance démographique (donc urbaine et industrielle) à une émigration permanente ou temporaire à long terme ; elle intéresse les autres pays européens plus que la France, c'est à dire la Suisse (pour des emplois dans la construction) et l'Allemagne (pour des emplois dans l'industrie). Ce type de migration est caractéristique des agglomérations capitales (Valencia et Castellón) et de leur aire métropolitaine industrialisée (Huerta, Plana industrielle) ;

— le second montre une migration de faible qualification, comportant de très nombreux agriculteurs, issus de zones à forte population active agricole en 1970, où ils sont en général nés. Elle s'oriente avant tout vers la France, et c'est dans cette direction que la part des femmes, en particulier des jeunes (moins de 25 ans), est la plus grande. Elle concerne surtout les zones de *regadío* intensif traditionnel de la Ribera du Júcar et de la Plana de Castellón (Plana agricole). Les *regadío* plus ou moins transformés par l'urbanisation et l'industrialisation présentent la juxtaposition des deux formes : elles sont à peu près équilibrées dans la Huerta de Gandía et la Costera de Játiva, mais la migration « industrielle » l'emporte sur la migration « agricole » dans le Bajo Palancia et le Campo de Liria.

Il y a donc là une relation évidente entre migration et formes d'organisation socio-économique de l'espace dans les deux provinces. D'un côté, une émigration permanente d'actifs masculins est issue des zones urbanisées, vers les emplois industriels de l'Europe nord-occidentale. De l'autre, une migration saisonnière d'hommes et de femmes affecte les zones du littoral valencien où l'agriculture irriguée continue à fournir une partie des emplois... et des chômeurs.

Cette migration alimente, à l'arrivée, des activités agricoles qui s'emboîtent, par le décalage des saisons entre le littoral valencien et la France méridionale, dans le calendrier de l'activité des migrants : la courbe des sorties mensuelles de migrants saisonniers présente un maximum principal en septembre-octobre pour les vendanges (3/4 des sorties totales) et un maximum secondaire beaucoup plus faible en juin-juillet pour les

---

[53] Voir Annexe 5.

cultures légumières et fruitières dans le Midi de la France. On a vu que les périodes d'emploi du *regadío* valencien se situaient en hiver avec la récolte des oranges de novembre à mars et au printemps (avril-mai) avec les travaux des cultures maraîchères. Les régions réceptrices ont été les régions du Midi français : l'ensemble de celles-ci pour les vendanges (mais le Languedoc en premier lieu), les plaines du Bas-Rhône pour les cultures maraîchères, la vallée du Rhône moyen (et secondairement les pays de la Garonne) pour les cultures fruitières. Il y avait là une tradition de migration permanente ancienne (surtout depuis la première guerre mondiale) et un certain nombre d'affinités. Affinité de langue : le valencien est une langue « occitane », comme le languedocien et le provençal. Affinité de qualification : les maraîchers valenciens ou les cueilleurs d'oranges étaient recherchés pour leur savoir-faire, et certains sont même devenus contremaîtres pour certains exploitants absentéistes dans le Bas-Rhône. C'est peut-être cette relative familiarité des itinéraires et des lieux qui explique l'importance des femmes dans cette migration (plus du tiers des départs), de même que le type de travaux proposé à l'arrivée : coupeuses dans les équipes de vendangeurs tandis que les hommes sont porteurs, conditionneuses dans les entrepôts d'expédition de fruits et de légumes quand les maris récoltent ou cueillent; mais leur jeunesse, comme d'ailleurs la jeunesse des journaliers masculins, montre aussi que les enfants étaient intégrés dans le budget familial dans la mesure du possible, et que leur force de travail était considérée au même titre que celle des adultes (on est loin de l'émigration presque exclusivement masculine de la province de Séville décrite par M. Drain et E. Kolodny)[54].

Ces migrations ont été largement décrites avec leurs conditions souvent précaires, dont l'amélioration a été lente sous la pression des syndicats et de l'Eglise, plus que des autorités nationales (espagnoles ou françaises) concernées. Dans la majeure partie des cas, il s'est agi de migrations courtes dans le temps, trois semaines pour les vendanges, un à deux mois pour les autres travaux, la relative proximité facilitant les allers et retours entre Valencia et la France. Le revenu ainsi obtenu avait une fonction de complément, pouvant assurer un à deux mois du budget familial. Leur répétition a pu aboutir à des existences éclatées, partagées spatialement et alternativement entre la France et l'Espagne.

Cette embauche saisonnière en France présentait d'ailleurs un certain nombre de caractères communs à celle des huertas valenciennes, distance en plus. Comme le propriétaire valencien, l'agriculteur comtadin ou le viticulteur languedocien est souvent venu lui-même recruter des travailleurs, qu'il réembauchait ensuite chaque année en leur envoyant le contrat de travail nécessaire à l'obtention du passeport et à l'assistance de l'Instituto Nacional de Emigración. Ou encore il s'adressait à un espagnol de confiance qui agissait dans sa commune pour embaucher les saisonniers nécessaires au patron français, comme le *cap de colla* recrute son équipe pour la récolte des agrumes.

● *La situation actuelle*

Le mouvement migratoire « industriel » au départ du littoral valencien a pris pratiquement fin en 1974-1975, comme d'ailleurs dans le reste de l'Espagne : les pays de l'Europe industrielle ferment leur portes aux travailleurs étrangers, et seule la Suisse continue d'accueillir un petit contingent de migrants. A Valencia, cette forme de migration dite « permanente », qui n'avait jamais représenté officiellement que 20 % des départs (en 1972), n'en représente plus que 2 % dès 1974.

L'émigration saisonnière, affectée plus tardivement, voit ses effectifs diminuer avec l'évolution du marché du travail agricole dans la France méridionale. Les espagnols que la hausse du niveau de vie national et la bonne connaissance des droits de l'émigrant rendent moins « malléables » et moins prêts à accepter n'importe quel travail, sont de plus en plus concurrencés par d'autres immigrants moins exigeants (marocains et algériens, égyptiens même). La vendange, qui était la source principale de l'emploi saisonnier, est de plus en plus mécanisée et la situation locale de l'emploi pousse les chômeurs à chercher dans les travaux saisonniers comme la vendange un complément de ressources. Ajoutons que la hausse des salaires agricoles dans le *regadío* valencien, favorisée d'ailleurs par les migrations saisonnières, a pu persuader certains migrants de tenter leurs

---

(54) Drain M., Kolodny Y. (1980) : « L'exil pour métier. Bilan de l'émigration de la province de Séville (1960-1976) », RGPSO, 51, n° 3, pp. 237-266.

chances au pays. Quoi qu'il en soit les migrations saisonnières valenciennes n'ont pas disparu. Elles ont diminué approximativement de moitié, mais elles ont retrouvé un nouvel équilibre, car les causes objectives de leur existence sont toujours là : permanence du sous-emploi agricole, besoin de contingents de main-d'œuvre saisonnière dans certaines activités agricoles ou para-agricoles du Midi français.

c. *Les activités de substitution*

Les migrations saisonnières sont la traduction la plus visible et la forme la plus « déracinante » de cette recherche de ressources complémentaires de la part du petit agriculteur valencien. Mais il en est d'autres qui se développent au sein de la famille agricole, dont le budget s'alimente de revenus de plus en plus extra-agricoles, après s'être alimenté de revenus agricoles hors de l'exploitation.

Si les fils avant mariage sont journaliers ou cherchent un emploi dans l'industrie ou le secteur tertiaire, les filles et les femmes dans la huerta travaillent peu dans les champs : elles s'emploient dans les *almacenes* au conditionnement des fruits et des légumes ou participent au budget familial par le travail à domicile. Ce dernier existe surtout pour le textile (tricot), et accessoirement pour le travail du plastique, de l'osier et du bois (paniers, cages, emballages délicats). C'est le « putting-out system », qui a favorisé la croissance de certaines branches de l'industrie valencienne, et que J. Costa Mas a décrit dans le Marquesado de Denia (1980). La forme la plus fréquente en est le travail à façon dans l'industrie du tricot, sur des machines (tricoteuses) souvent louées par le donneur d'ordres, pour des firmes de Valencia, qui est un des grands centres de l'industrie de la confection en Espagne. Moins développé que dans les *comarcas* intérieures et montagneuses de la Région Valencienne[55], ce travail à domicile n'en existe pas moins dans les huertas les plus touchées par le chômage rural. On assiste même à un regain de cette forme d'économie souterraine, face aux problèmes que pose la crise économique aux industries de main-d'œuvre de la Région Valencienne, dont le comportement est voisin de celles de l'Italie moyenne.

Conclusion

Confronté au problème-clé des prix agricoles, en particulier des prix du marché extérieur sur lequel l'Espagne est en position défavorisée, l'ensemble du système agrumicole réagit de plusieurs façons. Le commerce, qui répercute les prix internationaux sur le producteur évolue peu dans ses structures, sinon par la modernisation de ses installations et la mise en place d'un Comité de Gestion. Formé de représentants des expéditeurs et de l'administration, il est chargé de surveiller l'offre à l'exportation afin d'empêcher la chute des cours des agrumes et l'application de taxes compensatoires de la part des pays importateurs du Marché Commun.

Les producteurs, qui sont donc dans une situation plus difficile, adoptent deux types de solutions : soit des solutions collectives, qui se traduisent par la généralisation des coopératives et des caisses rurales, soit des solutions individuelles, qui consistent essentiellement à rechercher des revenus en dehors de l'exploitation. Ils les trouvent dans les migrations saisonnières vers la France, dans les emplois créés par la nouvelle économie industrielle et urbaine, et sur les exploitations des propriétaires citadins. Cela conduit à une évolution des rapports de production au sein du système agricole et à favoriser le maintien de la petite exploitation par des agriculteurs qui ne sont plus exploitants à temps complet, mais souvent encore employés dans le système agricole à temps complet. Cette nouvelle organisation du travail, ces nouveaux rapports avec les autres secteurs de l'économie entraînent de profonds changements dans la géographie des huertas.

---

(55) Sanchis E. (1984) : « El trabajo a domicilio en el País Valenciano », Ministerio de Cultura, Instituto de la Mujer, Madrid, 114 p.

Chapitre III

ESPACE IRRIGUÉ ET GÉOGRAPHIE RÉGIONALE

A LA fin de la deuxième partie de cet ouvrage, les principaux indicateurs de l'économie agricole irriguée nous ont permis de tracer une partition de l'espace dont les éléments essentiels d'organisation étaient fondés sur les systèmes de production agricole. On a vu ainsi se dessiner des zones homogènes, dont l'intégration dans un ensemble plus vaste était peu liée à des phénomènes de hiérarchisation, chaque unité étant juxtaposée aux autres, la capitale provinciale dessinant la seule polarisation importante. La transformation de l'économie valencienne et de ses rapports à l'espace a eu pour effet d'accroître profondément les phénomènes de polarité, de telle sorte que les anciennes situations sont bouleversées et que la base économique agricole n'est plus le fondement essentiel de la différenciation spatiale. Celle-ci se trouve maintenant sous la dépendance de la distance aux centres urbains de croissance, de l'accessibilité par les équipements et les infrastructures nouvelles, et des facteurs de localisation des nouvelles firmes industrielles et tertiaires, qui désignent les nouvelles zones d'investissement et d'emploi.

Progrès de l'économie industrielle et urbaine, recul et adaptation de l'économie agricole irriguée se traduisent dans l'espace littoral valencien par un nouveau modèle spécifique d'organisation de l'espace, que nous allons essayer de dessiner en nous appuyant sur les « réactifs » de la dynamique spatiale de la population et des rapports villes-campagnes.

A. La nouvelle dynamique de la population rurale

Cette dynamique est, nous l'avons vu, très fortement influencée par la croissance urbaine. Et la comparaison des cartes de l'évolution démographique communale de 1960 à 1970 et de 1970 à 1980 (fig. 18) montre qu'on passe, pour les deux provinces, d'une situation marquée par l'opposition littoral/intérieur, avec un gradient d'évolution démographique très fort, à une situation de diffusion de la croissance démographique vers l'intérieur, en même temps que la croissance sur le littoral a tendance à être moins concentré dans les aires métropolitaines et à mieux « s'égaliser ». Cet étalement de la croissance se fait vers l'intérieur en suivant les pénétrantes, mais aussi vers les marges nord et sud de l'espace valencien, en suivant l'axe littoral. En même temps qu'il y a étalement de la croissance, il y a réduction du gradient démographique, autant par ralentissement de la croissance littorale que par ralentissement de la décroissance de l'arrière-pays: soit par effet de diffusion sur les périphéries proches, soit par quasi-désertification dans les périphéries les plus profondes.

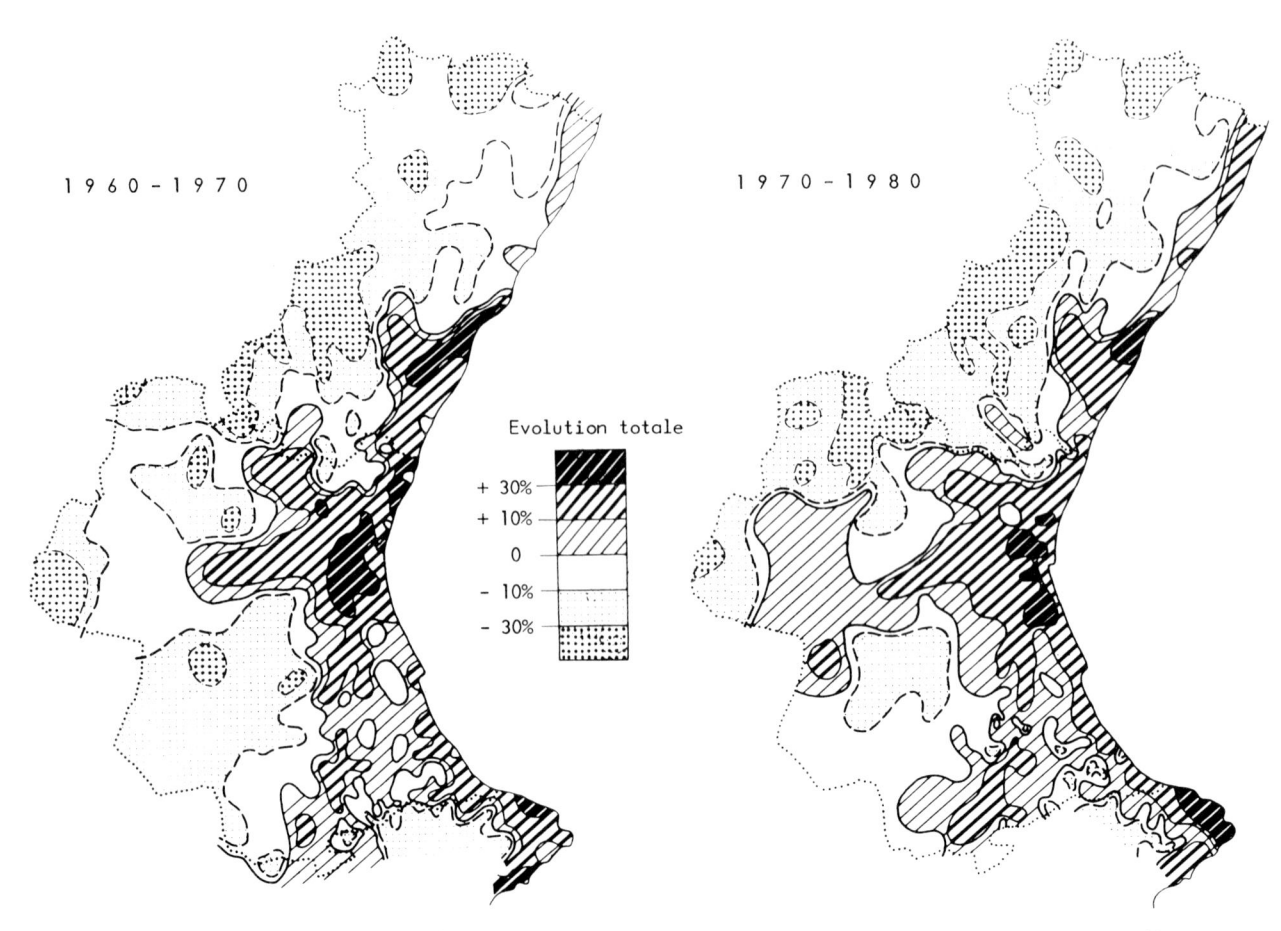

Fig. 18 : Evolution de la population communale dans les provinces de Valencia et de Castellón de 1960 à 1980
Cartes en isolignes des valeurs communales
(*source* : INE, Recensements de population)

1. *Le modèle local des espaces irrigués*

L'étude des bilans démographiques dans deux *comarcas* irriguées, la Ribera du Júcar et le Campo de Liria, permet de préciser, à l'échelle communale, ces nouveaux comportements : d'abord dans une région de *regadío* traditionnel, la Ribera, relativement éloignée du « centre » valencien, ensuite dans une région de *regadío* récent, sous l'emprise directe de ce dernier, le Campo de Liria, où les phénomènes de « rurbanisation » vont bon train.

a. *La Ribera du Júcar*

Globalement, la croissance démographique moyenne (+ 6 % de 1970 à 1980) est soutenue par un bilan naturel plus important (+ 4 %) que le solde migratoire (+ 2 %). Mais cette situation générale est loin de concerner l'ensemble des communes de la Ribera : les situations démographiques sont d'autant plus dynamiques qu'on se trouve proche de l'aire métropolitaine de Valencia ou des axes de développement économique qui en sont issus : axe Valencia-Cullera (route nationale 332) et axe Valencia-Játiva (N 340 et

C 3320). Certaines communes, plus à l'écart sur le piémont de la plaine littorale, peuvent être progressivement intégrées dans l'aire d'influence valencienne : c'est le cas des deux groupes de communes de la vallée moyenne du Magro (Monserrat, Montroy, Real de Montroy et Llombay, Catadau, Alfarp). Le solde migratoire l'emporte sur le bilan naturel dans les communes les plus proches du « centre », mais aussi dans celles qui ont été affectées par la croissance industrielle (« Ford » à Silla et Sollana), touristique (Cullera) ou plus rarement par les mutations de l'agriculture (Alginet).

Par contre, les zones de monoculture agrumicole et rizicole, encore peu transformées par le système urbain et industriel, ont des comportements de crise démographique, de type « réservoir en baisse » : le solde migratoire y est plus négatif que le bilan naturel n'est positif. C'est le cas de la majeure partie des communes de la partie sud de la Ribera Baja, de la Valldigna et de l'amont de la Ribera Alta. Cette situation entraîne un vieillissement et une diminution de la population qui peut conduire, si elle persiste, au comportement d'abandon, lorsque le bilan naturel devient à son tour négatif. C'est le cas déjà pour Llaurí, où la crise démographique liée à la riziculture sévit depuis plus de vingt ans et où le maximum de population se situe en 1950, alors que les communes voisines, Corbera de Alcira et Favareta, n'en sont encore qu'à la situation de « réservoir en baisse ». Mais c'est aussi celui de Cotes et de Cárcer, communes agrumicoles de l'amont de la Ribera, où le recul démographique est plus récent (depuis 1970). En l'occurence, la taille des communes ne fait rien à l'affaire, car Villanueva de Castellón (7 000 habitants) ou Puebla Larga (4 200), gros bourgs tout proches, plus ruraux qu'urbains, continuent à perdre leur population par émigration, et leurs bilans naturels inférieurs à la moyenne montrent que la situation de réservoir démographique n'y est pas nouvelle.

b. *Le Campo de Liria*

Le comportement dominant est ici de croissance migratoire : il est essentiellement représenté par les communes situées le long de la route C 234 Valencia-Liria-Ademuz, principal axe diffuseur de l'influence métropolitaine et le long duquel se sont localisés les nouveaux établissements industriels venus de la ville. Les routes vers Gestalgar et vers Serra ou Marines ont une « portée » beaucoup plus faible et les comportements démographiques y sont beaucoup moins dynamiques. Les communes en bout de route (Bugarra-Gestalgar, Olocau-Marines) ont des comportements d'abandon, mais il est symptomatique de relever des comportements « absorbants » (croissance par bilan migratoire positif supérieur au bilan naturel négatif) à Serra et Villar del Arzobispo : c'est le signe, après une phase d'abandon, d'une reprise démographique par renversement du solde migratoire, alors que le bilan naturel reste négatif. Il faut y voir un effet induit de la périurbanisation, en particulier de l'influence nouvelle des résidences secondaires des valenciens.

La situation démographique est donc un bon réactif de l'état du système économique local, dans ses rapports avec l'évolution des systèmes agricoles et avec le système urbain et industriel. La monoculture agrumicole, quant elle arrive à une situation de blocage (fin de l'extension du verger par suite des conditions d'espace et de marché), expulse les jeunes actifs en excédent, puis perd de la population par vieillissement s'il n'y a pas d'autres horizons d'emploi. Les jeunes s'en vont vers les aires métropolitaines régionales maintenant que les migrations internationales sont à peu près stoppées. Les comportements démographiques sont donc de moins en moins liés à l'ancien zonage agricole, et de plus en plus à l'intégration des zones de *regadío* dans le champ d'influence de la nouvelle économie regionale.

2. *Le modèle régional de Valencia et Castellón*

La situation évoquée ci-dessus a été bien mise en lumière par l'étude séquentielle de l'évolution démographique du littoral vers l'intérieur : les valeurs de l'évolution de la population des communes situées sur trois pénétrantes, Valencia-Aras de Alpuente, Valencia-Villargordo del Cabriel et Castellón-Cortes de Arenoso, ont été mises en rapport, graphiquement et statistiquement, avec la distance des communes à leur

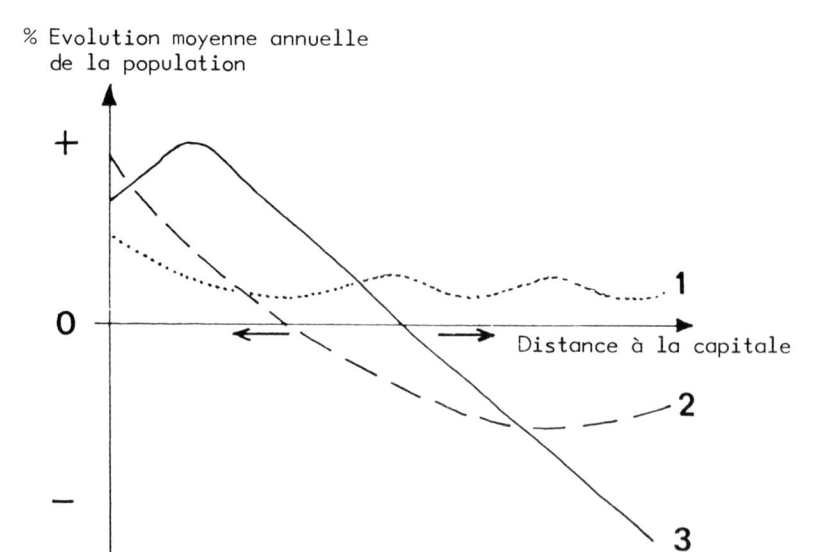

Fig. 19 : Schéma des états successifs de l'évolution de la population entre le centre littoral et la périphérie intérieure dans les provinces de Valencia et de Castellón depuis un siècle
1900-1910 (1); 1920-1930 (2); 1960-1980 (3)
Les flèches horizontales indiquent le sens de déplacement du point d'inflexion + / − pour l'état considéré

capitale provinciale. La forme des courbes obtenues peut être résumée par le schéma de la fig. 19. A peu près nulle au début du siècle par suite de la croissance encore généralisée, la « pente démographique » s'accélère par opposition entre le centre qui s'accroît et la périphérie qui se dépeuple. Mais après avoir touché des communes de plus en plus proches du littoral, le dépeuplement recule vers l'intérieur à partir de 1970, comme le montre la position du point d'inflexion positif/négatif sur les droites de tendance, et la pente de la droite diminue, avec le report des valeurs fortes vers les périphéries proches des centres. La comparaison des bilans démographiques par *comarcas* à 15 ans d'intervalle nous éclaire sur les raisons de cette évolution.

Pour la période 1960-65 (Perez Puchal, 1976, p. 116-118), l'opposition littoral/intérieur est clairement exprimée par la différence entre les zones croissantes et décroissantes (fig. 20). Dans l'intérieur, il s'agit essentiellement de réservoirs en baisse (bilan naturel positif inférieur au bilan migratoire négatif), avec quelques cas d'abandon (les deux bilans sont négatifs), qui se situent sur les périphéries les plus lointaines, dans l'intérieur ou sur le littoral : Rincón de Ademuz, Bajo Maestrazgo, Sierras de la Marina. En position intermédiaire, la Hoya de Buñol et la Costera de Játiva ont un bilan naturel plus positif que le bilan migratoire n'est négatif : ce sont des réservoirs en hausse. Sur le littoral, la croissance est générale, mais ses valeurs fortes sont dues au bilan migratoire plus qu'au bilan naturel : ce sont les aires métropolitaines, les zones de peuplement industriel et urbain au centre, Huerta de Valencia, Plana de Castellón, ou de développement touristique et industriel sur les marges littorales, Campo de Vinaroz au nord et Bajo Marquesado au sud. Les croissances faibles s'appuient sur le bilan naturel et concernent soit les zones de *regadío* traditionnel (Ribera du Júcar, Huerta de Gandía), soit des marges sèches qui commencent à être transformées (Campo de Liria). La Valldigna se présente comme un cas à part : c'est un réservoir en baisse par suite de la crise de l'agriculture en partie irriguée, dans un espace où les mutations économiques ne se sont pas encore fait sentir.

A 15 ans d'intervalle, la carte obtenue (1975-80) fait apparaître un certain nombre de changements. Dans l'intérieur, surtout dans la partie nord, les anciens réservoirs en baisse sont devenus des zones d'abandon : la persistance de l'émigration a conduit à un vieillissement de la population restante tel que le bilan naturel est devenu à son tour négatif. Au sud, cette situation ne concerne que le massif du Caroig et les montagnes du Marquesado, car les autres régions connaissent un renversement de tendance, de la diminution à la croissance, soit comme réservoirs en hausse, soit comme régions « absorbantes » parce que le bilan migratoire a changé de signe.

Sur le littoral, le bilan migratoire est remplacé par le bilan naturel comme élément dominant de la croissance, sauf dans le Bajo Marquesado. C'est une évolution classique : le rajeunissement de la population lié à la forte immigration de jeunes actifs de la période précédente se traduit par un maintien ou une légère croissance du bilan naturel, alors que le bilan migratoire positif diminue. Mais ce dernier diminue très fortement dans les aires métropolitaines : à Valencia, il est positif dans la Huerta, mais nul dans la commune capitale, par suite du transfert de croissance du centre vers la périphérie de l'agglomération; il peut même devenir négatif dans les communes industrielles en situation de crise économique : Sagunto, Vall d'Uxó. Par contre, il se maintient ou même augmente légèrement dans les huertas en pleine transformation (Gandía, Ribera Baja), où il est presque à égalité avec le bilan naturel, tandis qu'il reste à peu près nul dans la Ribera Alta du Júcar. Par contre, dans l'arrière-pays de la capitale, les *secanos* périphériques transformés par l'irrigation et l'influence urbaine et industrielle (Liria, Buñol) voient leur solde migratoire s'accroître et devenir le principal facteur de leur croissance.

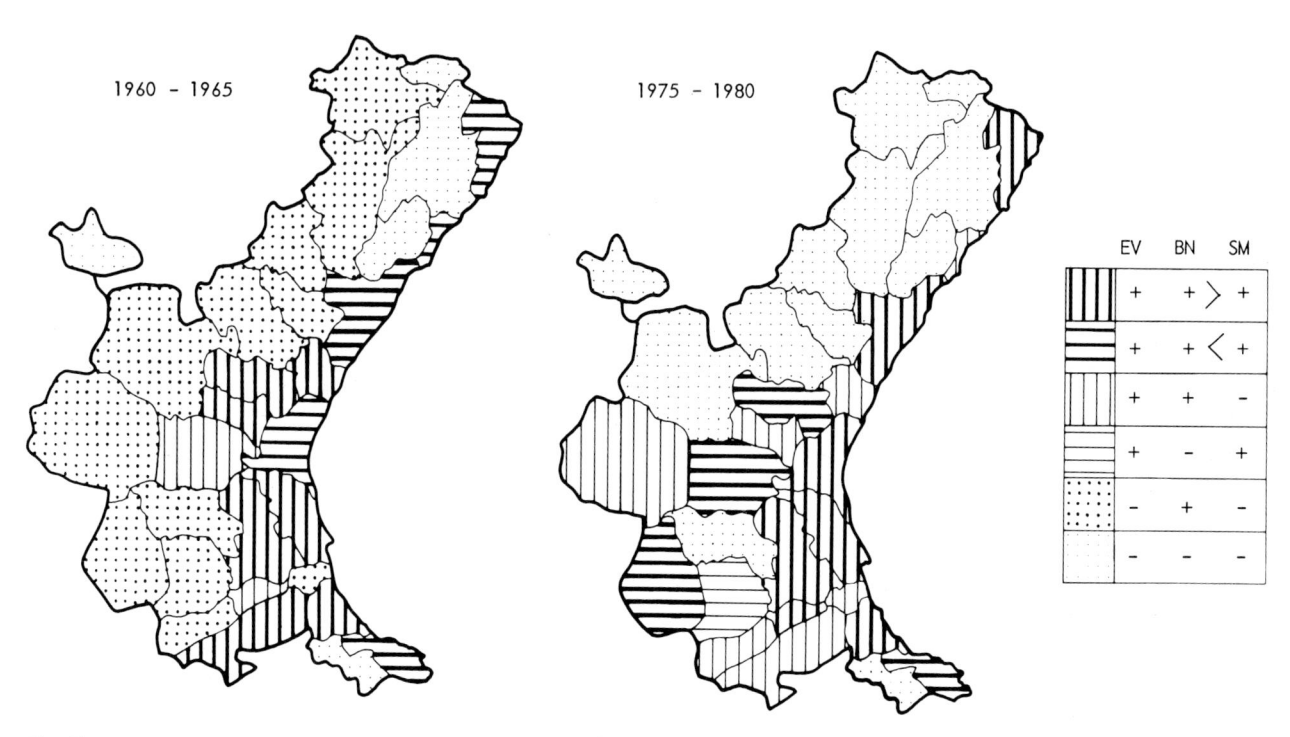

Fig. 20 : Comportement démographiques des *comarcas* des provinces de Valencia et de Castellón dans les périodes 1960-1965 et 1975-1980
EV = evolution totale de la population, BN = bilan naturel, SM = solde migratoire (calculé)
(*source* : P. Perez Puchal (1976) pour 1960-1965 et INE : « El movimiento natural de la población española » pour 1975-1980. Voir détails et définitions dans l'Annexe 4)

C'est la traduction spatiale de plusieurs processus essentiels pour la nouvelle géographie de la région:
— la constitution d'un certain nombre de déserts intérieurs, en général montagneux, où la continuation des tendances démographiques antérieures ne fait qu'aggraver la situation. C'est une évolution de type « Préalpes du Sud » avec les conséquences que cela comporte : disparition de l'agriculture, développement des résidences secondaires, espace faiblement peuplé et dépendant des concentrations urbaines du littoral;
— le ralentissement du mouvement de concentration économique et démographique du littoral, dans la mesure où la nouvelle économie urbaine et industrielle est maintenant en place et affronte d'ailleurs sa

première grande crise : globalement, la croissance démographique de la province de Valencia a ralenti et les migrations interprovinciales qui l'alimentaient ont fortement diminué. On assiste donc, sur le littoral, à un ralentissement de la croissance au centre et à une meilleure répartition de celle-ci, par égalisation des bilans migratoires et des bilans naturels, autant dans les huertas que dans l'immédiat arrière-pays.

Le schéma apparent est donc bien celui d'un redéversement, tel qu'il a été décrit pour le Bas-Languedoc[56] ou pour la région de Provence-Alpes-Côte d'Azur avec un décalage d'une dizaine d'années. Va-t-il se poursuivre dans l'arrière-pays jusqu'à un renversement de tendance de type Provence-Alpes du Sud, où le comportement démographique absorbant s'est généralisé dans l'arrière-pays entre 1975 et 1982. Les premiers résultats du Recensement de 1986 montrent plutôt un ralentissement général de la croissance et un recul des zones littorales agricoles.

B. Une nouvelle géographie régionale des huertas

Sous l'apparente homogénéité des paysages de l'agriculture irriguée, les nuances dans l'évolution actuelle des systèmes de production du *regadío* sont donc plus liées aux rapports avec la société urbaine et industrielle dominante qu'aux rapports avec le milieu naturel et la mise en place historique des huertas. Il y a, en ce sens, deux échelles à considérer dans l'organisation de l'espace agricole. L'échelle globale (macro-économique) montre que les transformations économiques qui affectent l'espace étudié ont une action générale sur l'agriculture et les agriculteurs : réduction de la population active agricole, prolétarisation des petits exploitants, développement de l'agriculture à temps partiel, formes d'intégration de plus en plus importantes par les firmes commerciales. L'échelle régionale souligne les variations de la situation de l'agriculture irriguée selon les conditions préalables et selon le poids du nouveau système d'organisation de l'espace. On verra donc se dessiner des gradients spatiaux en fonction de l'intervention plus ou moins forte de ce dernier, et une nouvelle homogénéité, qui n'est plus tant dans les paysages que dans les processus qui sous-tendent leur transformation (fig. 21).

1. *Le métamorphisme périurbain*

C'est là, dans les aires métropolitaines, dans les « zones de peuplement industriel et urbain », que les transformations sont les plus marquées. L'urbanisation entraîne la disparition des exploitations agricoles par disparition de la terre irriguée : la terre change d'affectation au profit du système urbain dominant. Ce processus est favorisé par la faible résistance d'une agriculture encore traditionnelle, qui continue à utiliser des rentes de situation qui sont en train de lui échapper. Ceci est net en ce qui concerne les réseaux d'irrigation gravitaires, dont l'efficacité est considérablement réduite par l'abandon progressif des disciplines communautaires, l'invasion des périmètres par les constructions urbaines et la pollution des eaux par les déversements industriels et urbains incontrôlés.

Mais des influences contradictoires retardent cette évolution. Tout d'abord la force historique des droits des communautés d'irrigation et des *arrendamientos históricos* permet le maintien d'exploitations plus ou moins traditionnelles par des agriculteurs ou des fermiers (les anciens *colonos*), même si ceux-ci sont souvent âgés

---

[56] Ferras R. (1983) : « «Nouvelle distribution et dynamique spatiale de la population en Languedoc-Roussillon », MÉDITERRANÉE, 50, n° 4, pp. 11-17.

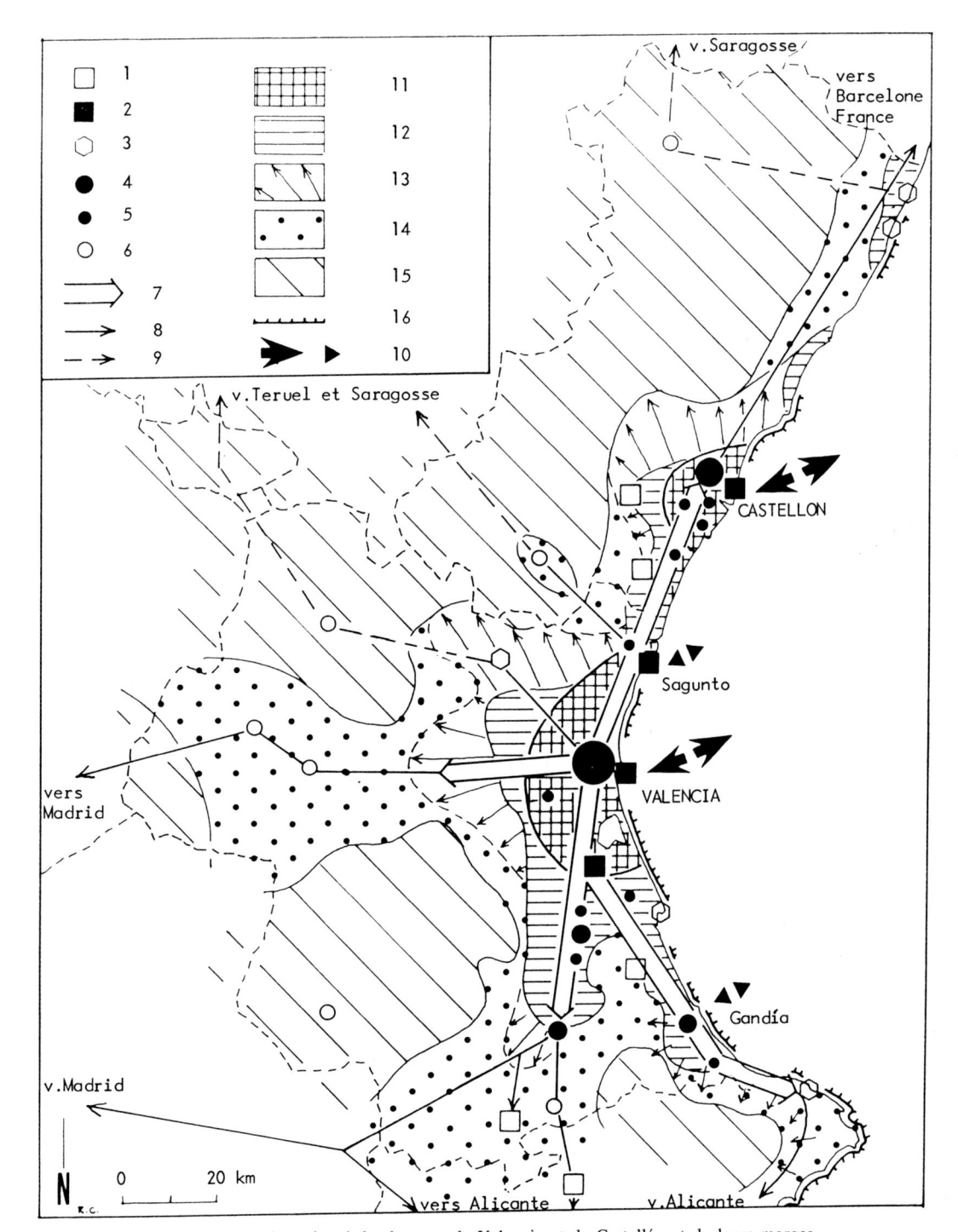

Fig. 21 : Croquis régional des huertas de Valencia et de Castellón et de leurs marges

a) Les villes : 1 : ville industrielle isolée ; 2 : grande unité industrielle ou complexe portuaire ; 3 : ville à tendance industrielle ou touristique ; 4 : centre régional et sous-régional (3 niveaux selon la taille du cercle) ; 5 : centre « agricole » ; 6 : petit centre de l'arrière-pays (Vinaroz et Denia sont considérés comme petits centres sur les marges nord et sud de l'espace étudié)

b) Les axes de communication : 7 : axe principal de croissance économique et démographique au plan régional (effets structurants importants) ; 8 : axe régional secondaire ou de transit interrégional ; 9 : axe sans croissance ; 10 : échanges portuaires avec l'extérieur

c) Typologie spatiale : 11 : aire métropolitaine (zone d'accumulation de la population urbaine et industrielle) ; 12 : espace d'agriculture irriguée continu : fortes densités rurales et agricoles de population ; 13 : zone de progression des influences urbaines dans l'arrière-pays : croissance démographique, zones industrielles, nouveaux *regadíos*, résidences secondaires ; 14 : *secano* intermédiaire : cultures arbustives, viticulture, dépopulation tardive et lente, possibilités de relance économique et démographique ; 15 : *secano* profond : économie agricole attardée, communications difficiles, dépeuplement ancien et phénomènes de désertification ; 16 : littoral aménagé et transformé par le tourisme et si leurs exploitations, cernées de plus en plus par les constructions, sont condamnées à disparaître à plus ou moins brève échéance. Ensuite la présence du marché urbain et des rentes de situation qu'il induit dans sa proche périphérie favorise le développement, sur les marges de celle-ci, de formes très évoluées de cultures irriguées, souvent sous la forme d'investissements capitalistes (serres et floriculture).

Cette situation est donc celle de l'aire métropolitaine de Valencia, qui englobe la Huerta traditionnelle et s'étend de Sagunto au nord à Sollana au sud, c'est-à-dire aux deux pôles industriels récents des « Altos Hornos del Mediterráneo » et de « Ford ». Elle concerne aussi la Plana de Castellón où la croissance démographique est générale et forte, toujours supérieure à 10 % entre 1970 et 1980, soutenue par un bilan migratoire qui lui donne par contrecoup les bilans naturels les plus élevés de sa province.

2. *Les zones agricoles irriguées traditionnelles plus ou moins transformées*

On y a assisté, jusqu'à une date récente, à un maintien des actifs et des exploitations agricoles, et même dans certains cas à une augmentation de ces dernières par fragmentation et par achat de terres par les journaliers et les non-agriculteurs. La société rurale reste agricole, mais elle est de moins en moins paysanne et a subi de profondes transformations pour se maintenir. Celles-ci découlent essentiellement du développement des ressources extérieures à l'activité de production sur l'exploitation : essor de l'agriculture à temps partiel, du salariat agricole, déplacement des revenus de la terre vers le travail et développement passager des migrations saisonnières.

Dans ce cas, la croissance démographique est en fait la combinaison d'une diminution de la population agricole, donc des communes restées proprement rurales, et d'une croissance de la population des petits centres urbains ou des zones proches des aires précédentes. Les *comarcas* peuvent être donc classées selon le degré croissant de leur transformation : de la Costera de Játiva et de la Ribera Alta, où les systèmes agricoles sont encore souvent dominants, à la Ribera Baja et au littoral entre Sagunto et Castellón, où les effets du tourisme ou de l'industrie jouent à plein.

Le cas de la Huerta de Gandia est un peu à part. Il associe, de façon très tranchée, des caractères d'aire métropolitaine, qui sont l'accumulation des hommes et des activités, la croissance très forte de la ville-centre, et des caractères d'espace encore agricole. La crise démographique y frappe des communes restées liées à la monoculture des agrumes, ici peu susceptible d'extension spatiale, par suite de la contrainte d'un cadre montagneux omniprésent. Alors que Gandía absorbe l'essentiel de la croissance démographique de la *comarca* entre 1970 et 1980, les petites communes du littoral (de Piles à Daimuz) et du piémont intérieur (de Potries à Real de Gandía) stagnent ou perdent des habitants par émigration : dans plusieurs cas le bilan naturel est déjà devenu négatif. Après avoir été une zone de croissance généralisée de la population en 1960-1970, la Huerta de Gandía apparaît en 1970-1980 comme un espace un peu plus faible entre, au nord, l'axe de croissance littoral issu de Valencia, et au sud le Bajo Marquesado en pleine croissance touristique et industrielle.

3. *Les marges du regadío*

Des petites huertas de vallée y étaient entourées de grands pans de *secano* plus ou moins rentables. Les exploitations y diminuent rapidement sauf quand la vigne se transforme et se constitue en vignoble bien commercialisé, ou quand les agriculteurs créent de petits élevages industriels sous la tutelle des firmes intégratrices productrices d'aliments pour le bétail : ces élevages se sont développés dans les *secanos* bien situés par rapport à l'axe littoral, mais peu susceptibles d'être transformés par l'irrigation.

Les exploitations irriguées ont augmenté, dans les marges proches des pôles irrigués et urbains, avec l'essor des transformations privées, souvent provoquées par les capitaux citadins, ou des interventions publiques, comme les puits et réseaux d'irrigation de l'I.R.Y.D.A. dans les communes de Liria et de Cheste. A cela s'ajoutent les implantations industrielles nouvelles pour expliquer qu'après une période de décroissance de la population on assiste à un redémarrage démographique, mais le rural est ici de moins en moins agricole. On distinguera les marges intérieures (Campo de Liria, Hoya de Buñol) des marges littorales nord et sud (de Benicasim à Vinaroz, et de Pego à Jávea) par le dynamisme économique et démographique plus grand de ces dernières.

Conclusion

On peut donc tenter une schématisation graphique de l'organisation régionale de l'espace autour de Valencia et de Castellón, en intégrant à la fois les éléments d'homogénéité fournis par l'agriculture irriguée et les phénomènes de polarisation et de flux qui les déforment (fig. 20). C'est une cartographie complexe qui doit rendre compte de la réalité actuelle des huertas de Valencia et de Castellón. A la combinaison ancienne de l'écosystème naturel et de la société agricole irriguée, se superpose et se combine un autre système, urbain et industriel. Leurs échelles d'intervention et leurs dynamiques ne sont pas les mêmes, et peuvent produire des phénomènes de décalage par dysharmonie entre l'espace irrigué traditionnel et le système urbain et industriel conquérant. En outre les rapports spatiaux entre le centre et les périphéries ne recoupent pas les limites des sytèmes agricoles, et dans le *regadío* ces rapports sont déformés par l'importance de l'ouverture de l'économie agricole sur l'extérieur : un certain nombre de relations se sont établies, en particulier dans le cadre du commerce d'exportation, directement des centres d'expédition vers l'étranger sans passer par le relais du centre régional.

C'est là tout le dualisme de ces villes « agricoles », qui intègrent dans leur structure socio-professionnelle et dans leurs fonctions toutes les étapes de l'agriculture d'exportation. C'est aussi ce qui fait la complexité du réseau urbain valencien et des relations entrecroisées qui s'y développent. Valencia est incontestablement une métropole, dont elle a d'ailleurs tous les attributs, depuis sa consécration comme capitale de la nouvelle entité politique autonome du « País Valencià »; mais dans son orbite gravitent des villes dont le niveau de services et la portée internationale des relations sont sans rapport avec leur taille.

Conclusion de la troisième partie

Dans une comparaison intéressante de l'Andalousie méditerranéenne et des îles Baléares, où le tourisme a été la clef du développement économique, J. Bisson et Ch. Mignon opposent, à propos de l'encadrement urbain et du développement régional, un modèle « nord-méditerranéen » évolué et un modèle « sud-méditerranéen » plus ou moins sous-développé »[57]. Peut-on rapprocher de l'un de ces deux modèles les huertas valenciennes ? Dans leur cas, le tourisme n'a qu'un rôle secondaire dans l'évolution économique récente, et c'est l'« irruption » industrielle et tertiaire qui a profondément bouleversé l'environnement de l'agriculture irriguée. Mais, comme aux Baléares, on retrouve à Valencia une bourgeoisie régionale autochtone,

---

(57) Bisson J., Mignon Ch. (1980) : « Encadrement urbain et développement régional dans l'Espagne méditerranéenne : Andalousie méditerranéenne et îles Baléares », BSLG, 14, n° 1, pp. 3-22.

qui a misé successivement sur la terre, le commerce et l'industrie pour faire des villes grandes et petites les centres hiérarchisés d'un ensemble structuré, qui trouve sa consécration politique avec la nouvelle autonomie régionale. Encore une fois, cet espace justifie sa situation « intermédiaire », et présente à la fois des caractères « nord-méditerranéens » et « sud-méditerranéens ».

Au plan régional, le *regadío* valencien illustre bien deux des types de communautés rurales que J. Mira retenait comme chargées d'avenir dans l'Espagne de la fin des années 1970 : les « zones à agriculture intensive et modernisée » et les « zones à dominance des activités industrielles (ou de loisirs) »[58]. L'urbanisation concomitante de l'essor économique est chargée à la fois d'inconvénients et d'atouts pour l'avenir de ces communautés rurales, à un moment où les conditions de leurs marchés agricoles évoluent rapidement : plafonnement de l'exportation des agrumes, concurrence grandissante des zones de production plus méridionales des autres cultures d'exportation. D'un côté, la concurrence spatiale pour le sol et pour l'eau, la hausse des prix du sol, la hausse des salaires et du prix des produits intermédiaires sont autant de difficultés à surmonter pour l'agriculteur des huertas. Mais de l'autre, l'intégration de plus en plus forte dans un espace géographique développé et fortement structuré est génératrice d'économies externes considérables et stimule les facultés d'adaptation d'un milieu agricole qui n'en manque pas. En outre, cet espace valencien est emboîté dans une façade méditerranéenne espagnole dynamique, elle-même liée de plus en plus à l'économie européenne. L'intégration de l'Espagne dans le Marché Commun, effective depuis le 1er janvier 1986, signifie à terme la disparition des droits de douane pour les produits agricoles et l'accès des Valenciens aux bénéfices de la Politique Agricole Commune. Les économistes valenciens estiment que les produits de l'agriculture irriguée seront avantagés dans cette nouvelle situation. Pour les agrumes, la concurrence sera affaiblie et le riz comme les produits maraîchers seront placés, par leurs coûts unitaires de production plus faibles, en position de force vis-à-vis des pays plus septentrionaux. Mais cette intégration peut profiter aussi, et plus fortement encore, à l'agriculture irriguée de la partie sud de la façade méditerranéenne, dont les coûts de production, comparés à ceux des autres pays du Marché Commun, sont encore plus faibles et dont on connaît la rapide croissance actuelle. L'équilibre précaire du système agricole des huertas a cependant de grandes chances de se maintenir, car c'est un équilibre dynamique, qui repose sur de continuelles innovations et adaptations, et passe par des activités rurales de moins en moins agricoles. D'ailleurs, dans le langage valencien, les agrumes ont toujours été un « negocio » (une « affaire ») et le *huerto* une sorte de « chèque au porteur », susceptible d'être négocié à tout moment. Les difficultés économiques de l'industrie régionale après 1975 et la perspective de l'intégration de l'Espagne dans le Marché Commun après 1980 ont bien relancé le prix des vergers et les plantations nouvelles. On est donc loin du « labrador » valencien traditionnel : d'ailleurs est-il encore un « laboureur » ?

---

(58) Mira J. (1977) : « Espagne », in « L'avenir des Campagnes en Europe Occidentale », n° Hors Série, sous la direction de H. Mendras, FUTURIBLES, Paris, pp. 153-168.

CONCLUSION GÉNÉRALE

Ce long cheminement à travers l'organisation de l'espace des huertas de Valencia et de Castellón et sa mise en place nous a permis d'analyser une société « hydraulique » méditerranéenne, qui en présente à la fois les caractères spécifiques et des caractères propres que nous voudrions éclairer par deux comparaisons.

Les caractères spécifiques la rapprochent des autres huertas du littoral méditerranéen de l'Espagne et de la France. La présence de grandes communautés d'irrigation gérant des réseaux gravitaires anciens, branchés sur des fleuves relativement abondants, l'importance numérique des petits agriculteurs (*labradores*) constituant encore la base d'une société « paysanne » fortement enracinée et inscrite dans le sol par ses techniques hydrauliques, l'intensité des relations intersectorielles qui sous-tendent les relations ville-campagne et ont développé un réseau dense de petites villes à forte centralité : tout cela a déjà été dit des espaces irrigués du Bas-Rhône, en particulier de la huerta comtadine. La théorie de l'eau formulée par J. Bethemont[59] se vérifie ici à quelques nuances près.

Ce ne sont pas tant les crises que les contraintes démographiques qui ont été la nécessité majeure du recours à l'irrigation. La destruction du vignoble des coteaux bordiers de la plaine littorale par le phylloxera a certainement facilité, au début du XXe siècle, la création de nouveaux vergers d'agrumes à sa place, et les difficultés de l'agriculture sèche ont fait progresser l'irrigation dans l'arrière-pays valencien depuis une vingtaine d'années. Mais dès le milieu du XIXe siècle, les densités littorales sont supérieures à 100 habitants/km^2 dans les provinces de Valencia et de Castellón : à partir de ce moment, elles ne cessent de croître, soutenues par une transition démographique plus précoce ici qu'ailleurs, pour atteindre, au milieu du XXe siècle, des valeurs peu communes dans l'espace rural européen.

L'accès au marché international a été la condition nécessaire de l'expansion des cultures irriguées, le marché national n'intervenant que tardivement, à l'inverse de ce qui s'est produit en Vaucluse, où le marché national a toujours été le plus important. Le vecteur principal de cette expansion en a été la culture des agrumes, qui ont progressivement envahi l'espace irrigué de la fin du XIXe siècle jusqu'à nos jours, où on peut parler de monoculture pour les 4/5 de la surface étudiée. En Vaucluse, au contraire, les cultures irriguées ont toujours connu une grande diversité chronologique et spatiale. Enfin une appropriation foncière citadine ancienne et forte a participé vivement à cette croissance de l'irrigation et des agrumes : l'accumulation de rentes du commerce et de l'industrie dans un réseau de ville dynamiques a permis à la bourgeoisie de se substituer au XIXe siècle à l'ancienne aristocratie foncière défaillante.

Ces deux derniers points, monoculture et appropriation citadine, rapprochent les huertas valenciennes d'un autre espace méditerranéen français, le vignoble bas-languedocien tel qu'il a été analysé par R. Dugrand

---
(59) Bethemont J. (1972) : « Le thème de l'eau dans la vallée du Rhône. Essai sur la genèse d'un espace hydraulique », Bethemont, Saint-Etienne, pp. 572-607.

(1963) et F. Auriac (1983) : elles partagent aussi avec lui l'importance de l'agriculture à temps partiel et du salariat saisonnier dans l'emploi, la place des coopératives dans l'économie agricole et dans la survie des petites exploitations. Partagent-elles aussi la notion de « système spatialisé » que F. Auriac a définie à propos de ce même vignoble bas-languedocien ? On peut répondre par l'affirmative, si on considère qu'il s'agit essentiellement du système agrumicole, le seul à occuper ici un vaste espace continu. Les autres éléments de l'espace irrigué, cultures diverses ou rizières, sont trop discontinus ou trop réduits : ils ne forment que des sous-systèmes.

Si les éléments actuels du système et son évolution récente ont été analysés (voir parties 2 et 3), il reste que sa mise en place (la « systémogenèse ») n'est pas encore très claire. Elle est plus lente et plus complexe que celle que décrit Auriac pour le Bas-Languedoc, ou J.P. Charvet pour les pôles de production de grains des pays tempérés[60]. Ici, pas de date-charnière comme la crise de 1907 pour le vignoble bas-languedocien ou la fondation de l'Office du Blé en 1936 pour la Beauce céréalière. La crise de 1917 n'apporte pas de solution au problème de l'accès au marché européen et des prix qu'il offre aux agrumes valenciens. C'est le rétablissement de l'économie de paix qui résout momentanément la question après 1918. On est donc plutôt tenté de voir des états successifs d'un système qui se spatialise progressivement en s'élargissant et en se complexifiant.

Le premier état se met peu à peu en place dans la seconde moitié du XIXe et la première moitié du XXe siècle : il est bien installé dans les années 1920 (fig. 22). Le secteur de la production est sous l'entière dépendance du secteur de la commercialisation, lui-même dominé par les firmes et les compagnies de navigation étrangères (surtout britanniques) car le marché européen est le débouché principal des agrumes valenciens. Le commerce d'expédition régional est incapable de s'organiser et fournit en son sein les agents des sociétés étrangères chargés de réunir les agrumes à embarquer : les « compradores » qu'on appelle alors « vaporistas ». Dans l'agriculture, la structure sociale juxtapose un grand nombre de petits agriculteurs et de journaliers sans terre, et un petit nombre de moyens et de grands propriétaires, souvent citadins. La spatialisation de ce premier système est simple: des gares d'expédition, des ports d'embarquement polarisent des aires de production qui sont autant de petits pôles agrumicoles juxtaposés. Cette forme d'économie tournée vers l'extérieur n'est donc pas nouvelle pour la Région Valencienne, puisqu'elle a existé aussi pour la viticulture. La dépendance étroite vis-à-vis du marché extérieur la rendait très sensible aux fluctuations de ce dernier et se traduisaient par une succession de croissances et de rétractions. En fait, le problème était de savoir dans quelle mesure ce sytème en gestation allait véritablement s'enraciner et trouver son équilibre.

C'est ce qui s'est passé, semble-t-il, avec le deuxième état, qui se met en place après la seconde guerre mondiale. Le commerce d'expédition est maintenant beaucoup plus autochtone, et les grandes firmes valenciennes peuvent dialoguer sur un pied d'égalité avec les firmes d'importation européennes. Le marché national est devenu un élément important des débouchés de la production, même si le marché extérieur pèse toujours très lourd dans la balance, surtout par la concurrence des autres pays producteurs et le ralentissement de son expansion. Après une période faste, qui a favorisé la dynamique spatiale du système, la faible croissance des prix à la production, qui résulte du comportement des marchés extérieurs répercuté par le commerce d'expédition sur les producteurs, entraîne des réactions homéostatiques à l'intérieur du système : faute de pouvoir, comme les viticulteurs bas-languedociens, reporter au plan national le problème de la baisse des revenus, les acteurs du système agrumicole le résolvent par des ajustements internes, grâce à un environnemnt économique qui se modifie aussi. Cela s'appelle, au plan de la commercialisation, modernisation des *almacenes*, régularisation de l'offre à l'exportation par le Comité de Gestion. Mais c'est dans le secteur de la production que les mutations sont les plus importantes : substitution du capital au travail, généralisation de l'agriculture à temps partiel et du salariat dans les travaux agricoles, mise en place des coopératives d'expédition sont les réponses apportées jusqu'ici, qui montrent la capacité d'adaptation des groupes sociaux vivant de la production agrumicole, alors que les interventions de l'Etat sont restées limitées. Cela rend d'autant plus lourds les coûts sociaux de ces adaptations, qui se traduisent par la permanence du sous-emploi

---

(60) Charvet J.P. (1985) : « Les greniers du monde », Collection économie agricole et agro-alimentaire, Economia, Paris, p. 276.

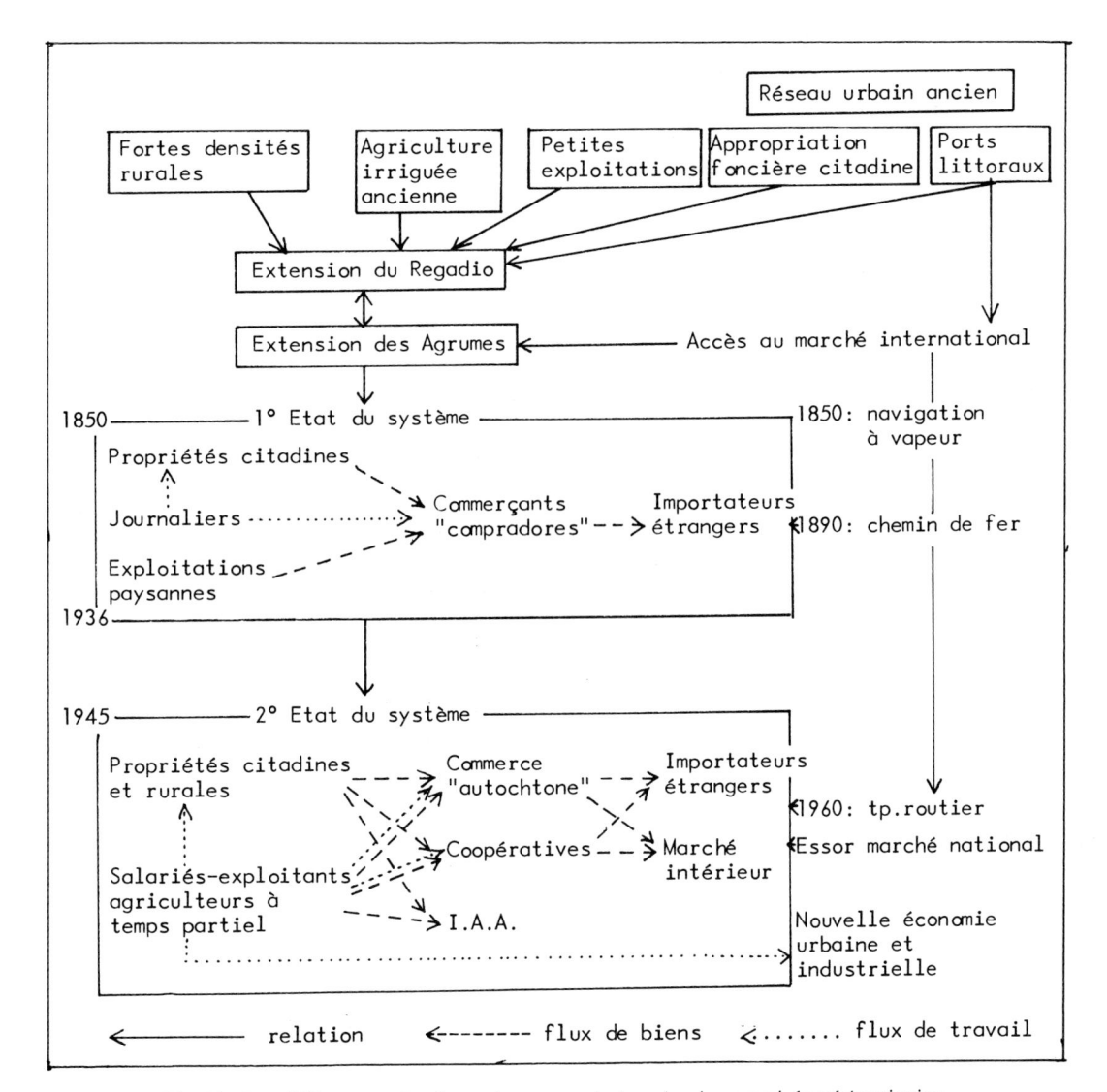

Fig. 22 : Les différents stades du système agrumicole valencien : essai de schématisation
Seuls ont été figurés les flux principaux de biens et de travail (à l'intérieur du système) et les liens principaux de causalité entre les différents éléments géographiques

et qui peuvent aller jusqu'à l'expatriation temporaire des migrants saisonniers, qui vont résoudre ailleurs, en Bas-Languedoc ou en Vaucluse, les problèmes d'emploi saisonnier du vignoble ou des cultures maraîchères françaises. Comme en Bas-Languedoc, mais avec un décalage chronologique important, la rente change de sens : elle se déplace de la terre au salaire, du capital foncier au travail agricole, et la structure sociale de la société rurale se simplifie.

Au cours de ce deuxième état, l'évolution des structures de transport et de commercialisation des produits de l'agriculture irriguée a définitivement spatialisé le sytème. Ce ne sont plus des noyaux indépendants, mais un réseau complexe de relations dans un espace qui présente des pôles et des marges, et même des extensions extrarégionales : comme le pôle céréalier beauceron entraîne la croissance de la céréaliculture sur ses marges, ou comme le système maraîcher Comtadin a intégré la Crau voisine dans son espace de production, des expéditeurs d'agrumes valenciens développent les vergers et les cultures maraîchères dans la partie occidentale de la province d'Alicante, à Murcie et à Almeria, où les économies externes, tant naturelles que sociales, sont plus importantes.

Mais en même temps que ce système est spatialisé, son espace est envahi par un autre système, qui transforme le contenu régional. Dans une structure fondée en grande partie par et pour l'économie agricole d'exportation, s'est développée une économie industrielle moderne, qui entraîne actuellement des disparités grandissantes entre les vieilles zones irriguées qui s'essouflent et les agglomérations que l'accumulation des hommes et des activités met déjà au bord de la congestion. De nouvelles structures spatiales se mettent en place et les paysages urbains sont remodelés à leur tour pour s'adapter à leurs nouvelles fonctions. A Valencia, tandis que les banlieues industrielles continuent de s'étendre, le centre-ville change d'aspect : les vieux immeubles bourgeois de la fin du XIXe siècle, qui traduisaient la prospérité agricole et le rôle de capitale des huertas, cèdent la place aux constructions de verre, de métal et de béton des banques et des bureaux, symboles d'une autre économie et d'une autre centralité. C'est là le signe d'un changement profond de la base économique régionale, et de la mise en place de nouvelles formes d'organisation de l'espace valencien. Par la force et la rapidité de ses transformations, celui-ci peut être considéré, depuis une trentaine d'années, comme un véritable « laboratoire » des mutations géographiques d'un espace irrigué méditerranéen « intermédiaire ». Il est véritablement pédagogique à plusieurs titres :

— Permanence des structures agraires traditionnelles fondés sur l'eau, mais permanence aussi de l'investissement foncier citadin. Ce trait est un fait méditerranéen et espagnol, mais il est ici plus vivace qu'ailleurs : s'il s'est déplacé avec le temps et la croissance économique du nord vers le sud, il persiste dans la Région Valencienne, fortement lié au système « oranger », dans un contexte urbain et industriel dominant.

— Mutations des systèmes de production agricoles qui doivent s'adapter aux conditions des marchés et de l'environnement économique nouveau, lequel tend à réorganiser l'espace à son profit. Là encore, ce processus n'est pas caractéristique de notre terrain d'étude, mais sa rapidité et son impact ont conduit à la mise en place de formes d'exploitation de la terre complexes et socialement imbriquées. L'exploitation paysanne familiale, telle qu'on la rencontre dans les régions plus septentrionales (Catalogne, Midi français), est très minoritaire. L'agriculteur salarié qui caractérise depuis une quinzaine d'années les huertas valenciennes est une forme d'adaptation qui, dans la situation actuelle, se maintient en se renforçant. Comme le vignoble bas-languedocien, le verger d'agrumes valencien, s'il n'est plus l'élément principal de la base économique régionale, est à la base d'un système suffisamment complexe et imbriqué avec l'ensemble du « système régional » pour perdurer.

ANNEXES

Annexe 1 : glossaire

Le terme valencien est indiqué entre parenthèses lorsqu'il est différent du terme espagnol; son genre n'est indiqué que s'il est aussi différent.

Acequia, fem. (sequia) = Canal d'irrigation : mot d'origine arabe (« seguia »), désignant un canal dérivé d'un fleuve, et par extension la communauté d'irrigation qui le gère.

Almacén, masc. (magatzem) = entrepôt, magasin : désigne l'entrepôt de conditionnement et d'expédition des fruits et légumes, et des agrumes en particulier.

Alquería, f. = terme d'origine arabe qui désigne la ferme isolée, dans la plaine littorale (grande exploitation de colonisation à l'origine).

Arroba, f. = mesure de poids ancienne, équivalant à 12,8 kg; encore employée aujourd'hui pour le poids et le prix des agrumes à la production.

Arenal, m. (areny) = terroir sablonneux des cordons littoraux (de « arena » = sable).

Arrendaor, m. = terme valencien qui désigne le locataire historique de la terre dans les baux traditionnels, souvent non écrits, des huertas valenciennes : il signifie le contraire de « arrendador » castillan (= propriétaire loueur de la terre). Le propriétaire de la terre est à Valencia l'« amo » ou le « senyoret ».

Bancal, m. = terrasse de culture sur une pente.

Barraca, f. = habitation traditionnelle de l'agriculteur de la Huerta de Valencia, dispersée ou formant des hameaux dans les périmètres irrigués, faite de murs de pisé et d'un toit de chaume (titre d'un roman populiste de V. Blasco Ibanez, 1898).

Barranco, m. = ravin, lit de torrent intermittent de type « oued ».

Colono, m. (colon) = colon, « arrendaor », voir plus haut.

Comarca, f. = petite région autour d'une ville ou d'un bourg centre, qui s'apparente au « pays » français, mais d'une dimension plus réduite (de la taille d'un arrondissement ou d'un canton).

Chalet, m. (xalet) = pavillon de plage plus ou moins sommaire, pour des vacances au bord de la mer; par extension, habitat pavillonnaire individuel des zones de résidences secondaires.

Dehesa, f. (devesa) = paysage de pacage arboré (caractéristique de l'Estrémadure); sur le littoral valencien, ce terme désigne plus particulièrement le paysage de végétation naturelle plus ou moins arborée (pinède) qui occupe l'*arenal* non conquis par l'agriculture (cf. La Dehesa du Saler, sur le cordon de l'Albufera).

Ensanche, m. (eixampla, f.) = extension : désigne les quartiers modernes dans les villes espagnoles, souvent construits depuis le XIXe siècle, sur un plan géométrique.

Finca, f. = propriété agricole d'un seul tenant; désigne aussi les exploitations isolées, les grands domaines.

Hanegada, f. = mesure ancienne de surface toujours utilisée dans les huertas valenciennes : elle correspond à 0,0831 hectare, et traduit bien le caractère morcelé des structures du « regadío » traditionnel (voir J.M. Vidal y Polo : « Tablas de reducción de las antiguas medidas, pesos y monedas de Castilla, Alicante, Castellón y Valencia, al nuevo sistema métrico-decimal », Valencia, 1862).

Huerta, f. (horta) = espace irrigué, en général; désigne plus particulièrement les périmètres irrigués de façon communautaire, que ce soit par des eaux de surface ou souterraines. Lorsque les deux modes cœxistent, on parle de « huerta vieja » (traditionnelle) pour le premier et de « huerta nueva » (irrigation par pompages) pour le second.
Les « cultures de huerta » sont saisonnières : céréales, légumes, tubercules, plantes industrielles et maraîchères.

Huerto, m. (hort) = jardin, mais à Valencia ce terme désigne le verger, et presque exclusivement le verger d'agrumes.

Jornal, m. = journée de travail agricole, par extension, salaire de cette journée (« ir a jornal », « trabajar a jornal »).

Jornalero, m. (jornaler) = journalier agricole.

Marjal, m. (f. en valencien) = terroir marécageux situé en arrière du cordon littoral, avec ou sans lagune permanente (albufera, f., estany, m.); plus ou moins transformé par l'agriculture par comblements (aterraments, m.) pour les rizières (arrozales, m.) et par hortillons (bancs, m.).

Masia, m. = ferme isolée, grand domaine du « secano » (à rapprocher du « mas » méditerranéen français).

Monte, m. (munt) = « saltus » de la trilogie méditerranéenne.

Partido judicial, m. (partit judicial) = division administrative équivalant au canton français (juridiction de la première instance judiciaire, le juge de paix). Voir Annexe 2.

Peón, m. = travailleur sans qualification, manœuvre (surtout industrie et bâtiment).

Peseta, f. (Pts) (pesseta) = équivaut à 0,05 francs en 1986. Mais sa dépréciation par rapport au franc depuis le début de nos recherches, par suite d'une série de dévaluations (1976, 1977, 1982), nous a amené à indiquer dans le texte les contre-valeurs approximatives des sommes exprimées en pesetas, selon la date des chiffres (avant 1974 = 8 centimes, 1977 = 7cts, 1979 = 6 cts).

Rambla, f. = cf. barranco (voir plus haut).

Regadío, m. (regadiu) = irrigation; par extension, le paysage agraire des terres irriguées, par opposition au « secano ».

Riego de pie, riego de motor, m. (reg de peu, reg de motor) = arrosage gravitaire, arrosage au moteur. On distingue le « riego de pie », qui se fait par l'intermédiaire d'un réseau gravitaire dérivant des eaux de surface ou d'une source (id. « riego de acequia »), du « riego de motor, dont l'eau est obtenue par pompage dans une rivière, un canal ou un puits (id. « riego de agua elevada »). Cette distinction ne tient qu'à la forme d'extraction de l'eau, car les deux systèmes conduisent en général à une irrigation gravitaire, à la raie ou en nappe.

Río seco, m. (riu sec) = cf. barranco (voir plus haut).

Secano, m. = espace occupé par les cultures sèches; par extension, paysage agraire opposé au « regadío ».

Tanda, f. Tandeo, m. = rythme de distribution de l'eau, intervalle entre deux arrosages dans le périmètre d'une communauté d'irrigation; particulièrement rigoureux et sujet à modifications en période de sécheresse.

Temporada, f. = désigne, pour le commerce des agrumes, les différentes périodes d'exportation : « primera » d'octobre à décembre, « secunda » de janvier à mars, « tercera » d'avril à juin.

Tristeza, f. (tristesa) = maladie à virus des rutacées, véhiculée par un puceron, qui se développe dans le verger valencien à partir de 1956, plus ou moins favorisée par les conditions climatiques, et qui oblige les agrumiculteurs à adopter un autre pied-mère que l'oranger amer, trop sensible à l'infection.

Urbanización, f. (urbanitzatció) = urbanisation, en général, mais désigne aussi les opérations d'urbanisme particulières, et surtout les lotissements dans les zones touristiques et de résidences secondaires.

Annexe 2 : Cadres géographiques de l'étude

La taille souvent réduite et le grand nombre des communes dans l'espace étudié nous ont obligé à recourir à l'emploi de divisions spatiales intermédiaires entre la commune et la province, qui ne recoupent pas exactement les limites de notre terrain d'études (communes dont plus de 20 % de la surface cultivée était irriguée en 1970, dans l'espace compris entre Benicasim et Jávea).

Le *partido judicial* est une ancienne limite administrative d'ailleurs réformée en 1965, et qui correspondait à peu près au canton français : nous l'avons utilisé, dans ses limites antérieures, pour l'étude chronologique de la population depuis le début du siècle, car certains résultats des recensements ont été regroupés à cette échelle par l'I.N.E. (fig. 16).

A des fins d'analyse géographique et statistique, plusieurs découpages en petites régions, les *comarcas,* ont été proposés par des géographes et des économistes. Les critères retenus font appel à la géographie et à l'histoire : ils tiennent compte des solidarités historiques, des homogénéités et complémentarités économiques, et des aires d'influence urbaines. Les résultats sont en général très voisins, et ne diffèrent que par des nuances, pour des communes marginales qui sont intégrées tantôt dans une *comarca,* tantôt dans sa voisine. Cele ne gêne pas fondamentalement les comparaisons, et pour les besoins statistiques de notre étude nous en avons utilisé plusieurs :
— celui des géographes, A. López Gómez, P. Pérez Puchal, V. Rosselló Verger, mis en forme définitivement par P. Pérez Puchal[61], et que nous avons utilisé pour l'étude des bilans démographiques (fig. 20).

---

(61) « La comarcalización del territorio valenciano », EG MADRID, 40, n° 154, pp. 25-50.

— celui du Consejo Económico-Social Sindical, issu du découpage des circonscriptions syndicales, et qui fournit les statistiques économiques et démographiques de la régionalisation des migrations saisonnières (Annexe 5)

— celui de l'économiste V. Soler, présenté dans l'« Estructura Economica del País Valencià » (sous la direction de E. Lluch, València, 1970), et qui a été utilisé depuis dans diverses études : « La qüestió agrària al País Valencià » (J. Cucó et alt., 1978), « El paro agrícola en el País Valenciano » (Conselleria de Treball, 1979), etc.

— la « Comarcalización agraria de España », du Ministère de l'Agriculture (Secretaría General Técnica, Documento de Trabajo n° 8, Madrid, 1978) employée comme cadre statistique, en particulier dans le Recensement agraire de 1982.

Dans le cours du texte, nous employons plusieurs expressions spatiales de la façon suivante :

— les « huertas valenciennes » ou le « *regadío* valencien » concernent l'ensemble des espaces irrigués dans notre terrain d'étude,

— les « huertas traditionnelles » s'adressent aux périmètres gravitaires des communautés d'irrigation,

— la « Huerta de Valencia » (ou de Gandía), désigne la *comarca* qui porte ce nom,

— la « Région Valencienne » représente le « País Valenciano » (« País Valencià »), région autonome formée des trois provinces de Castellón, Valencia et Alicante : « Comunidad autonoma de la Región Valenciana ».

Annexe 3 : Les sources de la géographie agraire

Outre les sources, classiques pour des chercheurs français, du Cadastre et des Recensements agraires (1962, 1972 et 1982), largement présentés dans des publications antérieures (en particulier Drain, 1977), nous avons utilisé, pour étudier l'origine des propriétaires et la structure des exploitations irriguées deux autres sources spécifiques :

Les communautés d'irrigation

Le nombre et l'ancienneté des communautés d'irrigation font de leurs registres et de leurs archives une source documentaire de premier plan pour l'étude du *regadío* et de son évolution historique. Si les cédules de propriété irriguée, sorte de cadastre parallèle, sont peu à jour et d'un maniement difficile, les « repartos de cequiaje » (registres de la contribution d'arrosage) renseignent sur la surface irriguée et le domicile de chaque membre de la communauté. Dans la mesure où les archives ont subsisté dans les grandes communautés quelquefois depuis le XVIIe ou le XVIIIe siècle, elles permettent de suivre l'évolution de la structure et de l'appropriation foncière dans les zones de *regadío* traditionnel.

Mais ces sources sont très dispersées, puisqu'il faut, à l'inverse du cadastre, les consulter au siège de chaque communauté, et souvent incomplètes. La structure communautaire n'empêche pas la fuite devant l'impôt de l'eau, pourtant faible aujourd'hui : comme en France, les agriculteurs ne paient pas l'eau elle-même, concédée gratuitement par l'Etat à chaque communauté, mais les frais de sa distribution et de l'entretien du réseau.

D'autre part cette forme d'irrigation, à peu près seule jusqu'à la seconde moitié du XIXe siècle, n'intéresse plus aujourd'hui qu'un peu plus de la moitié des terres irriguées : les puits et les pompes ont pris depuis le début du XXe siècle une importance croissante, sur laquelle les renseignements sont encore plus épars. Une partie d'entre eux sont individuels, et les organismes de gestion des puits collectifs (sociétés privées ou « groupes de colonisation ») ne sont pas considérés comme des communautés d'irrigation. Les demandes d'autorisation de perforation sont normalement enregistrées par la « Sección de Minas » de la délégation provinciale du Ministère de l'Industrie (pour Valencia depuis 1935). Mais il a fallu attendre 1977 et la réalisation d'un « Proyecto de Investigación Hidrológica de la Cuenca Media y Baja del Júcar » par l'I.G.M.E. pour qu'un recensement et une cartographie précise des puits et sondages soient enfin dressés.

L'organisation syndicale agraire

Jusqu'en 1975, le syndicalisme vertical, représenté par les « hermandades sindicales de labradores » à l'échelle communale et par les « camaras oficiales sindicales agrarias » à l'échelle provinciale, s'est chargé de collecter une documentation statistique agricole assez complète, bien que parfois approximative. Outre des renseignements sur l'équipement agricole (motorisation, consommation d'engrais, etc.) elle fournit trois sortes de renseignements importants pour la géographie rurale :

— un état bisannuel des surfaces cultivées (printemps-automne), qui tient compte des rotations rapides de cultures dans le *regadío*;

— une statistique assez précise des chefs d'exploitation et de la population active agricole (pour les élections syndicales et la sécurité sociale);

— un registre des propriétés agricoles, avec indication des cultures, de la résidence du propriétaire ou de l'exploitant, pour la perception d'un certain nombre de taxes rurales. Ce document, mieux mis à jour que le cadastre, le remplace souvent avantageusement, à condition qu'on puisse y avoir accès dans chaque commune (alors que les autres documents sont réunis à la C.O.S.A. provinciale), et les chercheurs valenciens n'ont pas manqué de l'utiliser largement.

Annexe 4 : Les comportements démographiques

La méthode employée pour construire les cartes de la figure 20 est celle des types d'évolution démographique proposée par P. Carrère et R. Dugrand in : « La Région Méditerranéenne », collection La France de Demain, P.U.F., Paris, 1960, p. 36. Ils considèrent les signes des variables d'évolution de la population, du bilan naturel et du solde migratoire, pour définir des comportements démographiques :

Comportement démographique	Variation de la population	Bilan naturel		Solde migratoire
Croissance naturelle	+	+	>	+
Croissance migratoire	+	+	<	+
Absorbant	+	−	<	+
Réservoir en hausse	−	+	>	−
Réservoir en baisse	−	+	<	−
Gouffre	−	−	>	+
Abandon	−	−		−

Annexe 5 : Les migrations saisonnières

Le dépouillement du fichier des migrants de la Délégation Provinciale de l'Institut National d'Emigration de Valencia (sondage au 1/25e, période 1965-1980), et du registre de sortie de la Délégation de Castellón (relevé total de l'année 1970) a permis de construire un tableau régionalisé des principales caractéristiques de la population migrante des deux provinces vers l'étranger.

Pour chaque migrant, les renseignements fournis par la source utilisée ont été les suivants :
— commune de résidence en Espagne,
— date et lieu de naissance,
— sexe et état civil,
— emploi,
— date et destination de chaque départ enregistré vers l'étranger (la destination exacte et l'emploi correspondant sont indiqués dans de nombreux cas, puisque ces migrants contrôlés ne peuvent partir qu'avec un contrat de travail).

Faute de pouvoir classer les migrants selon des catégories socio-professionnelles ou des catégories d'activités économiques bien définies, nous avons classé les actifs en trois niveaux de qualification croissante. Les variables retenues pour décrire cette population sont donc au nombre de 11, sous forme de taux par rapport à une partie ou à l'ensemble de l'échantillon, et on y a joint une variable concernant l'évolution de la population des petites régions de 1965 à 1980. Elles sont présentées ici dans l'ordre qui a résulté du classement de la matrice graphique (fig. 23) :
— 1 : % agriculteurs (*labrador* et *jornalero*) dans la population active masculine de qualification I
— 2 : % migrants nés dans la commune où ils résident
— 3 : % femmes de 15 à 25 ans dans l'ensemble des femmes
— 4 : % actifs de qualification I dans l'ensemble des hommes
— 5 : % migrants de la période dans la population totale de chaque petite région en 1965
— 6 : % migrants vers la France dans l'ensemble des migrants
— 7 : % migrants de moins de 30 ans
— 8 : % migrants femmes
— 9 : % migrants mariés

A

Régions \ Variables	1	2	3	4	5	6	7	8	9	10	11	12
VALENCIA CAPITALE	35	33	33	35	0.7	21	45	26	58	60	52	141
VALENCIA HUERTA	63	23	41	58	1.4	46	54	24	56	37	57	184
CASTELLON CAPITALE	21	18	23	71	2.4	62	33	29	67	79	58	176
PLANA INDUSTRIELLE	52	26	0	74	3	67	43	24	67	48	72	142
BAJO PALANCIA	69	25	50	69	2.1	83	69	41	42	30	61	126
CAMPO DE LIRIA	77	62	28	55	2.5	36	48	25	60	23	31	124
COSTERA DE JATIVA	69	68	53	74	4.4	68	48	33	49	28	11	107
HUERTA DE GANDIA	77	62	35	76	2	79	37	39	66	23	25	124
PLANA AGRICOLE	82	56	37	82	4	88	46	48	56	18	28	129
RIBERA ALTA	86	62	56	81	9.5	84	53	39	53	11	21	119
RIBERA BAJA	93	79	59	90	9	89	48	24	54	7	11	112
RESTE PROV. CAST.	70	66	50	83	0.9	69	55	14	55	30	24	91
RESTE PROV. VAL.	89	77	30	89	1.6	74	54	18	53	10	12	93

B

Regions (rows, top to bottom): VALENCIA CAPITALE, VALENCIA HUERTA, CASTELLON CAPITALE, PLANA INDUSTRIELLE — **a** AIRES METROPOLITAINES, ZONES DE PEUPLEMENT INDUSTRIEL ET URBAIN ; BAJO PALANCIA, CAMPO DE LIRIA, HUERTA DE GANDIA, PLANA AGRICOLE — **b** REGADIO URBANISE ET MARGES ; COSTERA DE JATIVA, RIBERA ALTA JUCAR, RIBERA BAJA JUCAR — **c** REGADIO TRADITIONNEL ; RESTE CASTELLON, RESTE VALENCIA — **d** SECANOS INTERIEURS.

Colonnes : 1 EMIGRATION "AGRICOLE" (variables 1–8) ; 2 EMIGRATION "INDUSTRIELLE" (variables 9–12).

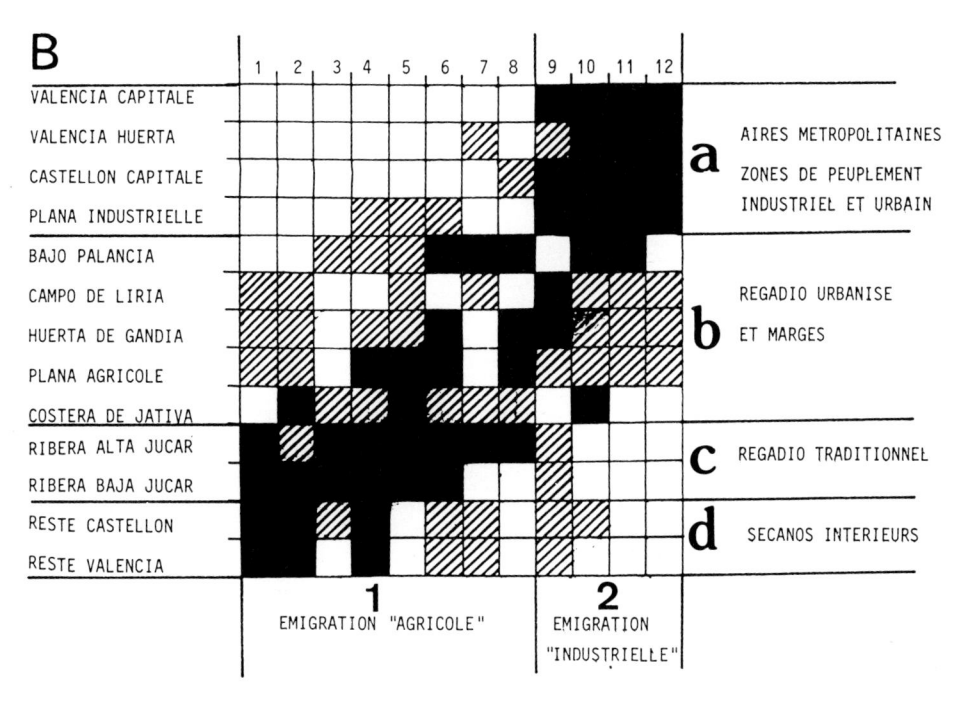

Fig. 23 : Matrice d'information spatiale (A) et matrice graphique ordonnée (B) des migrants saisonniers vers l'étranger dans les provinces de Valencia et de Castellón
La matrice est ordonnée selon les types de migrations et les types de régions de départ. (voir Annexe 5 pour la définition des variables et des petites régions de la Plana industrielle et de la Plana agricole)

— 10 : % ouvriers (*peón*) dans la population active masculine de qualification I
— 11 : % migrants nés en Espagne hors de la province de résidence
— 12 : % évolution démographique totale de 1965 à 1980 : indice 100 en 1965.

Les zones de départ des migrants, dans les provinces de Valencia et de Castellón, sont au nombre de 13 : il s'agit essentiellement des petites régions (*comarcas*) irriguées. Les deux capitales sont séparées de leur *comarca,* et la Plana de Castellón est divisée en deux parties, selon la part de l'agriculture dans les activités communales :
— Plana « industrielle et tertiaire » : Benicasim, Onda, Vall d'Uxó, Villareal
— Plana « agricole » : Almazora, Almenara, Bechí, Burriana, Chilches, La Llosa, Moncófar, Nules, Villavieja.

Les *secanos* des deux provinces ont été regroupés en 2 ensembles, d'ailleurs beaucoup moins concernés par ces migrations.

La matrice d'information spatiale ainsi obtenue a été ordonnée (fig. 23) pour faire apparaître les deux types de migrations. Les lieux de départ des migrants se classent alors en quatre groupes distincts : les aires métropolitaines (a), les *regadíos* urbanisés (b), les *regadíos* traditionnels (c), les *secanos* intérieurs (d).

L'émigration « industrielle » (2) est presque seule dans le groupe (a), comme l'émigration « agricole » dans les groupes (c) et (d). Elles sont présentes toutes les deux dans le groupe intermédiaire (b). On notera en outre que le groupe (d) des *secanos* intérieurs se distingue du groupe (c) des *regadíos* traditionnels par une émigration « agricole » moins jeune, moins féminine, et moins orientée vers la France : sa population migrante a une structure plus proche de celle de l'émigration andalouse décrite par M. Drain et Y. Kolodny (note 54, p. 160).

RÉFÉRENCES BIBLIOGRAPHIQUES

Une longue fréquentation de la région, de ses chercheurs, de ses bibliothèques et de ses librairies nous a permis d'assister à l'évolution des connaissances et des publications scientifiques régionales, depuis près de vingt ans. Il ne s'agit pas de refaire ici toute cette démarche : elle appartient aux Valenciens, qui en ont déjà rendu compte à plusieurs reprises (cf. E. Lluch in « La via valenciana », ou Martínez Serrano et alt., Orientations bibliogràfiques in « Introducció a l'Economia del País Valencià »). Mais il convient d'en rappeler les principales étapes et les principaux acteurs (géographes, historiens, économistes, anthropologues, sociologues et agronomes) :

— Les géographes, avec la fondation par A. López Gómez, de la revue du département de Géographie de la Facultad de Filosofía y Letras de l'Université de Valencia. « Cuadernos de Geografía » (1964), qui marque le début de l'indépendance universitaire et de l'essor scientifique de la Géographie à Valencia (comme d'ailleurs dans le reste de l'Espagne à peu près au même moment). Un énorme effort de recherches géographiques est entrepris, qui débouche sur des thèses de doctorat et nombreuses publications : la lecture des Cuadernos de Geografía est essentielle à la connaissance de la région, à laquelle ils sont presque exclusivement consacrés.

— Les historiens, autour d'E. Giralt, avec l'apparition de la revue « Estudis d'historia contemporanea del País Valencia », dans le département universitaire du même nom, en 1979.

— Les économistes, de la Facultad de Ciencias Económicas y Empresariales, fondée à Valencia en 1966, pour lesquels la publication en 1971 de l'« Estructura Economica del País Valencià » est une sorte de manifeste.

Tous, et chacun dans sa partie, défrichent la situation actuelle et l'évolution économique, sociale et politique de la Région Valencienne depuis plus d'un siècle. Ce travail intense et souvent novateur aboutit rapidement à de nombreuses publications, dans des éditions valenciennes, en castillan d'abord, en valencien ensuite, lorsque cette effervescence intellectuelle s'accompagne d'un retour à la langue vernaculaire. L'Institut Alfons el Magnànim, de la Diputación Provincial, qui a toujours soutenu la recherche et les publications géographiques, se lance enfin, avec la nouvelle régionalisation, dans une politique systématique de publications scientifiques destinées à faire connaître leur pays aux Valenciens. La dernière étape est franchie lorsque l'accumulation des travaux en profondeur permet la réalisation de manuels de qualité destinés à l'enseignement.

(Les références ci-dessous ne concernent que les ouvrages et travaux principaux sur le sujet et le terrain d'étude : les articles et autres documents spécialisés sont anotés en bas de page dans le cours du texte).

ABAD GARCIA V. (1984) : « Historia de la Naranja. 1781-1939 », Comité de la Gestión de la Exportación de Frutos Cítricos, Valencia, 447 p.
ARNALTE ALEGRE E. (1980) : « Agricultura a tiempo parcial en el País Valenciano (Naturaleza y efectos del fenómeno en el regadío litoral) », Serie Estudios, Ministerio de Agricultura, Servicio de Publicaciones Agrarias, Madrid, 378 p.
AURIAC F. (1983) : « Système économique et espace : le vignoble languedocien », Economica, Paris, 211 p.
BANCO DE BILBAO : « La renta nacional de España y su distribución provincial » (biennal depuis 1965, volume résumé 1965-1975).
BELTRAN FOS E. (1980) : « La problemática del arroz en el País Valenciano », Conselleria de Trabajo del País Valenciano, Valencia, 328 p.
BETHEMONT J. (1977) : « L'irrigation en Espagne : essai d'évaluation et d'interprétation », RGPSO, 48, n° 4, pp. 357-386.
BLASCO IBANEZ V. (1898) : « La barraca », Colección Austral, Espasa-Calpe Argentina, Buenos-Aires, 144 p.
BLASCO IBANEZ V. (1902) : « Cañas y barro », Colección Austral, Espasa-Calpe Argentina, Buenos-Aires, 1965, 209 p.
BRINES BLASCO J. (1978) : « La desamortización eclesiástica en el País Valenciano durante el trienio constitucional », Universidad de Valencia, Secretariado de Publicaciones, Valencia, 252 p.
BRUNHES J. (1904) : « L'irrigation. Ses conditions géographiques, ses modes et son organisation en Espagne et dans l'Afrique du Nord », Thèse, Lettres, Paris, 580 p.
BURRIEL E. (1970) : « Estudio demográfico de la Huerta de Valencia. Zona Sur », EG Madrid, 31, n° 121, pp. 5-105.
BURRIEL E. (1971a) : « La Huerta de Valencia. Zona Sur (Estudio de geografía agraria) », Instituto de Geografía, Institución Alfonso el Magnánimo, Diputación Provincial y Caja de Ahorros de Valencia, 624 p.
BURRIEL E. (1971b) : « Desarollo urbano de Castellón de la Plana », Universidad Autonoma de Madrid, Depto de Geografía, 111 p.
CONSELLERIA DE TREBALL DEL PAIS VALENCIA (1979) : « El paro agrícola en el País Valenciano », Valencia, 94 p.
COSTA MAS J. (1977) : « El Marquesado de Denia (Alicante). Estudio Geográfico », Depto de Geografía, Universidad de Valencia, 595 p.
CUADERNOS DE GEOGRAFIA (1977) :« Inmigrados en el area metropolitana de Valencia (procedencia y distribución) », n° 20, Universidad de Valencia, 137 p.
CUADERNOS DE GEOGRAFIA (1981) : « Inmigrados en el area metropolitana de Valencia (nuevas aportaciones) », n° 28, 124 p.
CUADERNOS DE GEOGRAFIA (1983) : « La riada del Júcar (Octubre 1982) », n° 32-33, 331 p.
CUCO J., FABRA M., JUAN R., ROMERO J. (1978) : « La qüestió agrària al País Valencià », Aedos, Barcelona, 135 p.
CUCO J. (1982) : « La tierra como motivo (Propietarios y jornaleros en dos pueblos valencianos) », Col.lecció Politècnica n° 4, Institució Alfons el Magnànim, Diputació Provincial de València, Valencia, 336 p.
DEFFONTAINES P. (1975) : « La Méditerranée Catalane », PUF, coll. « Que sais-je ? », n° 1 609, Paris, 1975, 126 p.
DOMINGO PEREZ C. (1983) : « La Plana de Castellón (formación de un paisaje agrario mediterráneo) », Publicaciones del Seminario de Estudios Económicos y Sociales de la Caja de Ahorros de Castellón, 308 p.
DRAIN M. (1977) : « Les campagnes de la Province de Séville (espace agricole et société rurale) », Thèse Paris V 1975, Université de Lille III, Lib. Honoré Campion, Paris, 1977, 2 vol., 749 p.
FERRAS R. (1985) :« L'Espagne (écritures de géographie régionale) », Collection Reclus modes d'emploi, GIP RECLUS, Maison de la Géographie, Montpellier, 64 p.
FONT DE MORA R. (1938) : « Comercio de los agrios españoles », Tipografía Moderna, Valencia.
FONT DE MORA L. (1971) : « Taronja i caos economic », Col. 3 i 4, n° 5, Edicions 62, Valencia, 250 p.
FONTAVELLA GONZALEZ V. (1952) : « La huerta de Gandía », Inst. Juan Sebastian Elcano, CSIC, Zaragoza, 404 p.
FUSTER J. (1967) : « Nosotros los Valencianos », Coleciones Peninsula, Edicions 62, Barcelona, 256 p.
GIL OLCINA A. (1979) : « La propiedad señorial en tierras valencianas », Del Cenia al Segura, Valencia, 276 p.
GIRALT E. (1968) : « Problemas históricos de la industrialización valenciana », EG MADRID, 29, n° 112-113, pp. 369-395.
GRANELL PASCUAL J., PEREZ CASADO R., PEREZ MONTIEL M., PEREZ SAN FELIX E. (1974) : « Los cítricos en España », Confederación Española de Cajas de Ahorros, Madrid, 2 tomes.
HALPERN E. (1934) : « La huerta de Valence », ANNALES DE GÉOGRAPHIE, 43, n° 242, pp. 146-162.

HERIN R. (1968) : « L'agrumiculture espagnole », MEDITERRANEE, 9, n° 4 pp. 355-383.

HERIN R. (1975) : « Le Bassin du Segura (Sud-Est de l'Espagne. Recherches de Géographie Rurale) », Thèse Université de Caen, multigraphié, 892 p.

HERNANDEZ MARCO J.L., ROMERO GONZALES J. (1980) : « Feudalidad, Burguesía y Campesinado en la Huerta de Valencia », Ayuntamiento de Valencia, 147 p.

HOUSTON J.M. (1951) : « Urban geography of Valencia. The regional development of a huerta city », Transactions and Papers of the Institute of British Geographers, n° 15, pp. 19-35. (Trad. espagnole par A. LOPEZ GOMEZ, EG MADRID, n° 66, pp. 151-168).

I.G.M.E. (1975) : « Proyecto de investigación hidrogeológica de la cuenca media y baja del río Júcar », Informe técnico, 11 tomes, multigraphié, Madrid.

LINIGER-GOUMAZ M. (1962) : « L'orange d'Espagne sur les marchés européens (Le problème oranger espagnol) », Les éditions du Temps, Genève, 472 p.

LOPEZ GOMEZ A. (1966) : « La huerta de Castellón », Homenage a Amando MELON, Inst. de Estudios Pirenaicos y Inst. Elcano, CSIC, Zaragoza.

LOPEZ GOMEZ A. (1977) : « Geografía de les Terres Valencianes », Papers bàsics 3 i 4, E. Climent, València, 263 p.

LLUCH E. (dirigé par) (1970) : « L'estructura economica del País Valencià », L'Estel, València, 2 volumes (324 et 336 p.).

LLUCH E. (1976) : « La via valenciana », Col. 3 i 4, E. Climent, València, 263 p.

MARTINEZ RODA F. (1980) : « El puerto de Valencia (estudio geográfico 1950-1978) », Depto de Geografía, Universidad de Valencia, 350 p.

MARTINEZ SERRANO J.A., REIG MARTINEZ E., SOLER MARCO V., SORRIBES J. (1980) : « Introducció a l'Economía del País Valencià », Papers bàsics 3 i 4, E. Climent, 245 p.

MIGNON Ch. (1981) : « Campagnes et paysans de l'Andalousie méditerranéenne », Faculté des Lettres et Sciences Humaines de l'Université de Clermont-Ferrand II, nlle série, 10, 459 p.

MIRA J.F. (1978) : « Els Valencians i la Terra », Col. 3 i 4, E. Climent, València, 194 p.

MIRANDA MONTERO M.J. (1985) : « La segunda residencia en la Provincia de Valencia », Sección de Geografía, Universidad de Valencia, 260 p.

PEREZ PUCHAL P. (1968) : « El paisaje agrario del Bajo Palancia », Institución Alfonso el Magnánimo, Diputación Provincial de Valencia, 160 p.

PEREZ PUCHAL P. (1976) : « Geografia de la població valenciana », l'Estel, Serie Taronja, 16, València, 170 p.

PIQUERAS J. (1985) : « La agricultura valenciana de exportación y su formación histórica », Instituto de Estudios Agrarios, Pesqueros y Alimentarios, Serie Estudios, Madrid, 249 p.

PICO LOPEZ J. (1976) : « Empresario e Industrialización », Tecnos, Madrid, 184 p.

RICO A. et alt. (1982) : « L'economia del País Valencià (Estratègias sectoriales) », Institució Alfons el Magnànim, Diputació Provincial de Valencia, 2 volumes.

del RIVERO J.M. (1978) : « La industria valenciana, hoy », Banco Industrial de Cataluña, Barcelona, 167 p.

RODENAS C. (1982) : « La Banca Valenciana : una aproximación histórica », Institució Alfons el Magnànim, València, 118 p.

ROMERO GONZALEZ J. (1983) : « Propiedad agraria y sociedad rural en la España Mediterránea (Los casos valenciano y castellano en los siglos XIX y XX) », Serie Estudios, Ministerio de Agricultura, Pesca y Alimentación, Secretaria General Técnica, Madrid, 465 p.

ROSSELLO VERGER V., BONO E. (1973) : « La Banca al País Valencià », l'Estel, València, 181 p.

ROSSELLO VERGER V. (1969) : « El litoral valencià », L'Estel, València, 2 tomes, (I : El medi físic i humà, II : Aspectes economics).

SANCHIS GUARNER M. (1972) : « La ciutat de València. Sintesi d'Història i de Geografia urbana », Publicaciones del Cercle de Belles Arts, Valencia, 529 p.

SANCHO COMINS J. (1979) : « La utilización agricola del suelo en la provincia de Castellón de la Plana », Publicaciones de la Caja de Ahorros de Castellón, 260 p.

SANCHO COMINS J. (1982) : « Atlas de la Provincia de Castellón de la Plana », Confederación Española de Cajas de Ahorros, Madrid, 42 planches.

SIMO T. (1973) : « La arquitectura de la renovación urbana en Valencia », Albatros Ed., Valencia, 272 p.

SORNI MANES J. (1980) : « La política agraria en el País Valenciano (1939-1975) », AGRICULTURA Y SOCIEDAD, n° 16, pp. 109-154.

SORRIBES J. (1985) : « Desarollo capitalista y proceso de urbanización en el País Valenciano (1960-1975) » Col.lecció Politècnica, 17, Institució Alfons el Magnànim, València, 358 p.

TEIXIDOR M.J. (1982) : « València, la construcció d'una ciutat », Col.lecció Politècnica, 2, Institució Alfons el Magnànim, Diputació de València, 144 p.

TESCHENDORFF W. (1978) : « Der Küstenhof von Valencia (Eine alte Agrarlandschaft im Kräftefeld moderner Wandlungen in Wirtschaft und Gesellschaft », REGENSBURGER GEOGRAPHISCHE SCHRIFTEN, Heft 10, 270 p.

TOMAS CARPI J.A. (1977) : « La economía valenciana : modelos de interpretación », Fernando Torres, Ed. Interdisciplinar 2, Valencia, 169 p.

Abréviations employées pour les revues les plus souvent citées en bibliographie et dans les notes en bas de page :

AGE : Asociación de Geráfos Españoles.

BSLG : Bulletin de la Société Languedocienne de Géographie, Montpellier.

CG VALENCIA : Cuadernos de Geografía, Universidad de Valencia, Facultad de Geografía e Historia.

CSIC : Consejo Superior de Investigaciones Científicas, Madrid.

EG MADRID : Estudios Geográficos, Consejo Superior de Investigaciones Científicas, Instituto « Juan Sebastian Elcano », Madrid.

RGPSO : Revue de Géographie des Pyrénées et du Sud-Ouest, Toulouse.

TABLE DES ILLUSTRATIONS

Photographies

1. — La plaine littorale à Almenara (photographie aérienne) 15
2. — Un *huerto* d'agrumes traditionnel dans la plaine littorale au nord de Valencia 29
3. — Un paysage historique : la Huerta de Valencia 29
4. — La « Casetta » de l'Acequia Real del Júcar à Antella 76
5. — Les vergers d'agrumes irrigués par puits à Náquera 76
6. — La Ribera du Júcar vue de la « muntanyà » de Cullera 91
7. — Le « castillo de Ripalda » à Valencia 91
8. — *Arenal* cultivé et immeubles touristiques au Perellonet, sur le cordon littoral de l'Albufera de Valencia 142
9. — Campanar, ancien hameau agricole de la Huerta de Valencia 142
10. — La croissance urbaine entre Valencia et son Grao (photographie aérienne) 144

Figures

1. — Les surfaces irriguées et les limites du terrain d'étude (carte) 9
2. — Les agrumes dans les surfaces cultivées (1970) (carte) 17
3. — Les exploitations agricoles irriguées d'après leur surface (graphiques) 23
4. — Les grandes propriétés des citadins dans la Région Valencienne en 1972 (carte) 33
5. — Le poids foncier des villes de plus de 10 000 habitants (carte) 45
6. — Actifs agricoles et emploi dans une commune agumicole : Benifairó de Valldigna (graphique)
7. — Densité de la population dans les provinces de Valencia et Castellón en 1970 (carte) ... 50
8. — Modèle général de la croissance spatiale d'une ville de huerta et de son agglomération portuaire sur le littoral valencien (carte) 57
9. — La rémunération du travail dans l'agriculture des provinces du littoral méditerranéen de l'Espagne de 1962 à 1977 (graphique) 67
10. — L'évolution de la production légumière et fruitière des provinces méditerranéennes de l'Espagne (graphique) 67
11. — Les propriétaires de Valencia dans les terres irriguées par l'Acequia Real del Júcar depuis un siècle (cartes) 93

12. — Les relations intersectorielles de l'agriculture irriguée (organigramme) 99
13. — Le groupe PASCUAL en Espagne et en Europe (cartes) 106
14. — Evolution des moyens de transport dans l'exportation des agrumes espagnols de 1950 à 1982 (graphique) 111
15. — Evolution des formes d'occupation de l'espace rural dans la zone littorale des provinces de Valencia et de Castellón de 1850 à 1980 (coupes) 126
16. — Evolution de la population des *partidos judiciales* dans les provinces de Valencia et de Castellón, de 1900 à 1980 (graphique et carte) 127
17. — Production et exportation des agrumes espagnols (oranges et mandarines), de 1950 à 1982 (graphique) 153
18. — Evolution de la population communale dans les provinces de Valencia et de Castellón de 1960 à 1980 (cartes) 164
19. — Schéma des états successifs de l'évolution de la population entre le centre littoral et la périphérie intérieure dans les provinces de Valencia et de Castellón depuis un siècle (diagramme) 166
20. — Comportements démographiques des *comarcas* des provinces de Valencia et de Castellón dans les périodes 1960-65 et 1975-80 (cartes) 167
21. — Croquis régional des huertas de Valencia et de Castellón et de leurs marges 169
22. — Les différents stades du système agrumicole valencien (organigramme) 175
23. — Matrice d'information spatiale (A) et matrice graphique ordonnée (B) des migrants vers l'étranger dans les provinces de Valencia et de Castellón 181

Tableaux statistiques

1. — Emploi et production par secteurs d'activité dans les provinces de Valencia et de Castellón en 1981 7
2. — La propriété foncière dans les communes irriguées 20
3. — La propriété dans les communautés d'irrigation 20
4. — Les exploitations dans les communes irriguées de la province de Valencia 22
5. — Les grandes propriétés dans la province de Valencia, selon les cultures et le domicile des propriétaires 26
6. — Les grandes propriétés foncières des provinces de Valencia et de Castellón 28
7. — L'emploi dans les exploitations de *regadío* de la province de Valencia 44
8. — Les exploitants agricoles résidents selon leur activité principale, dans 6 communes irriguées .. 48
9. — Evolution des cultures irriguées dans la province de Valencia 62
10. — Production et commercialisation des agrumes en Espagne 64
11. — Evolution des modes d'irrigation dans les provinces de Valencia et de Castellón 79
12. — Les firmes d'exportation d'agrumes des provinces de Valencia et Castellón 104
13. — Les coûts de commercialisation des agrumes pour l'exportateur 110
14. — Les établissements industriels liés à l'agriculture irriguée dans les provinces de Valencia et de Castellón 117
15. — Croissance de l'emploi et du produit industriels dans les provinces de Valencia et de Castellón 131
16. — Les composantes de la croissance démographique des provinces de Valencia et de Castellón de 1950 à 1980 138
17. — Les marchés extérieurs des agrumes espagnols (oranges et mandarines, campagne 1982/83) 154
18. — Evolution du verger d'agrumes dans les provinces de Valencia et de Castellón 155

TABLE DES MATIÈRES

Titre : Campagnes et villes dans les huertas valenciennes

Introduction	7
Première partie : LES ESPACES IRRIGUÉS VALENCIENS	11
Chapitre I : **Paysages et cultures**	13
Chapitre II : **Les structures foncières du regadío**	19
Chapitre III : **Des systèmes de production complexes**	37
Chapitre IV : **Villages et villes des huertas**	49
Conclusion de la 1re partie	58
Deuxième partie : LA MISE EN PLACE DU SYSTÈME SPATIAL DES HUERTAS	59
Chapitre I : **Vers la monoculture des agrumes**	61
Chapitre II : **L'homme et l'eau**	69
Chapitre III : **Les citadins et la terre**	87
Chapitre IV : **L'économie régionale et l'agriculture irriguée**	99
Conclusion de la 2e partie	125
Troisième partie : ESPACE URBANISÉ ET SYSTÈME AGRICOLE IRRIGUÉ	131
Chapitre I : **Le système industriel et urbain dominant**	133
Chapitre II : **La « crise » agricole**	151
Chapitre III : **Espace irrigué et géographie régionale**	163
Conclusion de la 3e partie	171
Conclusion générale	173
Annexes	177

Références bibliographiques 183

Table des illustrations 187

Table des matières 189

INDICE

Campo y ciudad en las huertas valencianas.

1a Parte : *EL REGADIO VALENCIANO*	11
Cap. 1 : **Paisajes y cultivos**	13
Cap. 2 : **Las estructuras de la tierra en el regadío**	19
Cap. 3 : **Unos sistemas de producción complejos**	37
Cap. 4 : **Pueblos y ciudades de las huertas**	49
2a Parte : *EL ASENTAMIENTO DEL SISTEMA ESPACIAL DE LAS HUERTAS*	59
Cap. 1 : **Hacia el monocultivo de los cítricos**	61
Cap. 2 : **El hombre y el agua**	69
Cap. 3 : **Los habitantes de las ciudades y la tierra**	87
Cap. 4 : **La economía regional y la agricultura de regadío**	99
3a Parte : *ESPACIO URBANIZADO Y SISTEMA AGRICOLA DE REGADIO*	131
Cap. 1 : **El sistema industrial y urbano dominante**	133
Cap. 2 : **La « crisis » agrícola**	151
Cap. 3 : **Regadío y geografía regional**	163
Conclusión	173

Mémoires et documents du Service de documentation et de cartographie géographiques

Ancienne série :

Les tomes 3 et 4, 6 à 8, fasc. 2 et 10 sont disponibles.
Les tomes 1, 2, 5 et 9 fasc. 3, 4 sont épuisés.
Technique d'analyse granulométrique, par F. Verger (2e édition).

Nouvelle série :

Le tracé des rues de Paris.
Quelques aperçus sur les manteaux de décomposition des roches dans les Andes vénézuéliennes de Mérida : conséquences morphologiques, par M. Mainguet.
Le relief du Baten d'Atar, par S. Daveau.
Essai sur la genèse des glacis d'érosion dans le Sud-Est de la France par M. Archambault.
Le delta intérieur du Niger et ses bordures. Etude morphologique, par J. Gallais.
Phénomènes karstiques I (2e édition).
Géographie. Pédologie. Le concept de sol et la méthodologie de l'étude des sol (2e édition).
Les phénomènes de discontinuité en géographie, par R. Brunet (2e édition).
De la vallée d'Anjou au plateau du baugeois. Etude de géographie régionale, par J. Gras.
Essai sur les formes d'érosion en cirque dans la région de Brazzaville (République du Congo), par G. Sauter.
Spitsberg. Mission française 1966.
Morphologie des secteurs rocheux du littoral Catalan septentrional, par Y. Barbaza.
Cartographie géomorphologique. Travaux de la R.C.P. 77.
Recherche sur la Grèce rurale.
Recherches de géographie industrielle.
Phénomènes karstiques II.
Géomorphologie d'Israël.
Recherches sur l'Algérie, par Cl. Nesson, Dj. Sari, P. Peillon.
L'Erg de Fachi-Bilma (Tchad-Niger) : contribution à la connaissance de la dynamique des ergs et des dunes des zones arides chaudes, par M. Mainguet et Y. Callot.

Hors série :

La grande migration d'été des citadins en France, par F. Cribier.
Thèmes de recherches géomorphologiques sur la côte nord-ouest du Groenland, par J. Malaurie.

Mémoires et documents de géographie :

Les dimensions du changement urbain, par D. Pumain et Th. Saint-Julien.
Croissance urbaine et développement capitaliste : « Le miracle » athénien, par G. Burgel.
Espaces vécus et civilisations.
Contact Ile-de-France, Basse Normandie, évolution géodynamique, par Yvette Dewolf.
Phénomènes karstiques III.
Espace utile et transfert de population, par V. Lassailly.
Vote et société dans la région nantaise, étude de géographie électorale 1945-1983, par Danielle Rapetti.
Cônes rocheux et aplanissements partiels sur roches carbonatées cohérentes, par G. Beaudet.
Vitalité de la petite pêche tropicale (Pêcheurs de Saint-Louis du Sénégal), par R. Van Chi Bonnardel.
L'espacement des Villes — théorie des lieux centraux et analyse spectrale, par C. Cauvin et H. Reymond.
Biogéographie de la montagne marocaine : le Moyen-Atlas central, par Michel Lecompte.
Associations d'habitants et urbanisation — l'exemple lyonnais (1880-1983), par T. Joliveau.
Les frontières du refus : six séparatismes africains par M.Ch. Aquarone.
Des mots et des lieux : la dynamique du discours géographique, par Vincent Berdoulay.

Ouvrages parus aux Éditions du CNRS, 15, quai Anatole-France, 75700 PARIS, Tél. (1) 45-55-92-25
Administration : CNRS-PUBLICATIONS, 92195 MEUDON CEDEX - Tél. (1) 45 34 75 50
Vente à la Librairie du CNRS, 295, rue Saint-Jacques, 75005 PARIS, Tél. (1) 46-34-79-09
Diffusion : Presses du CNRS, 22, rue Saint-Amand, 75015 PARIS - Tél. (1) 45-33-16-00 — TELEX PR CNRS 200 356 F